陇上学人文存

LONGSHANG XUEREN WENCUN

陇上学人文存

叶 萌 卷

叶 萌 著 李敬国 编选

甘肃人民出版社

图书在版编目（C I P）数据

陇上学人文存. 叶萌卷 / 范鹏，陈富荣总主编 ;叶萌著 ; 李敬国编选. -- 兰州 : 甘肃人民出版社，2019.8
ISBN 978-7-226-05474-1

Ⅰ. ①陇… Ⅱ. ①范… ②陈… ③叶… ④李… Ⅲ. ①社会科学－文集②世界文学－文学研究－文集 Ⅳ. ①C53②I106-53

中国版本图书馆CIP数据核字(2019)第162898号

责任编辑：牟克杰
封面设计：王林强

陇上学人文存·叶萌卷

范鹏　王福生　陈富荣　总主编
叶萌　著　李敬国　编选
甘肃人民出版社出版发行
（730030　兰州市读者大道568号）
兰州新华印刷厂印刷
开本 890毫米×1240毫米　1/32　印张 12　插页 7　字数 302千
2019年8月第1版　2019年8月第1次印刷
印数：1~1000
ISBN 978-7-226-05474-1　定价：60.00元

《陇上学人文存》第七辑

总 序

陇者甘肃，历史悠久，文化醇厚。陇上学人，或生于斯长于斯的本地学者，或外来而其学术成就多产于甘肃者。学人是学术活动的主体，就《陇上学人文存》（以下简称《文存》）的选编范围而言，我们这里所说的学术主要指人文社会科学研究。《文存》精选中华人民共和国成立以来，甘肃人文社会科学领域成就卓著的专家学者的代表性著作，每人辑为一卷，或标时代之识，或为学问之精，或开风气之先，或补学科之白，均编者以为足以存当代而传后世之作。《文存》力求以此丛集荟萃的方式，全面立体地展示新中国为甘肃学术文化发展提供的良好环境和陇上学人不负新时代期望而为我国人文社会科学事业做出的新贡献，也力求呈现陇上学人所接续的先秦以来颇具地域特色的学根文脉。

陇原乃中华文明发祥地之一，人文学脉悠远隆盛，纯朴百姓崇文达理，文化氛围日渐浓厚，学术土壤积久而沃，在科学文化特别是人文学术领域的探索可远溯至伏羲时代，大地湾文化遗存、举世无双的甘肃彩陶、陇东早期周文化对农耕文明的贡献、秦先祖扫六合以统一中国，奠定了甘肃在中国文化史上始源性和奠基性的重要地位；汉唐盛世，甘肃作为中西交通的要道，内承中华主体文化熏陶，外接经中亚而来的异域文明，风云际会，相摩相荡，得天独厚而人才辈出，学术思想繁荣发达，为中华文明做出了重要贡献。

近代以来，甘肃相对于逐渐开放的东南沿海而言成为偏远之地，反而少受战乱影响，学术得以继续繁荣。抗日战争期间作为大后方，接纳了不少内地著名学府和学者，使陇上学术空前活跃。新中国成立之后，人文社会科学领域的专家学者更是为国家民族的新生而欢欣鼓舞，全力投入到祖国新的学术事业之中，取得了一大批重要的研究成果，涌现出众多知名专家，在历史、文献、文学、民族、考古、美学、宗教等领域的研究均居全国前列，影响广泛而深远。新中国成立之后，人文社会科学几次对当代学术具有重大影响的争鸣，不仅都有甘肃学者的声音，而且在美学三大学派（客观派、主观派、关系派）、史学“五朵金花”（史学在新中国成立之后重点研究的历史分期、土地制度史、农民战争史等五个方面的重点问题）等领域，陇上学人成为十分引人注目的代表性人物。改革开放以来，甘肃学者更是如鱼得水，继承并发扬了关陇学人既注重学理求索又崇尚经世致用的优良传统，形成了甘肃学者新的风范。宋代西北学者张载有言：“为天地立心，为生民立命，为往圣继绝学，为万世开太平”，此乃中华学人贯通古今、一脉相承的文化使命，其本质正是发源于陇原的《易》之生生不已的刚健精神，《文存》乃此一精神在现代陇上得到了大力弘扬与传承的最佳证明。

《文存》启动于中华人民共和国成立六十周年之际，在选择入编对象时，我们首先注重了两个代表性：一是代表性的学者，二是代表性的成果，欲以此构成一部个案式的甘肃当代学术史，亦以此传先贤学术命脉，为后进立治学标杆。此议为我甘肃省社会科学院首倡，随之得到政界主要领导、学界精英与社会各界广泛认同与政府大力支持，此宏愿因此而得以付诸实施。

为保证选编的权威性，编委会专门成立了由十几位省内人文社会科学领域著名学者组成的专家指导委员会，并通过召开专题会议研讨、发放推荐表格和学术机构、个人举荐等多种方式确定入选者。为使读者对作者的学术成就、治学特色和重要贡献有比较准确和全面的了解，在出版社选配业务精良的责任编辑的同时，编委会为每一卷配备了一位学术编辑，负责选编并撰写前言。由于我院已经完成《甘肃省志·社会科学志》（古代至1990年卷，1990至

2000 年卷）的编辑出版工作，为《文存》的选编提供了坚实的基础和基本依据，加之同行专家对这一时期甘肃人文社会科学发展的研究，使《文存》能够比较充分地反映同期内甘肃人文社会科学的基本状况。

我们的愿望是坚持十年，《文存》年出十卷，到 2019 年中华人民共和国成立七十周年之际达至百卷规模。若经努力此百卷终能完整问世，则从 1949 至 2009 年六十年间陇上学人以“人一之、我十之，人十之、我百之”的甘肃精神献身学术、追求真理的轨迹和脉络或可大体清晰。如此长卷宏图实为新中国六十年间甘肃人文社会科学全部成果的一个缩影，亦为此期间甘肃人文社会科学学术业绩的一次全面检阅，堪作后辈学者学习先贤的范本，是陇上学人献给祖国母亲的一份厚礼。此一理想若能实现，百卷巨著蔚为大观，《文存》和它所承载的学术精神必可存于当代，传之后世，陇上学人和学术亦可因此而无愧于我们所处的伟大时代，并有所报于生养我们的淳厚故土。

因我们眼界和学术水平的局限，选编过程中必定会出现未曾意料的问题，我们衷心期望读者能够及时教正，以使《文存》的后续选编工作日臻完善。

是为序。

2009 年 12 月 26 日

目　录

外国文学研究

编选前言

叶萌(1926 年 1 月—2013 年 7 月),曾用名叶国华,字方生(亦用为笔名),原籍四川省温江县,出生在四川省成都市一个有文化的普通平民家庭。叶先生的父亲是一位中学文史教师,博学而富于藏书。崇文尚古的家庭环境,使叶先生自幼就受到了较好的中国传统文化的熏陶。

1945 年,叶先生考入重庆中央大学(今南京大学)中文系学习,后来因病休学了一年多时间,于 1947 年就近转入四川大学中文系。抗战胜利后,中央大学返回南京,因家境不够殷实,叶先生没有随原校去南京,最后毕业于四川大学。在大学学习期间,叶先生曾在朱东润先生指导下攻读过《史记》,也曾师从赵少咸、殷孟伦先生学习过音韵学、古文字学。叶先生之所以能够在古代汉语和古典文学的研究领域取得骄人的成绩,与先生自身天资聪颖、敏而好学,以及家学根底坚实紧密相关,也与青年时期就受到名师指点、打牢研究学问的基础不能分开。

1950 年 2 月,叶先生参加了中国人民解放军,成为西康军区政治部文工团创作组的一名创作员,并兼为部队报社做编采工作。

1952 年,叶先生转业到西北师院从事高等教育工作,历任助教、讲师、副教授、教授。讲授过外国文学、19 世纪俄罗斯文学、雨果研究、古文字学、理论语言学、昭明文选、赋与骈文等课程,是古代汉语硕士研究生导师,兼任过学校科研处副处长职务。在陇原大地上滋兰树蕙辛勤工作，为祖国的文化教育事业做出了贡献。

叶先生起初是以外国文学，特别是以19世纪的苏联文学为自己的教学和科研专业方向的。50年代，叶先生就在《甘肃日报》上发表过这个研究方向上的论文。叶先生的英语、俄语都具有较好的阅读和笔译的能力，还粗通法语，可以阅读浅显一些的法文书籍。早年翻译过布加索夫论高尔基《母亲》的论著，翻译过列斯科夫的中、短篇小说，补充翻译完了肖洛霍夫《被开垦的处女地》第二部，还翻译了苏联科学院多卷本文学史中的一些章节。①

1958年，叶先生被错划为右派，甚至被学校取消了中文系的讲师职称。1963年被师大调到第一附属中学做语文教员。1966年"文革"开始以后，叶先生在中学教书的权利也被剥夺了，曾多次被关入"牛棚"，人身自由受到了限制。起先，叶先生在校内接受劳动改造，后来被送到学校农场长期做繁重的喂猪劳动。在农场艰苦的环境中，叶先生始终与祖国优秀的传统文化保持着密切的接触，身边一直带着《唐诗别裁》《庄子》和《词综》，夜深人静时悄悄坚持阅读。叶先生具有旷达乐观的人生观，即便是身处逆境也从来没有对未来失去信心。

随着"文革"的结束，1978年叶先生从农场返回师大附中。

1979年5月，师大彻底推翻了一切扣在叶先生头上的不实之词，恢复了叶先生师大中文系的讲师职称，7月调叶先生回师大中文系从事外国文学的教学和科研工作。从叶先生填写的档案材料上可以看到这样的内容：1960年，虽戴了右派的帽子，但起初还能在中文系上课，教学和研究的方向已经改换到语言学专业方向上来了。叶先生写道："我的夙愿是从事汉语特点，尤其是古汉语特点的研究。""因教学

---

①叶先生50年代的科研成果原件，在"文革"时期被抄缴，且全部遗失。笔者通过查阅档案资料，看到了叶先生自己报告过的这些内容信息。

需要,（1979 年）又回到外国文学专业，现在担任外国文学教学工作。”

笔者是 1978 年 9 月考入师大中文系学习的本科学生,也是聆听叶先生重返讲台讲授外国文学课程的第一批学生。叶先生教书的风格,在我的印象里那是口若悬河,滔滔不绝。叶先生讲课绝不会脱离文本内容,对作品中的情节、人物总是说得活灵活现,引人入胜。记得叶先生讲到外国人的名字的时候,总喜欢直接用外语说出来,有时还用外文写到黑板上,告诉我们如果用汉语说,或者用汉字写外国人的名字,在不同的人的口里,在不同的人的笔下,难免出现错乱。

50 年代初期叶先生在外国文学研究方向上面投入的精力最多,“文革”结束后在这个领域又重新开始辛勤耕耘,很快便有了令人振奋的收获。1982 年写成初稿,1984 年修改后发表了论文《从雨果看浪漫主义》;1983 年写成初稿,1985 年修改后又发表了论文《人道主义与雨果》。叶先生的文章很快受到学界的广泛关注,其中《人道主义与雨果》被中国人民大学书报资料社编辑的《外国文学研究》全文转载。

《从雨果看浪漫主义》一文是讨论什么是浪漫主义这个文艺理论的重要概念的文章。叶先生针对学术界纷繁复杂的议论,专门选择了自己长期深入研究的法国大作家维克多·雨果作为分析研究的对象,准确客观地揭示了浪漫主义的本质特征。在文章里面,叶先生讨论了浪漫主义和现实主义的创作方法问题，解释了雨果文学创作发展道路各个阶段的表现，参考了文学评论大家对产生过重要影响的浪漫主义作家的评论,鉴别了雨果与其他浪漫主义大作家的异同,最后为我们准确阐释了浪漫主义与现实主义的区别，强调指出研究浪漫主义必须注意“浪漫主义和现实主义二者之间的联系和结合”,谆谆告诫我们只有这样解释浪漫主义才会对文艺理论和文学创作的发展有重要意义。在“文革”结束不久,文艺理论学界还没有完全摆脱僵化的极左思想影响的时候,不能不佩服叶先生的真知灼见,那充满智慧的分析论证,有如醍醐灌顶,使人耳目一新。

《人道主义与雨果》是为纪念雨果逝世一百周年而作的一篇文艺理论长篇文章。这更是一篇对当时社会极其敏感的“人道主义”话题大胆展开思辨的学术论文,其中充满着浓郁的哲学分析气息。叶先生在文章中首先告诉了我们一个真真实实的雨果——“为什么雨果的作品至今仍这样大受欢迎呢?这难道只从雨果的艺术造诣一个方面就可以加以解释?诚然,雨果的浪漫主义艺术自有其独到之处:他不粉饰现实,倒力求真实;他总是尽力写得鲜明触目,尽力给人以最深刻的印象,他的语言又是如此绚丽多彩、铿锵有力,如此富于激情和诗意——这些,都为他赢得了许多读者。但是,正因为他是一位伟大的、积极的浪漫主义作家,他又总是要通过他的艺术去宣传他的主观意图,宣传他的思想,而且终生都是如此。这种思想不是别的,要一言以蔽之,那就是人道主义。”

什么是人道主义?叶先生从这个概念产生于文艺复兴时期说起,解释了“人道主义是伴随着市民意识的觉醒而出现”,“并随着资产阶级的成长壮大而取得更多的内容和更大的声势”的准确涵义。叶先生告诫我们说:“从客观的发展条件来说明人本身和人的解放问题,还是从抽象的人出发,从主体、主观出发去说明社会历史的发展问题,这正是历史唯物主义与历史唯心主义的原则区别之所在。”叶先生就是本着这个原则上的区别,进一步对什么是雨果的人道主义问题展开深入细致地讨论的。叶先生在论述雨果的人道主义精神的时候,既分析雨果的艺术创作,又联系雨果的社会活动,用雨果自己的言论和行动来证明人道主义在雨果身上的真实表现。叶先生的讨论非常切合实际,把一个在许多人的眼睛里都觉得生疏、抽象的概念,讲述得清晰透彻,明明白白。这在那个时代,对人们提高政治思想认识水平是具有非常重要的意义的。

叶先生的两篇专门研究雨果的学术论文，对法国作家雨果做出了比较全面、客观的分析和评价，对国内关于大作家雨果研究的向前发展产生过积极的影响。

1984 年，或 1985 年以前从师大中文系毕业的学生，差不多都认为叶先生就是教外国文学的专家，很少有人知道叶先生用功最勤、知识积淀最雄厚的地方其实还在对古代汉语的研究上面。

叶先生在 20 世纪 90 年代初期出版了自己的专著——《古代汉语貌词通释》，这部著作倾注了叶先生一生最多的心血，被誉为传世之作，这部力作无可争辩地证明了叶先生术业专攻领域之所在。

叶先生在这本书的《出版后记》中说："想把古代汉语描绘性词（现定名为貌词）分析出来，加以探讨，这已是 60 年代初的事了。那时就开始搜集材料，历时四五年，也颇有积累。不幸'十年浩劫'中全部被焚毁，数年之功，废于一旦。到 80 年代初恢复工作，于课余及各种杂务之暇，又重新筹划，真正能下功夫，已经是 1984 年病后了。又经五年，于 1989 年写成初稿。"

被叶先生视为"亦师亦友"[1]的西北师大教授、中国著名的自然语言逻辑学研究专家张文熊先生在《喜读〈古代汉语貌词通释〉》一文中给叶先生的著作以充分的肯定，下面是文章中的一段话：

> 我认为叶书是做得相当好的。这是因为：第一，作者是在对古代貌词作了全面的搜集、整理和通体研究之后，才逐个注解的。第二，此书从最初构想到最后定稿，历时三十年，几乎是每个貌词都在作者头脑里盘桓甚久，做起注解来，自

---

①叶先生《聊存诗钞》中有一首题名《病起述怀并悼念张文熊先生》的诗，其中有两句是这样写的："亦师亦友相知久，纵谈真如忘年友。"

然是得心应手了。

在叶先生的档案材料里面可以看到，叶先生在自己到师大工作的各个阶段上的证明人的名字，填写的基本上都是张文熊先生，这表明张文熊先生与叶先生相知甚深。

笔者1994年在《社科纵横》杂志“陇上社科人物”专栏曾撰文《叶萌教授与古代汉语研究》①。当时叶先生健在，文章发表前还请叶先生审读过，叶先生对笔者的介绍和评论内容基本认可。

四川大学博士生导师张永言教授曾致函叶先生，对《古代汉语貌词通释》给予极高的评价：“大作都四十五万余言，炜炜煌煌，允为钜著，不惟内容充实，见解精卓，兼体例严，条理密栗，洵乎前所未有之新书，求之群雅之伦，殆无其匹。”

北京师院徐仲华教授给《古代汉语貌词通释》专门写了《序》，特别指出，古代汉语貌词与英文的epithet和俄文的эцитет（源于古希腊文 èπíθετου，意为加于名词之上表示性状特征，增益艺术形象性的词）相吻合，誉曰：“叶君之貌词与古希腊人之研究竟而不谋而合，智者所见略同，亦艺术作品形式研究中之佳话也。”

叶先生遍察从汉至清所有经师、小学家和注疏家对魏晋以前汉语描绘性质的词的说解，心领神会，断言古人对此类词的理解本来就不与现在所谓形容词和副词的概念相混，娴熟而审慎地从语音、语义、句法三方面对貌词做了深入细致地分析研究，指出古代汉语貌词与形容词等词类的联系和区别，阐发精当，结论可信。

叶先生还从文化现象学角度提出了自己的独到看法：“……貌词的使用是反映了汉民族早期的一种心态。……貌词的涵义往往模糊不清，难以实指。实际上它只是用约定俗成的某种语音形式去摹写某

---

①《社科纵横》1994年第4期，文章署名理玉。

些事物、某些情景,有时究竟是绘声或绘景也难以区分开来。在古人的心目中,也许觉得这样用特定的语音形式去描摹某事物更能诉诸人们的感情,更能增加表达上的具象性和生动性。”①细心品味上面的话语,让我们感到所言合情入理,不失为智者之见。

《古代汉语貌词通释》在说解貌词的词义方面更显示出叶先生博古通今的才华。每条之下,先列已见,次举书证及古注。古注有不合或未尽其义者,引后人说或以己见订正。全书匡正古人谬误处,据不完全统计也在一百例以上。为此,徐仲华教授称赞叶先生是:“上承朴学实事求是之精神,融贯中国古代训诂学各流派之成就,已臻三难之境,而成一家之言。其所持论,率皆戴氏所谓‘十分之见’也。……至其有裨阅读整理古籍之功,犹其余事焉。”②

叶先生所做的工作,在汉语史研究领域弥缺补遗,集历代研究成就之大成,为古代汉语研究做出了极大贡献。随时日之推移,必然还会给古代汉语研究的向前发展带来更加深远的影响。

《古代汉语貌词通释》面世不久就参加了甘肃省社会科学优秀成果的评奖,获得一等奖评奖结果;后来又参加了华东六省一市优秀图书的评奖,再次获得了一等奖评奖结果。

写到这里,我想起了一句老话——“酒香不怕巷子深”。叶先生身处相对偏远的西北地区,但是,叶先生的这部著作却是受到了全国许多作古汉语学问的人的积极关注,欲求者不在少数,因而大大小小的书店里早就不见了踪迹。叶先生在2007年还写过一首诗,反映了《古代汉语貌词通释》购书困难的情况。这是一首七言绝句诗,题为《拙著〈古代汉语貌词通释〉市面久已绝版,朱君耀辉忽于网上购得持来,为

①参见《古代汉语貌词通释》一书《前言》部分第二十一至二十二页。

②见《古代汉语貌词通释》徐仲华教授所作《序》第六页。

赋一绝》,内容如下:

覆瓿归来色尚新,攻书且幸有今人。

青春好学应过我,料想宏图势必伸。

1988年,叶先生曾在《西北师大学报》(社会科学版)发表论文《论古代汉语词类中应立貌词一类——古代汉语貌词研究之一》,全面阐述了自己对古代汉语貌词在古代汉语语法系统中的地位的认识,比较充分地表达了自己把貌词定为一个语法类别的名称的理由。这篇文章除了"引论"和"余论——研究貌词的意义"两个部分之外,另有"貌词的类义"、"从貌词的形式看它与形容词、副词的区别"、"从貌词的句法功能看它与形容词、副词的区别"、"貌词另成一词类只限于古代汉语"和"貌词在古人心目中本自成一类"五个部分的内容。叶先生通观传统语言学给貌词做解释的一贯表现,根据现代语言学的语法理论,从貌词词汇的构成、貌词的句法功能等方面,为貌词在古代汉语语法系统中独立成类进行了比较严密地论证。这篇论文充分表明,叶先生为了研究古代汉语的特点,已经开始了对古代汉语语法新体系的探索研究。

记得叶先生给我说过,在《古代汉语貌词通释》中讨论到的很多词条,都分析研究了它们的产生和发展,如果把它们从书中分离出来都可以独立成篇。这个情况可以说明叶先生在《古代汉语貌词通释》里面所做的工作,主要是对貌词词汇意义的研究,因此这本著作所具有的学术价值应该也是主要在传统语言学的训诂学意义方面。在这一点上,前面我引述过的张文熊先生、张永言先生和徐仲华先生的评论文字,所肯定的内容基本上也都是高度评价叶先生对古代汉语貌词的词汇意义的研究。毋庸讳言,叶先生在传统语言学方面有深厚的功底,长于文字、音韵和训诂,但对古汉语语法学做出全新地系统研究,对叶先生来说,可能也是心有余而力不足的事情。逮至1993年

《古代汉语貌词通释》专著问世，叶先生参照《论古代汉语词类中应立貌词一类——古代汉语貌词研究之一》写了《论貌词（描绘性词）》，作为自己著作的《前言》。在这个《前言》中叶先生特别强调说：古代汉语貌词实际上“并不涉及整个词类问题”。这就表明，叶先生对古代汉语语法体系还没有做比较全面的研究，当然更没有建立起由自己总结出来的古代汉语语法系统。众所周知，中国传统语言学本身在语法研究方面就比较欠缺，严格说来古代汉语又是属于一个几千年发展过程中的历史范畴，不像现代汉语属于活在人们口头的语言现象，构建古代汉语语法体系谈何容易。叶先生在讨论古代汉语貌词的问题上，充分注意到了自己所说明的对象的范围。叶先生指出：“所谓古代，是指魏晋以前。在这段时期里，描绘性词的使用基本是一脉相承的。后代的所谓的古文和旧体诗词也模仿和沿用。”[①]对比《论貌词（描绘性词）》和《论古代汉语词类中应立貌词一类——古代汉语貌词研究之一》两篇文章的内容，不难发现叶先生在一定程度上修正了自己在貌词研究上面存在的认识方面的问题。尽管貌词在句法功能方面有特点，但是，在古代汉语语法研究里面，暂时不让它脱离形容词词类，似乎是合理的；今天把貌词仅仅放在词汇范畴进行研究，似乎也是较为稳妥的。叶先生以研究总结古代汉语的特点为己任，对古代汉语貌词的研究，从传达意义的角度上准确说明了古代汉语表现出来的特点，已经是功不可没！叶先生从语法角度对古代汉语貌词展开的分析探讨，对古代汉语语法系统研究的深入发展具有极大地启迪意义也是确定无疑的。

大约是从20世纪90年代开始，到了退休的年龄，不再从事繁重的教学工作，不再做招收、培养古代汉语专业研究生的工作以后，叶

---

①见《古代汉语貌词通释》的《前言》部分第八页。

先生的主要精力投入到了对中国古代诗歌传统的研究和探索上面来了。历时十多个酷暑严冬,终于又磨得一柄利剑,写就了三十余万言的《唐诗的解读:从文化传统和汉语特点看唐诗》。也是在这个时期,叶先生还完成了八十余万言的长篇历史小说《皇帝梦》的创作,接着又写出了十五万余字的《成人看的童话——我是一只流浪狗》,以及十二万字的《杂感·琐谈》。这四本书在叶先生离开我们之前,都获得出版,与渴望阅读叶先生文字的广大读者见了面。饱经风霜,腿病眼疾严重的叶先生,耄耋之年笔耕不辍,奋力完成一百三四十余万言之巨的文字工作,大凡对叶先生有所了解的人,无不叹服。

"故人莫笑痴情甚,垂老春蚕尚有丝。"

"屈指光阴能有几,会当快马更加鞭。"[①]

叶先生的奉献精神,堪称世之楷模。

下面我再对叶先生的这几本著作做一些简单的介绍:

《唐诗的解读:从文化传统和汉语特点看唐诗》是当今难得的一本关于唐诗研究的好书。之所以这么说,是因为它是"从文化传统与汉语特点及其灵活性这两个角度"对唐诗进行深入分析和研究的,它是"一位从事古典文学和古代汉语教学与研究数十年的老人,读唐诗和有关古籍的一些心得体会和感想"。[②]叶先生一生关注唐诗研究,掌握丰富的与唐诗研究相关的文献资料。在对唐诗的研究过程中,叶先生做到了"尽力不假手第二手材料,不因袭、照搬前人和近人的成说,凡对前人之论有所取,都是经过自己的消化,融入自己的思想"之中。[③]另外,叶先生几十年间一直都在写作古代诗词,留给后世的几十首古

①这四句诗引自叶先生 1979 年写的七律《终得昭雪写呈诸故人(二首)》。

②参见《唐诗的解读:从文化传统和汉语特点看唐诗》的《自序》部分。

③参见《唐诗的解读:从文化传统和汉语特点看唐诗》的《自序》部分。

风、律绝更为同行称道。正是这些原因,使得叶先生的研究具有独树一帜的风格。

《唐诗的解读:从文化传统和汉语特点看唐诗》写有六个部分的内容,分别冠名为:"绪说篇"、"内涵篇"、"韵律篇"、"语言篇"、"风格篇"和"意境篇"。在各篇目下面,分别列出数量不等的专题做详细、透彻地论述。通读全书,给人这样的感觉——它既是文学艺术理论专家探讨唐诗中的中国文化传统和汉语运用特点的专著,同时也是精通古典诗词的诗人评析唐诗、总结格律诗创作规律的艺术指南。这部著作的绪说篇属于引入性的内容,主要讲唐诗与中国传统诗歌的关系和唐诗的时代背景;内涵篇主要是讲唐诗广泛的题材内容和相关联的诸多成因;韵律篇主要是讲唐代律体诗形成到成熟和用韵表现;语言篇主要是讲唐诗中字、词、句的特点和对仗方面的讲究;风格篇主要是讲诗人的修养和唐代各个阶段上诗人、诗作的风格;意境篇主要是讲唐诗中表现出来的"人"与"诗"、"文"与"情"、"景"与"情"诸多因素之间的关系。在一本书里面,能够把探讨唐诗的文化传统、汉语特点的内容与评析、总结唐诗创作艺术的内容有机地结合起来开展深入地讨论,如果在所涉及的多个学科领域没有具备深厚的知识底蕴,是很难做得到的。上面的概括,严格说来还显得过于宽泛,如果我们深入到这部著作的篇目之下具体专题当中去,我们还会对叶先生著述的独具匠心有更多的理解。下面我们仅用举例式的方法做一些简单地证明:

在"诗道与妙悟"题目下面,叶先生细致入微地讲述了唐诗中反映出来的"才"与"学"的关系,"修饰"和"语出自然"的差异,以及"想象"和"虚构"的区别,用辩证唯物论的观点深入分析了唐诗中耐人寻味的好诗佳句的成因,为我们提高对唐诗的鉴赏能力指出了正确的途径。

在"唐诗中的理趣"题目下面,叶先生拿唐诗和宋诗作比较,辨析通常人们认识上的误差,告诉了我们最有说服力的解说。我们不妨引录一段,从中体味叶先生精密的思想认识过程:

> ……前人和近人大都认为唐诗以韵味气象胜,宋诗以意蕴思理胜。……这样讲自然有其理由,但不妨再加以仔细的探讨和分析。首先,所谓"意",应该不是意志、意图或意义的"意",而是俗话说"有意思"的"意";所谓"理",也不是义理、理性的"理",更不是理学家常说的"理",而该是"有道理"的"理"。因此,诗中的意和理应该是从诗人的诉说和描写里生发出来的,而不是外加的。其次 ,如上述那样的"意"和"理",唐诗中并不是没有,而是也常见,这就像宋人虽重意和理,也不是不讲韵味气象那样。问题主要在于不同时代的诗人会各自有所偏爱,各自有所侧重而已。

在"唐初律诗之定型不能仅归功于沈、宋"题目下面,叶先生非常客观地讲述了律诗的形成过程,指出"不管是五言律体或七言律体,都得有几代诗人的努力,在逐渐顺应并认识汉语的特点和规律中摸索、实践,最后才形成一种历久不衰的程式"。对人们经常因袭的旧说给予批驳,还历史以真实。

在"律诗成熟的重要标志:唐诗的拗救"题目下面,叶先生总结出律诗成熟的两个特征:"一是不见受格律拘束的痕迹,很少有凑句凑韵现象,还有拗救以济格律之穷窘;二是有丰富的句法变化,能充分利用汉语的灵活性,在用韵、用字、构词和对仗的讲究上,都大大地增强了诗的表现力,扩充了诗的领域和意境。"叶先生的总结建立在对许多唐诗佳作分析的基础上面,从理论上解释了一般看来不合程式的诗句之所以能够被人们普遍接受,甚至成为脍炙人口的好诗的个中缘由,结论自然令人心悦诚服。

在“唐诗特殊的句法句型”题目下面，叶先生分析了唐诗诗句的语法结构情况，分别讲述了“名词性词组句”、“省略句”、“倒装句”、“紧缩句”、“兼语句”和“其他特殊造句方式”等结构类型。在语言学教科书中，讲语句的结构类型，通常都显得简单，甚至有脱离实际的感觉。而叶先生却是在大量占有语言材料的基础上，实实在在对精炼复杂的诗句作分析之后归纳出结果，一点都不会给人空洞、抽象的感觉。叶先生也注意到诗句与日常说话的句子的差异，指出“在律体诗已成为一种普遍通行的格式时，诗人为求新颖别致又要迁就格律和韵脚，轶出常规的造句当然不会少。”对“那些过于费解，似乎不足为法”的诗句，叶先生用“修辞手段”、“诗坛风气”进行解释，认为是“诗人要充分利用汉语的灵活性，要有所创新的努力”的结果。叶先生的分析讨论是客观的，是符合实际的。

更值得称道的是，在“貌词在唐诗中的运用和发展”题目下面，叶先生对古代汉语貌词在唐诗中的表现做了具体的考察研究，更加清晰地把古代汉语中一类描绘性的词——貌词，展现了出来，并有力地证明了研究貌词的意义。叶先生在讨论中先是交代貌词的概念，之后指出：“这种貌词由于穷形尽相、绘声绘影的作用，当然是诗人所乐于用的，所以在唐诗中几乎是随处可见，所使用的形式也是多种多样。”叶先生以杜甫的诗句为例，重点解释了语音重叠形式的貌词的表现。例如：“芳草霏霏承委佩，炉烟细细驻游丝。”句中“细细”与貌词“霏霏”作对仗，表明“细细”也被当作貌词使用。“穿花蛱蝶深深见，点水蜻蜓款款飞。”“衣冠空穰穰，关辅久昏昏。”两个诗句中貌词的表现与“芳草霏霏”一句情况相同。叶先生指出杜诗中许多处所词和时间词也重叠使用，像是副词，其实也起貌词作用，并举出九个例子，如：“晴浴狎鸥飞处处，雨随神女下朝朝。”“花杂重重树，云轻处处山。”……好些本身带有描述性的动词，尤其是不及物动词，也可以重叠起来用作貌词,如:“信宿渔人还泛泛,清秋燕子故飞飞。”“喧喧道路多歌谣,河北将军尽入朝。”……叶先生还讲了一个诗坛佳话,说明古代汉语使用貌词产生的重要价值:唐代诗人王维《积雨辋川庄作》的颔联是“漠漠水田飞白鹭,阴阴夏木啭黄鹂”。这联诗,李肇《国史补》卷上因李嘉祐诗有“水田飞白鹭,夏木啭黄鹂”,便以为是王维“好取人文章佳句”而袭取之的。后代叶梦得《石林诗话》卷上为王维辩护则说:“此两句好处,正在添‘漠漠’、‘阴阴’四字。此乃摩诘为嘉祐点化,以自见其妙,如李光弼将郭子仪军,一号令之,精彩数倍。”

我觉得,《唐诗的解读:从文化传统和汉语特点看唐诗》这本著作实在应该称作是研究唐诗的论文专集。叶先生就像是一位指挥作战的将军,给战役规划了完完整整的战略部署,无懈可击,而且不仅仅是规划战略部署的指挥员,还是披坚执锐的战士。叶先生对唐诗鞭辟入里的分析,发人深省的见解,呈现在世人面前的不就是能征善战者冲锋陷阵的身影吗?

掩卷静坐,闭目冥思,我似乎明白了叶先生之所以很少发单篇学术论文的原因了。在叶先生的一生当中,心里所筹划的总是学术领域里规模比较大的战役,并力求全歼敌人。《古代汉语貌词通释》《唐诗的解读:从文化传统和汉语特点看唐诗》两部力作都是这样的表现。如若急功近利,写一篇发一篇,叶先生的单篇论文少说也在一百余篇。可是,那样做就不是叶先生的风格了。从客观上来讲,叶先生的特殊经历也不容许这样,他没有时间为发表一篇一篇的论文而做消耗时间的琐碎工作。今天真正对叶先生的学问有全面了解的人也许并不是很多,但是,叶先生的著作将彪炳后世,叶先生必为无数来者所敬仰!

《皇帝梦》是叶先生 1992 年着手创作的长篇历史小说,1995 年完成初稿,后来由于种种原因搁置多年,于 2011 年又开始反复修改,一年后完成。“他久久思考一个问题——为什么‘王莽谦恭未篡时？’”他要以文学的手法写一个不一样的王莽出来：是谦恭俭让的道德楷模，还是阴险毒辣的盗国高手？是大贤人、真书生，还是野心家、伪君子？80万字篇幅，呈现了在攫取权力、失去权力过程中人性的扭曲和变异，展示了王莽极富争议而又值得后人反思品味的多面人生。叶先生的答案是：权力诱惑人，腐蚀人，害死人。阅读本书，知古亦可鉴今。对身处商场、官场乃至世俗中的人们，领悟该如何做人做事，极具教益。叶先生在《皇帝梦·后记》里写有一首诗，表达出叶先生写作时的一些思想，谨誊录于下：

饱经风雨晓窗寒，闲置诗书事稗官。
娱己娱人聊戏语，求知求解颇为难。
辉煌自有前修在，意趣当凭后世看。
老迈徒思明鉴诫，休讥学步向邯郸。

叶先生在古代汉语、古典文学、外国文学几个研究领域都有极深的造诣，不想晚年还创作出工程浩大的长篇历史小说，用学富五车、才高八斗来称说叶先生，应该是不为过的！

《成人看的童话——我是一只流浪狗》和《杂感·琐谈》是叶先生最后的写作。前者，叶先生说是在自己改写《皇帝梦》的过程中突发奇想的记录，“实际上也反映作者的心情和对现实社会的观感”；[①]后者，叶先生把其中的主要内容看作是自己最后“向亲友、向比我年轻的朋友的交心”，“是完全真实地表露自己的思想认识”的随笔。[②]通读叶先生最后的两部作品，细心领会其中字里行间透露出来的微言大义，让我们对叶先生有了更全面、更充分地了解。叶先生的一生，不仅是做

①参见《成人看的童话——我是一只流浪狗》一书的《引言》。
②参见《杂感·琐谈》一书的《前言》。

大学问的一生,而且是有着铮铮铁骨、刚正不阿的一生。叶先生命运多舛,一生坎坷,晚年也流露出许多复杂、纠结的思想感怀,这在叶先生最后写的两本书中有充分地表现。我认为,一个正直的有良知的老知识分子所吐露出的真言,同样也是宝贵的、值得珍视的精神财富。

甘肃省社会科学院重大社科项目《陇上学人文存》收入叶先生的著述,这是对叶先生一生为我省教育事业辛勤工作的肯定,是叶先生的光荣。作为学生做了编选叶先生的著述的工作,并撰写了编选前言,我感到十分荣幸。为做好这个工作,并尽可能写好编选前言,我对叶先生的夫人做过访问,得到叶先生的夫人和女儿多方面的帮助。

西北师大赵逵夫教授审读了编选前言初稿,提出了很好的修改意见,在此表示诚挚的谢意。

学生李敬国谨序

2018年5月于西北师大

古代汉语研究

论古代汉语词类中应立貌词一类

——古代汉语貌词研究之一

【内容提要】本文提出了古代汉语中一个很重要的问题,即古代汉语中那些描绘性词语的性质和应该如何看待它的问题。研究这一问题,既有重要理论意义,也有实际价值。但据了解,目前尚未有人专门就此进行过论述。本文作者经过多年的探讨,认为在古代汉语中这类词语跟形容词和副词都有区别,是一个最能反映汉语特点的词类,应把它独立出来,并把它定名为"貌词"。本文从"貌词"的类义,它的特殊形式和句法功能,它在古人心目中本自成一类等方面加以详细地论证,后文还谈到这类词语在现代汉语中为什么已属于形容词的一部分,不能独立,谈到研究"貌词"对汉语史的意义,都很有自己的见解。这是作者关于"貌词"研究一系列论著中的第一篇,现特发表于本刊,希望能引起广大读者尤其是语言学界的注意和讨论。

0 引 言

0.1 汉语有个特点:说话人或作者不只是简单地说明某事物、某情景,而是常常要穷形尽相、绘声绘影地把它们描画出来。这个特点古今汉语都有。在现代汉语里,这些描绘性的词语通常是由形容词的各种重叠形式与带后附成分或前加成分的形容词来担任的。朱德熙先生曾描述过这类形容词,把它们称为形容词的复杂形式,后来又称之为状态形容词①。赵元任先生也曾很注意形容词的这种叠用形式,他称之为生动重叠,也对它进行过描述②。但两位先生讲的都是现代汉语,古代汉语却自有许多专用的词语供分别描绘各类事物、各种情景之用。约一千五百年前,刘勰已觉察到这一现象,其《文心雕龙·物色篇》云:

是以诗人感物,联类不穷;流连万象之际,沉吟视听之区。写气图貌,既随物以宛转;属采附声,亦与心而徘徊。故灼灼状桃花之鲜,依依尽杨柳之貌,杲杲为日出之容,瀌瀌拟雨雪之状,喈喈逐黄鸟之声,喓喓学草虫之韵:皎日嘒星,一言穷理,参差沃若,两字穷形:并以少总多,情貌无遗矣。

但是,这不只是一个修辞上的问题。经过长期的反复思考和观察,我认为,这类描绘性词语在见于先秦两汉文献的古代汉语中(包括前人完全摹仿这类文献而写成的"古文"在内),实应该在形容词、副词之外另成一个词类。

古代注疏家常以"××貌"来注释这类词。根据名从主人的原则,这里把这类词定名为貌词③。由于拟声的词在形式和用法上都与这类描写状貌的词没有什么区别,所以本文所谓貌词也把拟声词包括在内。

0.2 关于词类的划分问题,王力先生有一段话讲得很好。他说:"在词类划分的问题上,并没有什么世界共同分类法。正确的办法应该是我们自己根据具体分析的结果,建立我们汉语所特有的词类系

---

①《现代汉语形容词研究》,已收入《现代汉语语法研究》一书。关于状态形容词的论述见《语法讲义》73—74页。

②吕译《汉语口语语法》109—111页。

③陈承泽《国文法草创》曾用"貌字"这一名称,但他又把"貌字"归属于"修饰副字"。周法高《中国古代语法》称之为"状词"。我以前曾借朱骏声的用语,名之为"形况词",现定名为貌词。如用外语,可译为"descriptives"。

统。”又说:“应该肯定地说,汉语的词类系统一定和其他语言的词类系统有所不同。”[①]按照王先生的意见,还不妨说:既然古代汉语经过漫长的历史时期才演变为我们今天的汉语,那么,古代汉语的词类系统也可以而且应该与现代汉语的词类系统有所不同,因为词类本身就是一个历史范畴。在划分词类的标准这一问题上,王先生主张把概念标准、句法标准和形态标准这三方面联系起来看,也是很值得注意的见解[②]。下文就将主要从貌词在类义上的特点、它特有的形式和它的句法功能这三个方面来说明貌词应独立成类的理由及其与形容词、副词的区别。

1. 貌词的类义

1.0 尽管有的学者认为,在划分词类的时候,词义是没有地位的,但是,作为缺乏形态的、高度分析的语言,汉语在划分词类时其实并不能撇开词义。如果不把词义孤立起来看,那么借用乔姆斯基的术语,它正属于语言的深层,本来也是不能不管的。

1.1 貌词作为一个特殊的词类,它首先引人注目的地方就是:从词汇语义学的角度来看,它的类义就完全与形容词相对立。形容词指出事物的普遍属性,它们的性质、面貌和状态,因此可用于多种场合。同一个形容词,如“大”和“小”,可以用来直接修饰许多事物:“大人”“大事”“大道”“大义”“大变”“大言”……和“小子”“小民”“小康”“小疵”“小补”“小试”……都常见于古籍。所有的形容词,只要在词义搭配上不发生问题,都能够这样使用。可以这样说:形容词所表明的属性意义正是从许多客观事物的属性中抽象、概括出来的,因而它本

①见《关于词类的划分》。《龙虫并雕斋文集》第二册第 518 页。

②同上,第 518—521 页。

身也具有客观性。用形容词说明或修饰某事物,事实上就是对这一事物加以限定:言大就排除了小,言小就排除了大;言远就排除了近,言近就排除了远……正因为这样,自古以来,大多数形容词都是成对地互为反义词而出现。

古代汉语中的貌词就完全不然了。从表面上看来,这种貌词也是一种修饰语,它们所描绘的也是某一事物的性质、面貌、状态,可是它们并不表示那性质、那面貌和那状态本身;与其说它们是说明事物的客观属性的,倒不如说它们是表达说话人或作者对某一事物的主观感受的。它们的涵义模糊不清,难以实指,所以历来注疏家只好以一个笼统的"××貌"或随文生训来解释。这里就以《文心雕龙·物色篇》所举出的貌词中的四个为例:

昔我往矣,杨柳依依。(《诗·小雅·采薇》)[按]:依依,毛传郑笺皆无说解。《文选》潘安仁诗注、谢玄晖诗注两引韩诗薛君章句并云:"依依,盛貌。"《小雅·车辖》"依彼平林"。毛传:"依,茂木貌。"茂与盛义同。

其雨其雨,杲杲日出。(《诗·卫风·伯兮》)毛传:"杲杲然日复出矣。"

参差荇菜,左右流之。(《诗·周南·关雎》)参差,毛传郑笺无训。孔颖达正义云:"言此参差然不齐之荇菜。"

嘒彼小星,三五在东。(《诗·召南·小星》)毛传:嘒,微貌。《玉篇》日部有嘒字,注云:"众星貌。"

这四个貌词其实都是诗人用来传达他的观感的,就诗人方面而言,可说写得既具体而又形象。但尽管前人这样那样地加了注,其含义对我们还是模糊不清的。我们无法确切说出"依依"是如何盛或茂,日出是怎样的"杲杲","嘒"又是如何表示众星的微弱。总之,都需要读者去"以意逆志",以自己的主观想象去体会作者的主观感受。读者的体会还可以不同,例如“依依”,我们如果体会为杨柳的“飘拂貌”或“轻柔貌”,也未尝不可。“参差”一词的含义似乎比较明晰,主要是因为这个词后代还比较常用之故，但仍不是一个用简短几个字就可以说清楚的概念。这些地方都说明，貌词并不指明事物确切的客观属性,而只是传达某一事物的情态,带着浓厚的主观色彩;它只能运用于某一具体事物,或某一类具体事物。换言之,对貌词的理解要受其上下文所设定的语境的制约,并且只受这一语境的制约。上文举出的四个貌词都是这样。这样的貌词是描绘性的,而不是限定性的,自然,更不会有与之针锋相对的反义词出现了。

1.2　貌词与副词的划界,即使只从两者各自的类义来看,本来也比较清楚。只是由于有的学者曾把貌词归属于副词,或者把副词的界限定得太宽,才使貌词与副词的划分也成了问题。其实,古代汉语的副词本来就具有严格的封闭性，可以列举出来，它们只能表示程度、范围、频率、语气(包括肯定和否定等),其余的那些所谓副词,有的应归入时间词和方位词(名词的次类),有的具有明确的限定的意义,又可用作定语的,实际上是形容词。至于那些仅表示情态和主观感受,又具有特殊形式,或在词序上处于特殊地位的,都应该定为貌词。副词的划界是一个该另行讨论的问题,这里不再详论。

2. 从貌词的形式看它与形容词、副词的区别

2.0　如果只从词义着眼来划分词类,那当然是不全面的,也是行不通的。远在 20 世纪初,索绪尔已反对以纯逻辑的、语言以外的原则的名义,从外边加于语法去划分词类[①];后来,布龙菲尔德更指出:“如果不从形式方面来识别形类,而采取意义的定义,这种定义最多

①商务印书馆译本《普通语言学教程》第 154 页。

也不过是权宜之计,这就等于放弃了科学的论述。"[1]值得注意的是,具有描绘性这一共同语义特点的貌词,从词汇音系学的角度来看,却正好具有一系列特有的语音形式,或者是在句中处于一个特殊的位置,从而可以与形容词、副词相区别。

2.1 第一种特殊的语音形式就是重言,即完全的叠音形式。这种形式广泛见于诗三百篇,从《周南》到《商颂》,共享了四百余个,六百余次[2]。《楚辞》及诸子散文也用得很多。史传纪实文字,如《左传》《国语》《战国策》,虽不常见,《史记》却又用得不少。其特点是:1. 这些重言大多数不具备单言形式,是专用的,它们并不是形容词的重叠。如《诗经》中的"漉漉""瀼瀼""忉忉""怲怲""翙翙""噧噧"等就仿佛专为作重言貌词而设。2. 在散文中,重言形式往往还可以带后附语"然""如""焉""乎"等。3. 这些重言如采用的是常用字,也脱离了它的本义或常用义。如《诗》中的"振振""绳绳""濯濯""翼翼""斤斤"之类,所用的字都与它们的本义或常用义无关。4. 古汉语的重言貌词词义虽模糊,却能独立成为一个句子成分,不像现代汉语中的"白生生""干巴巴""酸溜溜"中的"生生""巴巴""溜溜"那样,只能附在形容词后面。

形容词的情况却与貌词相反。古代常用的形容词一般是不能够叠用的,在《诗经》《楚辞》及经、传、诸子中,都没有"大大""小小""远远""近近"……这样的说法。类似形容词的重叠情况自然也可以找到不多几个。如"明明"在《诗》中五见,在《尚书》中三见,"温温"也在《诗》中三见;表示色彩的形容词偶然也有重叠的,如《诗·郑风·子衿》

---

①商务印书馆译本布尤菲尔德《语言论》第335页。

②由于划界不一致,各家(王筠、王显、杜其容[周法高《中国古代语法》所引]等)的统计都有出入,此举约数。

两用“青青”,《楚辞·九歌》和《庄子·德充符》也有“青青”的说法,《小雅·都人士》还有“狐裘黄黄”。但是,第一,这些重言已与其单言意义微别,具有描写性,而且我们也不能以个别的例外来否定一般规律①。第二,这种例外还可以解释为个别形容词的跨类现象,它们已成了个固定格式,所以只有这么几个屡见,不是许多形容词都能重叠。至于“狐裘黄黄”的“黄黄”仅一见,根据上下文,还可能是“煌煌”的假借。正因为如此,所以《荀子·修身》有云:“依乎法而又深其类,然后温温然。”可以在“温温”之后像单言貌词一样加用后缀“然”。《非十二子篇》还有“广广然”,《庄子·天道》用过“广广乎”,也是同一道理。这都说明“温温”“广广”已跨类进入貌词了。《诗·小雅·小宛》“温温恭人”。毛传:“温温,和柔貌。”《荀子·修身》“然后温温然。”杨注:“温温,有润泽之貌。”可见古人从词义上看,也是把“温温”这样的词看成貌词的。

近代单音节副词的重叠形式,个别已见于古代文献。如“常常”见于《孟子》(《万章下》:“欲常常而见之,故源源而来。”),“稍稍”见于《战国策》(《赵策二》:“稍稍蚕食之”;《齐策四》:“稍稍诛灭”)和《史记》(《平原君传》:“宾客、门下舍人稍稍引去者过半”)。但它们既不能加“然”等后缀,又在程度、频率上具有限定意义,仍然是副词。至于名词的重叠,如《诗经》中的“子子孙孙”、“燕燕”,《左传》中的“世世”,《战国策》中的“元元”、“时时”,《荀子》中的“日日”,它们既可单用,又不能加“然”等后缀;《诗经》中的动词重叠,如“言言”“语语”也一样。这类重叠的用法,都保留着名词或动词的原意,不会与重言貌词相混。因此,可以把能带“然”“如”等后缀,具有描绘性质作为划分貌词的一个重要标志。

---

①吕叔湘先生在《重印国文法草创序》中曾称赞提出“不以例外否定规律”等原则是陈氏的卓识。

2.2　第二种特殊的语音形式是双声和叠韵联绵词,这是一种不完全的叠音形式:双声只重叠声母,叠韵是只重叠韵母。这种不完全的叠音形式可以和重言貌词相当,一是它们常和重言貌词并用,形成对句,如:

君在,踧踖如也,与与如也。(《论语·乡党》)

高余冠之岌岌兮,长余佩之陆离。(《楚辞·离骚》)

二是这类连绵词的意义也依附于声音,决不能按其字面意义分开来解释。三是它们也是描绘性的。《论语·乡党》集解引马融曰:"踧踖,恭敬之貌;与与,威仪中适之貌。"重言貌词与叠韵貌词注释用语相同,而且都带后缀"如",都单独成为一个句子成分。

2.3　第三种特殊的语音形式,是单言后附"然""如""若""尔""焉""子""兮"这些后缀①。古书常见,不必举例。这种形式的特点是:这些后缀彼此有一定的语音联系:"然""如""若""尔""焉"是一组,其中"然""如""若""尔"都是日母字,"焉"则与"然"同韵部;另一组是"乎"和"兮",都是匣母字。重言貌词如果要用后附语,也是这一些。这就说明,"单言+然"之类的词语与重言貌词具有一致性。常用的形容词或副词一般是不能进入"△然"之类的结构的。古代汉语既没有"大大""小小""远远""近近"之类的说法,也没有"大然""小然""远然""近然"之类的说法。有某些常用字(形容词甚至动词)似乎也可以加用后缀"然"。《庄子·大宗师》有"成然寐",《应帝王》有"全然有生矣",《外物》有"静然可以补病",《庚桑楚》有"惧然顾其后",《荀子》中,《富国》《王霸》《君道》《议兵》诸篇中都用过"晓然",《儒效》中又两用"混然"……但这类情况都是可以解释的。有的,是进入这种结构的常用

①有的学者认为还应有"耳"和"而"。"耳"仅见于郑笺,"而"则应视为连词,详见下节。

字的意义已发生了变化，如“成然”和“懼然”[①]。有的，则已成了固定结构，如“全然”“晓然”和“混然”，已具有描绘性质了。至于“静然”，依宜颖、奚侗之说，当为“静默”之误，故与下文“眦媙可以休老”相对成文。

2.4　某些单音词用于“有”之后可成为貌词，大多同重言相当。这主要见于《诗经》，如“有弥济盈”（《邶风·匏有苦叶》）、“有蕡其实”（《周南·桃夭》）、“忧心有忡”（《邶风·击鼓》）、“临下有赫”（《大雅·皇矣》）之类。不仅《召南·草虫》就有“忧心忡忡”之句，《邶风·新台》有“河水弥弥”之句，而且“赫赫”更常见于《诗经》。这种“有△”式很常见，不妨把“有”就看成貌词特有的一种前缀。《孟子》里还有：

舜见瞽瞍，其容有蹙。（《万章上》）

其颡有泚，睨而不视。（《滕文公上》）

这正是从《诗经》遗留下来的句式。不管在韵文或散文里，一般所谓形容词却都没有这种用法。

2.5　还有许多虚词常与某些单音词同用，从而也可表明这些单音词是貌词。这种情况多见于《诗经》和《楚辞》，常用的虚词有“其”“而”“斯”“思”“彼”“者”“于”“矣”等。

北风其喈，雨雪其霏。（《邶风·北风》对比“雨雪霏霏”。）

絺兮绤兮，凄其以风。（邶风·绿衣》对比“风雨凄凄”。）

兄弟不知，咥其笑矣。（《卫风·氓》毛传：“咥咥然笑。”）

百神翳其备降兮，九嶷缤其并迎。（《楚辞·离骚》）

惠而好我，携手同归。（《邶风·北风》）

倏而来兮忽而逝。（《九歌·少司命》）

猗嗟昌兮，颀而长兮。（《齐风·猗嗟》对比：“硕人其

①或谓，成，熟也，即熟睡之熟，但古代并没有“熟然”的说法。至于懼，疑当读为瞿。

颀。”）

帝省其山，柞棫斯拔，松柏斯兑。（《大雅·皇矣》按：拔、兑皆草木茂盛之貌。）

王赫斯怒，爰整其旅。（同上。按：赫赫，诗中屡见。）

思皇多士，生此王国。（《大雅·文王》毛传：“思，辞也。”按：皇，犹皇皇，亦即煌煌。）

间关车之舝兮，思娈季女逝兮。（《小雅·车舝》毛传：“娈，美貌。”郑笺云：“思得娈然美好之少女。”误以思为实词。）

毖彼泉水，亦流于淇。（《邶风·泉水》毛传：“泉水始出，毖然而流。”）

鴥彼晨风，郁彼北林。（《秦风·晨风》毛传：“鸟穴，疾飞貌。”《文选·海赋》注：“郁，盛貌。”毛传：“郁，积也。”按谓林木郁积，亦茂盛之意。）

彼姝者子，在我室兮。（《齐风·东方之日》对比：“蜎蜎者蠋。”“皇皇者华。”）

于铄王师，遵养时晦。（《周颂·酌》毛传：铄，美。按：实为美盛之貌。）

维天之命，于穆不已。（《周颂·维天之命》）

休矣皇考，以保明其身。（《周养·访落》）

王显先生有《诗经中跟重言作用相当的有字式、其字式、斯字式和思字式》一文①，论述甚详。窃以为“有”可视为貌词的前缀，而“其”“斯”“思”等则起一种把貌词介接于被修饰语的作用。有时则是一种“衬字”，与后代民歌中的“那个”相似。至于诗中的“而”，前人多谓“而

①文载《语言研究》1959年第4期。

犹然也"[①],但先秦"而"字已常用于"△然""△尔"等格式之后,如《论语·先进》有"子路率尔而对曰",《庄子·大宗师》有"翛然而往,翛然而来而已矣。"《楚辞·离骚》有"何琼佩之偃蹇兮,众薆然而蔽之",都不能再把"而"解释为"然"了。

古代表示事物属性的形容词是不能进入上述各类格式的。

2.6 还有少数单言貌词,它们不用任何前后附加语,甚至也不与上述那些虚词同用,但由于处于句中的特殊位置,仍可以使我们辨认出它们是貌词。这主要位于句首,多见于《楚辞》,《诗经》中亦有之:

纷吾既有此内美兮,又重之以修能。(《楚辞·离骚》。王注:"纷,盛貌。")

忽吾行此流沙兮,遵赤水而容与。(同上)

沛吾乘兮桂舟。(《九歌·湘君》王注:"沛,行貌。")

忾我寤叹,念彼同京。(《诗·曹风·下泉》按:《楚辞·九叹·远逝》云:"情慨慨而长怀兮。"王注"慨慨,叹貌也",引《诗》作"慨我寤叹"。)

振鹭于飞,于彼西雍。(《周颂·振鹭》毛传:"振振,群飞貌。")

以上是位于完整的主谓句句首,还有些例子是位于动宾结构或省去主语的句子之前:

猋远举兮云中。(《九歌·云中君》王注:"猋,去疾貌也。")

淼南渡之焉如?(《九章·哀郢》)

翡翠朱被,烂齐光些。(《招魂》王注:"其文烂然,而同光明也。")

---

①如王引之《经传释词》卷七等。

这种用法，仅屈赋中就有三十余例，形容词和副词却不能这样用。个别可表示关系、语气的副词，偶可用于句首，如“又”“且”等，实际上有如连词，是很容易与貌词分辨出来的。

2.7　貌词还有几种不同或相同形式的连用格式，如“单言十重言”、“单言+双声叠韵联绵词”、“重言+重言”，“两双声叠韵联绵词连用”等。

君子坦荡荡，小人长戚戚。（《论语·述而》）

纷总总其离合兮，斑陆离其上下。（《离骚》）

惨郁郁而不通兮，蹇侘傺而含戚。（《九章·哀郢》）

杳冥冥兮羌昼晦。（《九歌·山鬼》）

忳郁邑余侘傺兮，吾独穷困乎此时也。（《离骚》）

佼人僚兮，舒窈纠兮。（《诗·陈风·月出》毛传：“舒，迟也；窈纠，舒之姿也。”）

有渰萋萋，兴雨祈祈。（《小雅·大田》毛传：“渰，云兴貌”；萋萋；云行貌。渰：《汉书·食货志》引作黤，《吕览·务本篇》引作晻。）

兢兢业业，如霆如雷。（《大雅·云汉》）

赫赫明明，王命卿士。（《大雅·常武》）

济济跄跄，絜尔牛羊。（《小雅·楚茨》）

其为鸟也，翂翂翐翐而似无能。（《庄子·山木》）

吾宁悃悃款款朴以忠乎？（《楚辞·卜居》）

怆怳懭悢兮，去故而就新。（同上《九辩》）

之八者，乃始脔卷怆囊而乱天下也。（《庄子·在宥》）

圆居而方止，则若盘石然，触之者角摧，案角鹿埵陇种东笼而退耳。（《荀子·议兵》按：案角鹿埵不可解，或谓角字衍，陇种即后世之龙钟，东笼他书未见，实亦叠韵联绵词。）

祭者，志意思慕之情也，愅诡唈僾而不能无时至焉。（《荀子·礼论》按：愅诡、唈僾皆双声联绵词。）

仔细观察可知，这些格式都只是两个貌词的连用，它们的意义只是两个貌词之合。

先看“单言+重言”和“单言+双声叠韵”的形式。除“小人长戚戚”一例，“长”是说明“戚戚”的经常性（即频率）之外，其他两个貌词连用都无修饰与被修饰的关系，其结构是松散的、自由的。在《楚辞》里，既有“纷总总”，又有“纷容容”（见《悲回风》）、“纷纯纯”（或作“纷忳忳”，见《九辩》）；既有“惨郁郁”，又有“纷郁郁”（见《思美人》）、“冯郁郁”（见《九辩》）。“杳冥冥”虽屡见于《楚辞》，但《涉江》中却有“深林杳以冥冥兮，乃猿狖之所居”，在“杳”和“冥冥”间插入了连词“以”，更足以说明“杳冥冥”不是一个紧密的结构。组成前后两部分的貌词还可以单独使用。“总总”单用，虽不见于《楚辞》，但《逸周书·大聚》却有“殷政总总若风草”之语。“舒”又见于《召南·野有死麕》的“舒而脱脱兮”，只有“窈纠”不见于古代文献，但很可能是“窈窕”的语转，或古人口语中本有是语。总之，这种形式与现代汉语形容词加后附成分的“白生生”“慢腾腾”之类不同，因为“生生”“腾腾”等是不能独立的，它们只能依附于形容词之后。

至于两个重言貌词的连用，就更与现代汉语双音节形容词的重叠形式完全不同了。因为古代汉语只有“兢兢业业”“赫赫明明”“济济跄跄”的说法，却没有“兢业”“赫明”“济跄”的说法。似乎例外的是《小雅·信南山》有“苾苾芬芬，祀事孔明”之语，而《小雅·楚茨》又言“苾芬孝祀”。但这与其说“苾苾芬芬”是“苾芬”的重叠，倒不如说“苾芬”是“苾苾芬芬”的紧缩或所谓“急言”，这正如《书·尧典》的“浩浩”“荡荡”，后世缩用为“浩荡”一样。一个重言有时还可以出现在几个连用格式里。例如“兢兢”即有“战战兢兢”（《诗·小雅·小旻》及《小宛》两见)、"矜矜兢兢"(《小雅·无羊》)、"兢兢业业"(《大雅·云汉》);"赫赫"既见于《大雅·常武》的"赫赫明明"和"赫赫业业",又见于《大雅·云汉》的"赫赫炎炎"。"赫赫"还可以单用,如《小雅·节南山》的"赫赫师尹",《小雅·正月》的"赫赫宗周"。另外,连用的两个重言还可颠倒,上面举了《小雅·楚茨》的"济济跄跄",但还有《大雅·公刘》的"跄跄济济"。这些情况都表明,这种连用远未成为一种固定格式,其结构也是松散的,所以其中两个重言可以各有各的含义,如毛传释"兢兢业业"云:"兢兢,恐也;业业,危也。"释"赫赫明明"云:"赫赫然盛也,明明然察也。"它们与现代汉语"干干净净""清清楚楚"是"干净"和"清楚"的叠用是截然不同的。

两个双声叠韵联绵词的连用,有的似乎难以拆散,如《庄子》的"脔卷怆囊"和《荀子》的"陇种东笼",但它们仍与现代四音节的形容词的复杂形式有本质上的区别。因为现代汉语这种复杂形式,其第一字非形容词不可,如"黑咕隆咚"之类,要不,就只是拟声,如"稀里哗啦"。总之,就是貌词的各种连用格式这类复杂形式,也是可与形容词和副词划分清楚的。

关于貌词的各种形式还有许多复杂情况,不是上文所能完全概括的,作者将另有专文加以探讨。

3. 从貌词的句法功能看它与形容词、副词的区别

3.0　词类的类义同它的句法功能总是密切相关的。词类的句法功能要受其类义的制约;倒转过来说,词类的类义实际上又是我们从前人如何使用它而归纳出来的。貌词也是如此。貌词在类义上与形容词、副词有别;在使用上,即在其句法功能上,也就必然与形容词、副词有别。

3.1　粗略看来,貌词与形容词似乎都是作修饰语的,但是它们

所修饰的对象,它们与被修饰语的关系并不一样。

作状语是貌词的基本功能。作为状语,貌词修饰的主要是整个句子或者动宾结构,这也就是说,它修饰的总是整个情景、情态,而不是简单说明某一动作或属性。上文(2.6)已举出不带任何后附语的单音节貌词置于句首或动宾结构之前的例子,现在再举一些用其他貌词形式修饰整个句子的例子,散文、韵文都有:

昧昧我思之。(《书·秦誓》)

巍巍乎唯天为大,唯尧则之,荡荡乎民无能名焉。(《论语·泰伯》)

民归之,犹水之就下,沛然谁能御之?(《孟子·梁惠王上》)

去鲁,曰:"迟迟吾行也。"(同上。《万章下》)

昔尧之治天下也,使天下欣欣焉人乐其性,是不恬也;桀之治天下,使天下瘁瘁焉人苦其性,是不愉也。(《庄子·在宥》按:欣欣焉,瘁瘁焉,皆属下读。)

纷乎宛乎,魂魄将往,乃身从之。(同上。《知北游》)

奥窔之间,簟席之上,敛然圣王之文章具焉,佛然平世之俗起焉。(《荀子·非十二子》按:王引之谓"敛"当为歙,歙然,聚集貌;杨注:"佛读为勃,勃然,兴起貌。"两说皆是。)

呦呦鹿鸣,食野之苹。(《诗·小雅·鹿鸣》)

蔼蔼王多吉士。(《大雅·卷阿》)

怀信侘傺,忽乎吾将行兮。(《楚辞·九章·涉江》)

萧瑟兮草木摇落而变衰。(《楚辞·九辩》)

至于用各种貌词来修饰动宾结构或整个谓语部分,在各种古书中更比比皆是,下面略举数例:

尔尚不忌于凶德,亦则以穆穆在乃位。(《书·多方》)

闵闵焉如农夫之望岁，惧以待时。(《左传》昭公三十二年)

豫焉若冬涉川，犹兮若畏四邻。(《老子》十五章)

夫子循循然善诱人。(《论语·子罕》)

蚤起，施从良人之所之……而良人未之知也，施施从外来，骄其妻妾。(《孟子·离娄下》)

今先生俨然不远千里而庭教之。(《战国策·秦策一》)

武王载旆，有虔秉钺。(《诗·商颂·长发》)

雍雍在宫，肃肃在庙。(《诗·大雅·思齐》)

形容词也可以作状语，但它们却不能修饰整个句子或整个谓语部分，而只能直接用于动词前，去限定这动作、行为的方式方法及含义，如"多闻""慎言""博学""远游""正立""厚葬""小知""大受"(均见《论语》)，"安居""徐行""甘食""独乐""轻为""私淑"(均见《孟子》)之类。副词也是如此。除开个别表关系和承上语气的副词如"乃""遂"以外，一般副词都直接用于动词或形容词之前。而貌词直接修饰动词或形容词的情况却很罕见。以《孟子》和《荀子》为例，似乎直接修饰谓语动词或形容词的仅有如下几例：

宋人有闵其苗之不长而揠之者，茫茫然归谓其人曰："今日病矣！……。"(《孟子·公孙丑上》)

嚣嚣然曰："我何以汤之聘币为哉！"(同上。《万章上》)

曾西蹴然曰："吾先子之所畏也。"(同上。《公孙丑上》)

孔子慨然叹曰："……"(《荀子·宥坐》)

孔子蹴然曰："……"(《荀子·哀公》)

第一句"芒芒然归谓其人曰"，其实是一气而下的，"茫茫然"修饰的并不只是"归"这一个词。第四句"慨然"修饰的应是"叹曰"这个结构，其余三句，也都不是只修饰"曰"字，因为"曰"下还有后文，等于也是动宾结构。

貌词真正直接修饰单个动词、形容词的是《庄子》里的如下数例：

于是坎井之蛙闻之，适适然惊，规规然自失也。(《秋水》)

成然寐，蘧然觉。(《大宗师》)

云将见之，倘然止，贽然立。(《在宥》)

荡荡乎忽然出，勃然动，而万物从之乎？(《天地》)

夫尧畜畜然仁，吾恐其为天下笑。(《徐无鬼》)

夫道，覆载万物者也，洋洋乎大哉！(《在宥》)

意，毒哉！仙仙乎归矣！(《在宥》)

但这些例子都属于某种特殊情况，是可以解释的。第一至四例都出现在排比句中，增强了描绘性；第五、六例都修饰形容词谓语，也算是描写某种情景。最后两句是感叹句，情态色彩很浓，又与以“乎”结尾用于句首的句式有关。所以，从原则上讲，貌词是不能用来修饰单独的动词或形容词的，这一点正与形容词和副词相反。

3.2 貌词，由于它是描绘性的而不是限定性的，作为状语，它与被修饰的谓语的关系是松散的，而不是紧密的。因此，作状语的貌词还有两个特点。第一，如果一个谓语还有别的修饰语，貌词总是位于最前面：

惟截截善谝言，俾君子易辞。(《书·秦誓》)

睆睆然在缧缴之中而自以为得。(《庄子·天地》)

见善，修然必以自存也；见不善，愀然必以自省也。善在身，介然必以自好也；不善在身，菑然必以自恶也。(《荀子·修身》)

丈人芒然乃远至此，甚苦矣。(《战国策·魏策四》)

第二，为了使貌词与被修饰语隔离(特别是当被修饰语只是简单谓语时),就在貌词与被修饰语之间插用“其”“而”“以”“兮”“乎”等,在韵文和散文中都常见这种情况。有时,前面用“兮”或“乎”,后面用“其”或“若”,成了一种常用格式。下面是一些各种各样的例子:

坎其击鼓,宛丘之下。(《诗·陈风·宛丘》)

溱与洧,浏其清矣。(《诗·郑风.溱洧》)

二子乘舟,泛泛其逝。《邶风·二子乘舟》)

佩缤纷其繁饰兮,芳菲菲其弥章。(《楚辞·离骚》)

霰雪纷其无垠兮。(《九章·涉江》)[以上用“其”]

汤禹久远兮,邈而不可慕。(《九章·怀沙》)

雁雍雍而南游兮,鹍鸡啁哳而悲鸣。(《楚辞·九辩》)

君子之言,涉然而精,俛然而类,差差然而齐。(《荀子·正名》)

臧丈人昧然而不应,泛然而辞。(《庄子·田子方》)

冥冥而行者,见寝石以为伏虎也。(《荀子·解蔽》)

秦王悖然而怒。(《战国策·秦策四)[以上用“而”]

年洋洋以日往兮。(《楚辞·九辩》)

孔子之于至人,其未邪?彼何宾宾以学子为?(《庄子·德充符》)[以上用“以”]

俨兮其若容,涣兮若冰之将释,敦兮其若朴,旷兮其若谷,混兮其若浊。(《老子十五章》)

井井兮其有条理也,严严兮其能敬己也……(《荀子·儒效》)

以无厚入有间,恢恢乎其于游刃必有余地矣。(《庄子·养生主》)

夫道,渊乎其居也,谬乎其清也。(《庄子·天地》)[以上是“兮”“乎”与“其”配合使用]

普通的形容词和副词也不能这样用。另外，以“乎”和“兮”结尾的貌词常用于句首，多带有强烈的感情色彩，构成感叹句：

恤恤乎，湫乎攸乎，深思而浅谋，迩身而远志，家臣而君图，有人矣哉！（《左传·昭公十二年》）

芒乎芴乎，而无从出乎！芴乎芒乎，而无有象乎！（《庄子·至乐》）

荒兮其未央哉！（《老子二十章》）

坎廪兮，贫士失职而志不平！廓落兮，羁旅而无友生！（《楚辞·九辩》）

形容词后用表感叹的语气词“哉”置于句首，也可以造成感叹句，如《九辩》的首句“悲哉！秋之为气也”、《论语·泰伯》的“大哉！尧之为君也”和《雍也》的“贤哉回也！”但这种句型其实是一种表强调的倒装句，也可以说成“秋之为气也，悲哉！”和“尧之为君也，大哉！”“回也，贤哉！”而以“乎”和“兮”结尾的貌词置于句首时的句型却不能颠倒。就在这里也能看出二者的区别。

3.3　形容词的一个基本职能是作定语，而貌词在散文中却基本上是不能直接用作定语的。从五种有代表性的古籍来看：在《孟子》中，各类貌词用作状语的有46例，而作定语的仅4例；《庄子》中各类貌词用作状语的有237例，用作定语的仅11例；《荀子》中各类貌词用作状语者有132例，用作定语者仅7例；《左传》本文（即把引逸诗及谣谚等都除外），有貌词19例，作定语者仅1例；《战国策》中各类貌词用作状语的有41例，而用作定语的仅5例。例子不多，有许多例子又在同一句中，兹全录如下：

我知言，我善养吾浩然之气。（《孟子·公孙丑上》）

……是鶂鶂之肉也。（同上《滕文公下》）

斯须之敬在乡人。（同上《告子上》）

訑訑之声音颜色，拒人于千里之外。(《告子下》)

舍夫种种之民而悦夫役役之佞，释夫恬淡无为而悦夫啍啍之意。(《庄子·胠箧》)

夫子以为孟浪之言，而我以为妙道之行也。(同上《齐物论》)

厌则又乘夫莽眇之鸟，以出六极之外，而游无何有之乡，以处圹埌之野。(同上《应帝王》)

惴耎之虫，肖翘之物，莫不失其性。(同上《胠箧》)

自本观之，生者，喑醷物也。虽有寿夭，相去几何？(同上《知北游》)

以谬悠之说，荒唐之言，无端崖之辞，时恣纵而不傥，不以觭见之也。(同上《天下》)

是故无冥冥之志者，无昭昭之明；无惛惛之事者，无赫赫之功。(《荀子·劝学》)

故薄薄之地，不得履之，非地不安也。(同上《荣辱》。杨注："薄薄"谓旁薄广大之貌。)

夫起于变故，成乎修修之为，待尽而后备者也。(同上《荣辱》)

斯须之言而足听。(同上《非相》)

赫赫楚国，而君临之，抚有蛮夷，奄征南海，以属诸夏。(《左传·襄公十三年》)

国人不说也，君有闵闵之心。(《战国策·东周策》)

安平君以惴惴之即墨，三里之城，五里之郭，敝卒七千，禽其司马，而反千里之齐。(同上《齐策六》)

夫贤者以感忿睚眦之意而亲信穷僻之人。(同上《韩策二》)

夫报报之反，墨墨之化，唯大君能之。（同上《楚策四》）

貌词作定语，在散文中不但少见，而且在貌词与被修饰语中总要插入一个“之”字。在上引诸例中，只有两条不用“之”字：一例是《庄子》的“喑醷物也”，因为整个结构是谓语，或者是省去了“之”字；一例是《左传》的“赫赫楚国”，这可能是出于修辞上的原因而模仿了诗体句法，与《书·秦誓》的“番番良士，仡仡武夫”相同（详下节）。还有几个例子似乎是直接修饰名词的：

言必信，行必果，硁硁然小人哉！（《论语·子路》）

昔者庄周梦为蝴蝶，栩栩然蝴蝶也。……俄然觉，则蘧蘧然周也。（《庄子·齐物论》）

其臣之画然知者去之，其妾之挈然仁者远之。（《庄子·庚桑楚》）

眇眇予末小子，其能而乱四方，以敬忌天威。（《书·顾命》）

呜呼！天明畏，弼我丕丕基。（《书·大诰》）

其实，“小人哉”“胡蝶也”“周也”都是谓语，它们前面的貌词是修饰整个谓语的；而“画然知者”“挈然仁者”则应分析为“画然知 / 者”“挈然仁 / 者，两个貌词修饰的是形容词。“眇眇予末小子”的“眇眇”修饰的则是“予末小子”这整个结构。至于“丕丕基”这一短语，很可能是《尚书》文体过于简略使然，故伪孔传云：“叹天之明德可畏，辅成我大大之基业。”其说虽未必正确，但伪孔仍不得不根据古代的语言习惯，在“大大”与“基业”之间插入一个“之”字。总之，在散文中，貌词一般是不能直接修饰名词的，或以为插用“之”字完全是为了调整成四个音节，但“惴惴之即墨”一例却可否定这种看法。

3.4　只有在四字句的诗体语言中，才常见重言或相当于重言的其他貌词形式直接修饰名词性词语的例子，如“赫赫南仲”（《小雅·出车》)、"参差荇菜"(《周南·关雎》)、"有玱葱珩"(《小雅·采芑》)、"芒芒禹迹"(《左传·襄公五年》引虞人之箴)、"浩浩沅湘"(《楚辞·怀沙》)等。但仍有两种情况很值得注意:

第一,好多貌词修饰的是偏正结构,即已被说明过了的事物,如"翘翘错薪"(《周南·汉广》)、"济济多士"(《大雅·文王》)、"窈窕淑女"(《周南·关雎》)等,这样,这些貌词仍是描写某种情景。

第二,貌词和被它修饰的名词之间往往也插入"其""厥""彼""者"等虚字或"之"字。如《诗》中的"貊其德音"(《大雅·皇矣》)、"殖殖其庭,有觉其楹"(《小雅·斯干》)、"赫赫厥声,濯濯厥灵"(《商颂·殷武》)、"娈彼诸姬"(《邶风·泉水》)、"翩翩者鵻"(《小雅·四牡》)、"渐渐之石"(《小雅·渐渐之石》)以及《左传》宣公二年城者所讴的"睅其目,皤其腹"。《楚辞》中更屡用"之"字,如"蹇蹇之烦冤兮"(《思美人》)、"何氾滥之浮云兮"(《九辩》),共有四例。

以上两种情况,都不能仅以为了调整音节来解释,同时也表明貌词是不宜直接用于名词之前的。

3.5 各种形式的貌词都可以比较自由地用作谓语,这是貌词与副词最显著的区别,而在这点上似乎与形容词却有共同之处。但是,用形容词作谓语还是说明事物的性状的,而貌词作谓语则是描绘事物的情态的。因此,以貌词为谓语的句子,其主语好些都不是单纯的一人一事一物,而是处于某种状态中的事物,或干脆是某种情景。先看散文中的一些例子:

> 禹汤罪己,其兴也悖焉;桀纣罪人,其亡也忽焉。(《左传·庄公十一年》)
>
> 子之燕居,申申如也,夭夭如也。(《论语·述而》)
>
> 人知之,亦嚣嚣;人不知,亦嚣嚣。(《孟子·尽心上》)
>
> 我欲伐宗脍、胥敖,南面而不释然。(《庄子·齐物论》)

吾语汝学者之嵬容……酒食声色之中则瞒瞒然、瞑瞑然，礼节之中则疾疾然、訾訾然；劳苦事业之中则儢儢然、离离然。（《荀子·非十二子》）

这些例子中的谓语，只用普通形容词显然是难以胜任的。

《诗经》和《楚辞》中以貌词为谓语的句子的主语也常是偏正结构，即都是已被说明过的事物。

我来自东，零雨其蒙。（《诗·豳风·东山》）

子兴视夜，明星有烂。（《诗·郑风·女曰鸡鸣》）

我马维骆，六辔沃若。（《诗·小雅·皇皇者华》）

冬日烈烈，飘风发发。（《诗·小雅·四月》）

增冰峨峨，飞雪千里些。（《楚辞·招魂》）

或者是动宾结构和以动词为中心语的结构：

击鼓其镗，踊跃用兵。（《诗·邶风·击鼓》）

皇矣上帝，临下有赫。（《诗·大雅·皇矣》）

容兮遂兮，垂带悸兮。（《诗·卫风·芄兰》）

诲尔谆谆，听我藐藐。（《诗·大雅·抑》）

浩浩沅湘，分流汩兮。（《楚辞·怀沙》）

豺狼从目，往来侁侁些。（《楚辞·招魂》）

有些主语干脆是一个主谓结构：

伐木丁丁，鸟鸣嘤嘤。（《诗·小雅·伐木》）

虫飞薨薨，甘与子同梦。（《诗·齐风·鸡鸣》）

凫鹥在亹，公尸来止熏熏。（《诗·大雅·凫鹥》）

以上各类例子可以举出很多。偶然还有以形容词为中心语作主语的例子，如《诗·大雅·六月》的“其大有颙”，这更非以貌词为谓语不可。

在《楚辞》中，主语单纯而以重言貌词为谓语的句子，常以排比句的形式出现，以增强其描绘性，如《九歌·山鬼》中的“石磊磊兮葛蔓蔓”“雷填填兮雨冥冥”“风飒飒兮木萧萧”就是这样。

3.6 另外，在古代诗歌中常见一种在主语和作谓语的貌词之间插入虚词“之”的句式，《诗经》《楚辞》及《左传》引逸诗谣谚中都有。所用貌词有多种形式，其主语可以是名词，也可以是以名词为中心语的结构或动宾结构：

子之还兮，遭我乎狃之间兮。（《诗·齐风·还》按：毛传云：“还，便捷之貌。”释文：“韩诗作嫙。嫙，好貌。”）

巧笑之瑳，佩玉之傩。（《诗·卫风·竹竿》）

鹑之奔奔，鹊之彊彊。（《诗·墉风·鹑之奔奔》）

祈招之愔愔，式昭德音。（《左传·昭公十二年》引逸诗）

高余冠之岌岌兮，长余佩之陆离。（《楚辞·离骚》）

去白日之昭昭兮，袭长夜之悠悠。（《楚辞·九辩》）

这种句式，《楚辞》中有60例，汉人辞赋也沿用。其中的“之”字，并不表示从属关系，而是把作状语或定语的貌词后置，从而形成一种特殊的主谓句。这种句式之所以可能，仍是由于貌词特具的描绘性，由于它不能与修饰语紧密结合之故。形容词和副词是不能这样用的。形容词如用于“之”之后，构成“之高”“之清”等，就与“之”前面的名词形成领属关系，在这种格式中，形容词已变成表示属性的名词了。

3.7 形容词在一定语境中既可作主语，也可作宾语，学者或谓之形容词的名物化，其实不如看作形容词本有此功能，更能显出汉语的特点。貌词在一定语境中也有这种功能：

人见其濯濯也，以为未尝有材焉。（《孟子·告子上》）

夫昭昭生于冥冥，有伦生于无形。（《庄子·知北游》）

虽有珉之雕雕，不如玉之章章。（《荀子·法行》）

陟彼崔嵬，我马虺隤。（《诗·周南·卷耳》）

今夕何夕，见此邂逅。子兮子兮，如此邂逅何！（《诗·唐

风·绸缪》)

余固知謇謇之为患兮,忍而不能舍也。(《楚辞·离骚》)

吹参差兮谁思?(《楚辞·九歌·湘君》)

粗略看来,这种用法与形容词类似。但形容词用如名词,如“其诚”“其高”“之大”等,是指的某种属性,而属性本来是可以用名词表示的。貌词用如名词,则常是以事物的某种情态来代替某一具体事物。如上引诸例中,即以“崔嵬”代替高山,以“邂逅”代替邂逅之人,以“参差”代替乐器[①]《尔雅·释天》谓“奔星为彴约”,“小雨谓之霢霂”[②],也属于这种情况。

究竟是先有双声叠韵连语形式的名词，还是先有这种状声绘景的貌词然后再借这种貌词以名某物?从上面的例子看来,似乎还是以后说更近情理一些。例如“霢霂”实即“溟蒙”“冥瞢”之语转。庄子曾屡借双声叠韵貌词来为他虚构的人物命名,如《人间世》的“支离疏”,《德充符》的“哀骀它”,《庚桑楚》的“拥肿”“鞅掌”等,正是借貌词以名物的一个旁证。

3.8　也有一种为形容词所独有,而为貌词所无的句法功能,这就是:大部分形容词在一定语境中都可以有所谓使动用法和意动用法,而貌词则不可能。这也与形容词是说明事物的属性,而貌词却只是描绘它有关。就大部分形容词都可以有使动用法和意动用法而言,古汉语的形容词与其说与貌词相近,倒不如说与动词相近。这又是形容词与貌词的一大区别。

3.9　作为修饰语的貌词,能比较自由地用作谓语,甚至在一定语

①王逸章句:“参差,洞萧也。”疑当指笙。

②王国维《尔雅草木虫鱼鸟兽释例》曾论及许多草木虫鱼鸟兽之名,多与双声叠韵联绵词相通。可参考。

境中可以代替名词，但它们用作状语，尤其是用作定语时，却受到限制，一般不能直接用于单独的动词和名词之前。这就表明，貌词是缺乏构词能力的。它们不能像形容词那样，可以同许多名词、动词和有关形容词连用，构成固定的或半固定的词组，如“高士”“高名”“高举”“高论”“高尚”“高明”“远人”“远郊”“远游”“远谋”“远大”之类，有的后来就成了不可分割的复音词。

貌词大多是只专用于某种特定情景的。它可以是“大貌”“盛貌”“远貌”等，但不是“大”“盛”“远”本身，也不具备这些形容词的功能。除了沿用下来的成语，如“衣冠楚楚”“恢恢有余”之类，貌词不能与其他的词或词素组合成词。这正是使它与别的词类区分开来的一个重要标志。

正由于貌词不易与别的词结合，它本身又只是描绘某种情态的，所以除了偶然受表示肯定或否定的副词限定外，它一般是不再受修饰的。像《世说新语·言语第二》中“(陈)踶大踧踖”这种说法，古代是极罕见的。不受修饰，这也是貌词与形容词等词类相区别的一大特点。

4. 貌词另成一词类只限于古代汉语

4.1　这里应该着重指出，只有在先秦两汉的汉语中和后代完全仿照这个时期的文献而写成的所谓“古文”中，貌词才应该独立成一词类。

原因是，在近现代汉语中，藉以把貌词跟形容词划分开来的那些重要标志基本上已不复存在了。第一，古代独立使用的那些单言和重言貌词或者已经消失，或不再单独使用；好些新起的词素代替了它们，这些词素只能依附于形容词，如“慢腾腾”“白生生”“干巴巴”“溜酸”“崭新”“黑咕隆咚”等。有个别词语虽还与古代相应的形式相仿，如“啰唆”“哩哩啦啦”还可单独使用，但为数很少，已不妨看作古代格式的残余了。第二，古代不能重叠的形容词，已大都可以重叠，连新起的许多双音节形容词也可以重叠了，因此，既有“大大”“小小”“长长”“短短”等形式，又有“高高兴兴”“平平安安”等形式。第三，古代貌词那些常用的后缀，不但“尔”“如”“焉”“乎”等不再使用，就连最活跃的“然”，除了已成固定格式，当作副词使用的“忽然”“显然”等还残存之外，其他也都不用了。所以，现代汉语里，再不能把貌词划分出来，像朱德熙先生那样把它们当作形容词中的一类，称之为形容词的复杂形式或状态形容词，是比较妥当的。但是，这类形容词在用法上仍与一般形容词有细微的不同①。追本溯源，我们还是可以从中窥探出一点消息：在古代它们本来是自成一类的。

4.2 貌词由独立成类而不能独立成类，这是汉语史上一个重要的演变。这一演变从何时开始，到何时完成，很值得研究。旧形式的消失和新形式的出现都得有一个较长的历史时期。由于缺乏反映唐以前口语的文献，我们很难确指这一演变从什么时候开始经常出现。《世说新语》反映出了一些新的语言现象，也组合成了一些新的双音节形容词，但貌词的使用仍基本上与先秦两汉相似，最常见的还是重言、双声叠韵连语和“△然”这几种格式。如“叔度汪汪如万顷之陂”(德行第一)、“混混有雅致”(言语第二)、“狷介之士”(同上)、“世故纷纭”(同上)、“意色萧然”(德行第一)、“愀然变色”(言语第二)、“幽然深远”(赏誉第八)等，连用法也与古代相同。这只能说那时还没有明显的演变，或《世说新语》一书还未能反映出当时口语在这方面的情况。

---

①详见朱德熙先生的《现代汉语形容词研究》。

真正的演变只能从变文、语录、话本和杂剧中去找，明显表现在近代白话小说中。不过，连《红楼梦》中也还有“小小一个人家”“小小的一个填漆茶盘”（第六回）“小小五间抱厦”（第二十六回）这样的说法，把“小小（的）”放在最前面，仍带着古语的痕迹，足见貌词用法的演变，其历时也非常悠久。但当然，这些已是本文研究范围之外的另一个研究课题了。

5. 貌词在古人心目中本自成一类

5.0 引论中曾提到古人常以“××貌”来注释这类词语。实际上，从汉代到清代，在所有经师、小学家和注疏家的心目中，貌词本来就不与形容词、副词相混。

5.1 试以毛传为代表。毛传对重言、单言貌词和双声叠韵连语就大多是以“××貌”来解释的。如《齐风·猗嗟》“颀而长兮”及“《卫风·硕人》“硕人其颀”传并云：“颀，长貌。”《邶风·泉水》“娈彼诸姬”传：“娈，好貌。”《小雅·小弁》“归飞提提”传：“提提，群飞貌。”《邶风·柏舟》“忧心悄悄”传：“悄悄，忧貌。”《召南·甘棠》“蔽芾甘棠”传：“蔽芾，小貌。”《郑风·子衿》“挑兮达兮”传：“挑达，往来相见貌。”注释用语相同，显然把不同形式的貌词都看成是一类。有时，毛传也用其他貌词来比况，如《豳风·东山》“有敦瓜苦”传：“敦犹专专也。”《大雅，卷阿》“蔼蔼王多吉人”传：“蔼蔼犹济济也。”或以当时通行的“××然”的格式来作注，如《邶风·击鼓》“忧心有忡”传：“忧心忡忡然。”《卫风·氓》“咥其笑矣”传：“咥咥然笑。”或者指出那一词语描绘的是什么，如《小雅·斯干》“有觉其楹”传：“有觉，言高大也。”《鲁颂·泮水》“其马蹻蹻”传：“言强盛也。”《小雅·巧言》“荏染柔木”传：“荏染，柔意也。”《陈风·月出》“舒窈纠兮”传：“窈纠，舒之姿也。”总之，虽用不同方法和措词，仍可以使人看出注解的是貌词。

郑笺除仍用毛传的方法以外,更常以通行的“×然”“××然”的格式来释诗。如《秦风·小戎》“温其如玉”笺:“念君子之性,温然如玉。”《郑风·女曰鸡鸣》“明星有烂”笺:“明星尚烂烂然,早于别色之时。”《召南·小星》“肃肃宵征”笺:“谓诸妾肃肃然夜行”等皆是。总之,汉儒之注经史,高诱之注《吕览》《淮南》,王逸之注《楚辞》,郭璞之注《尔雅》《方言》,直到颜师古之注《汉书》、李善之注《文选》,大体都用毛传的体例,而且“××貌”“××之貌”“××貌也”这类用语的使用越来越多,可见貌词的概念在古人心目中也越来越清楚了。

5.2　小学方面的古籍,情况也相似。《尔雅》把许多重言貌词都收在《释训》中。释训者,《诗》“周南关雎诂训传”下孔颖达疏云:“训者,道也,道物之貌以告人也。”但是,《尔雅》毕竟是“小学家缀辑旧文、递相增益”[①]而成的书,体例并不严密,所以《释训》中不但有释诗句之语,而且连“朔,北方也”,“饎,酒食也”也杂在其中,最后竟以“鬼之为言归也”终篇。前修未密,后出转精,《广雅》因出一人之手,体例倒严密得多,其《释训》所收,大体上都是重言貌词和双声叠韵貌词,只有少数非貌词误收在内,而且收词也比《尔雅·释训》有次序多了。这说明,貌词的概念在张揖心目中又明确一些了。

5.3　《说文解字》对用作貌词的字,其说解也大部与对其他字的说解有别,而且用作貌词的字在字数较多的部中,大体上都类聚而不乱。其说解用语,大多也是“×貌”“×意”之类,如艹部:“蕤,艹木华垂貌”、“芃,艹盛貌”,走部:“趞,行貌”,“趌,走意”、“趯,走顾貌”之类。

---

①见《四库全书总目提要》“尔雅注疏”条。《提要》对于《尔雅》之成书,议论颇平允。

有时，也以重言释一言，如水部："泷，水泷泷也"[1]，"滔，泥水滔滔也"；有时，虽未明言，但玩其说解，仍可看出那个字是描绘事物形貌的，如艹部"萋"、"菶"下，都但云"艹盛"，羽部："翚，大飞也"、"翏，高飞也"、"翩，疾飞也"之类皆是。总之，许君意中还是把貌词另列一类的。其后，顾野王的《玉篇》除沿用说文者外，对貌词就基本上都以"××貌"来解释了。

5.4　清代小学家对貌词这类词的看法尤其值得注意。他们大都把这类词称为"形容之词"（如王念孙、马瑞辰、阮元、王筠等），或称之为"状物之词""状事之词"（王引之），有的又称为"形况字"（朱骏声），但他们所谓"形容之词"，和我们受西洋语法影响后所谓"形容词"，却完全是两个不同的概念，这可以从下述两方面看出来：

第一，这些小学家称之为"形容之词"的，恰好是重言、双声叠韵连语和与"有""其""然""焉""如""尔""乎"等同用的单言貌词；而我们今天心目中的形容词和副词，他们是从来不称为"形容之词""状事状物之词"或"形况字"的。王筠断言："凡重言皆形容之词。"（《说文释例》卷五）又云："凡重言、连语，即是形容之词。"阮元亦云："凡叠字皆形容之字。"（见《揅经室集》）。马瑞辰《毛诗传笺通释》释《陈风·月出》"舒窈纠兮"云："窈纠犹窈窕，皆叠韵，与下忧受、夭绍同为形容美好之词。"王引之于《经传释词》中则多次指出，凡言有，言其，及然、焉、若、乎、如、斯等，都是"状事（偶亦说是状物）之词""形容之词"，虽然他的话还有语病，因为起状事形容作用的，并不是有、其、然、焉、乎、如等虚字本身，而是与这些字同用的那些单言貌词，这些虚字只是可以作为一个标志而已。朱骏声在《说文通训定声》中，则把《说文解字》

---

①此据小徐本及严可均校。大徐本"也"字误作"貌"，重言后用"貌"不合古人语例。

每个可以作貌词用的字都标举出来，分别称之为“单辞形况字”“重言形况字”“双声连语”和“叠韵连语”，可以说把貌词划分得更为清楚、更为全面，而且绝大多数都是指出得很准确的。

第二，这些小学家们都已看出，这类词所用的字往往和它们的本义不相干，作为貌词，只是借它们之声。这就与其他词类(大多数虚词除外)一般均用其本义或引申义大不相同。段玉裁注《说文》“瑟”字云：“《淇奥》传曰：‘瑟，矜庄貌。’《旱麓》笺曰：‘瑟，絜鲜貌。’皆因声假借也。瑟之言肃也，《楚辞》言秋气萧瑟。”王念孙在《广雅疏证》和《读书杂志》中都屡次说过：“大氐双声叠韵之字，其义即存乎声，求诸其声则得，求诸其文则惑矣。”郝懿行《荀子补注》注《非十二子篇》的“沟犹瞀儒”时说：“此等字皆以声为义，不以字为义者也。”王筠也说：“凡形容之词，例皆借用，无专字。”(《说文释例》卷六)又说：“形容之词在声不在义也。”(《菉友蛾术篇》上)朱骏声的《说文通训定声》，在他所谓“单辞形况字”“重言形况字”“双声连语”“叠剖连语”初次出现时，都要声明，凡这类字都是“依声托义，本无正字，后仿此”。直到刘师培，也还在讲他所谓的“表象之词”不能按本字分开来解释的道理[①]。是不是所有貌词都没有正字或本字，这是一个需要另行讨论的问题[②]，但从清人都能抓住“依声托义”这个特点，摆脱字形的束缚来看，他们对貌词的范围及其性质，已经理解得相当清楚了。

5.5　不把貌词看成独立的一类，而把它们混入其他词类，是从受西洋语法影响、按西洋语法框架写成的《马氏文通》开始的。马氏书中的《界说六》谓“凡实字以貌动静之容者，曰状字”，似乎指的即是本文

---

①见刘师培《古书疑义举例补》第一、二条。

②例如黄季刚先生和黄焯先生就都是主张双声叠韵之字虽不可分别解释，然各有其本字的。见黄焯编《文字声韵训诂笔记》。

所谓的貌词。但他在下文却把“尽、未、又”等都称作状字,甚至说:“凡记事物所动之时与所动之处,亦状字也。”在论“状字假借”时,更把用作状语的名词、形容词,也说成是“借为状字”,所以他所谓状字实与我们所谓副词相当,而且事实上是把作为句子成分的状语与他所谓状字混为一谈了。

首先把这类描绘性词语称为“貌字”,加以说明,并指出它与所谓“限制副字”和“一般象字”(按即形容词)的区别的,是陈承泽先生的《国文法草创》。但陈先生仍把他所谓“貌字”当作“副字”的一种,称之为“修饰副字”①。

由于英、法、德语作状语的一般是副词,所以我国的语言学者也大都把常作状语的貌词归入副词。杨树达先生在《高等国文法》里,就把这类词称为“表态副词”,而在《词诠》中却说“然、若、尔、乎……”等虚词是“助形容词或副词为其语尾”,实则是把这些形式在作谓语时称为形容词,在作状语时仍算作副词②。杨伯峻先生的《文言语法》也是把这类词称为副词的。王力先生虽主张“建立我们汉语特有的词类系统”,但从《中国语法理论》到《汉语史稿》,他还是把这类词称为“拟声或绘景的副词”。其他持这种观点的学者尚多,这里就不再逐一列举了。

后来,由于形容词可以作状语这一点逐渐得到确认,于是认为貌词属于形容词的学者也就逐渐多起来。吕叔湘先生是一直认为这类词是形容词的。吕先生早在《文言虚字》一书中就认为有“如”“若”“然”等词尾的是形容词。《中国文法要略》1982 年修订本仍把重言之

---

①详见汉语语法丛书本《国文法草创》第 44—45 页。

②例如《词诠》“尔”字条下认为《论语》中的“如有所立,卓尔”、“鼓瑟希,铿尔”和《礼记·檀弓》中的“尔毋从从尔、尔毋扈扈尔”句末的尔,都为形容词之语尾,而《论语》中“子路率尔而对”和“夫子莞尔而笑”则都为副词之语尾。

类的词归属于形容词中。王显先生在《〈诗经〉中跟重言形式相当的"有字式""其字式""斯字式"和"思字式"》一文中，也认为重言或与重言相当的格式都是形容词。近年来新出的文言语法方面的著作也大都是如此。

这类词的归属问题之所以长期游移于形容词和副词之间，正好是这类词既非形容词、又非副词的一个旁证。

本文作者从60年代初开始探讨这一问题，根据历代学者对这类词的看法，根据其词义特点、独特的语音形式和句法功能，那时即认为这类词应在形容词和副词之外另立一类。不久前，读到周法高先生的《中国古代语法》，才知道周先生也是把这类词独立成类的。但周先生的书是全面描写古代语法的，对貌词问题并未加以详细论证。又，周先生称这类词为"状词"，易与已流行的术语"状语"相混，因定名为貌词，并论证如上文。

6. 馀论——研究貌词的意义

6.0 貌词是很能表现汉语特点的一个词类。研究它，不但对全面了解古今汉语的面貌很有必要，对弄清现代汉语的来龙去脉也会大有好处。

6.1 貌词是历来最具口语性的词类，所以向来都是正式文书罕用，而民歌民谣却用得很多。如果我们不是仅仅注意前代的书面语，而还要尽可能了解前代的口语，便不能不重视各时代所使用的貌词。《左传》《国语》貌词用得很少[①]，而《诗经》《楚辞》中貌词却比比皆是，国风里有的篇章，如《周南·螽斯》和《陈风·月出》，就基本上是以貌词

①如长达三十万字的《左传》，据作者的统计，如除去引用的诗和逸诗、歌谣卜辞等不算，本文所用的各种形式貌词一共才19例。

为主体构成的。貌词的这种截然不同的分布情况正好说明它如何是接近口语的、活在民间口头上的词类。直到今天,虽然貌词已大多与形容词结合,难以划分开来了,但在口语中,这类描绘性词语仍用得很多,它们与前代这类词语的关系是很值得研究的。

6.2　正因为貌词是活在民间口头上的，随着方言俗话的不同,所使用的貌词也往往不同。语音的演变在语言的演变中最快,貌词的演变也很快。今天,在不同的方言区中常使用着一些不同的形容词后附语和一些独立或半独立的描绘性词语，这些不同的词语当然有的完全是地区性的，有的则可能是同一来源的词语在不同方言中的不同演变。因此,研究貌词的这一方面对方言的分化及各方言间的联系也将不无小补。这是一个复杂的、难以研究的问题,但又是一个很值得研究的问题。

6.3　貌词又是一个最能直接而又明显地反映词语声与义的关系的词类。汉儒已大讲其声训,许君《说文》亦然。刘熙的《释名》更专从音同音近来推导字义和事物命名的由来。从清代到近代诸小学大师,从段玉裁、王氏父子到章、黄和刘师培,都在讲“声相近则义相通”“以某字为声者必有某义”。这种观点,曾帮助我们读懂了许多古书,确实很有好处。但如把这种观点推广到一切字和词,包括名物在内,有时就不免涉于穿凿附会；而且用有限的音节去说明相对无限的事物和概念,势必抹杀同音词的存在,从而也否定了语音符号与其所表达的概念之间的联系的任意性和约定俗成性。可是在貌词的范围内,情况却显然有所不同了。

在一定时期的一定言语社团内部，用某种语言形式去描绘某一事物,除仍有同音现象,即用同一语音形式去描绘两种以上不同情景之外,一般说来,是有一定用法的。这里,言语社团内部的约定俗成性最终约束了任意性。古代汉语的貌词就是一个最明显的例子。我们不难看出,“昧昧”“漠漠”“茫茫”“蒙蒙”“瞢瞢”“冥冥”“惛惛” ……这些同为明母字,韵部也有一定联系的重言貌词,在描绘的意味上有共通之处,也不难看出,“蹩躠”“勃窣”“盘散”“蹒跚”“蹁跹”“婆娑”“扶疏”……这些本身是叠韵而又彼此互为双声的连绵词在描绘事物上也有一致的地方。有时,同一语音形式既可状其声,也可写其貌,如“将将”在《大雅·绵》中状“应门”,在《鲁颂·闷宫》中状“牺尊”,而在《周颂·执竞》中又用来状管磬之声,也从侧面反映出这一点。因为拟其声与状其貌在古人心目中本来是一件事的两面,所以“拟声”和“绘景”之词在形式与功能上在古籍中都没有多大区别。

总之,在研究古代汉语声与义的联系上,从貌词中常可找到最明显、最直接的证据。从这里我们可以看出,在古代汉语内部,语音与它所要描绘的情景间确实是存在着一种约定俗成的关系的, 是有一定规律可循的。理清这些规律,对探索词源、研究语言的起源,确定古汉语某些词汇的意义,都将会提供有用的材料。作者正在撰写的《古代汉语貌词通释》一书,将在这方面做些努力。

6.4　貌词充分反映了口语的生动活泼,因此,它很有形象性,很富于感情色彩,可以说它是一种善于传情,能直接诉诸人的感情的词类。诗歌是离不开它的,从《诗经》中的民歌、《左传》中所载歌谣,直到后代的诗词戏曲都离不开它。即使是说理文字,为要写得生动、形象、不枯燥,往往也要大量使用它,《庄子》就是明证。李肇《国史补》曾谓王维的“漠漠水田飞白鹭,阴阴夏木啭黄鹂”原是用李嘉佑诗,叶梦得《石林诗话》为王维辩护云:“唐人记‘水田飞白鹭,夏木啭黄鹂’为李嘉佑诗,王摩诘窃取之,非也。此两句好处,正在添‘漠漠’‘阴阴’四字,此乃摩诘为嘉佑点化,以自见其妙。……不然嘉佑本句,但是咏景耳,人皆可到。”这就更可以看出貌词的使用对诗歌的意义了。

有的同志认为,古代汉语中这一类描绘性词语,其内涵和外延都不清楚，是语言的原始状态的一种特性。但是，我们的古人正是善用、活用这一特征，使中国的诗歌大放异彩，构成中国灿烂的古代文化的一个重要组成部分。语言与文学的关系可不言而喻。语言与文化的表现应该也有一定的关系。最近有人提出了文化语言学这一新课题，貌词的研究可能也应该为这一新课题服务。

（原载于《甘肃师大学报》1988年第2期）

古汉语辞书的分部和归字
——兼论新版《辞源》的某些失误

新版《辞源》与《辞海》性质不同，各有分工。新《辞源》作为现代第一部大型古汉语辞书，它不但收词丰富，而且在释义、书证、注音等各方面，都较旧《辞源》有很大的改进。一般在阅读古籍时所遇到的疑难问题，都可以通过查阅此书而得到解决。出版以来，大受称许和欢迎，这是当之无愧的。但是，由于《辞源》篇幅庞大，成书时间较短，又是多处多人协作的产物，故难免仍存在许多不足之处。现仅就笔者在撰写《古代汉语貌词通释》一书中有时参考此书而发现的一些问题，择要提出来同关心古汉语及辞书编纂的同志们切磋，也供《辞源》再次修订时参考。

这里不谈选词和释义方面的问题。哪些词条该不该选入，某些字、词的释义是否恰当，本书篇幅庞大，词目繁多，当然很难尽如人意，而且古词语训释，异说纷纭，编纂者和读者见仁见智，不妨所见不同，其中许多问题都是可以而且应该争议的，一时也难有定论。这里要谈的是另一些应该避免而仍出现的汉字的分部和归字问题。

凡是字头按部首排列，同部首的字又按笔画多少为序的字典、辞书，某字是多少画，这个字作为一个部件分见各部中时，它的笔画又是多少，应该是一致的。然而《辞源》却往往不同，自相矛盾。现举数例：

及：本书收入又部 2 画，是个 4 画字。人部伋、土部圾、石部破、革部鞁都列各该部4画中;而山部岌、水部汲,却又是山部、水部的3画字。

敖,本书收入攴部7画,应是个11画字。言部謷、耳部聱、辵部遨,也列入11画;而口部嗷、人部傲,却又列入10画。

鬼:作为部首。是10画。山部嵬、石部磈、玉部瑰,也都列入10画;而人部傀、土部块,却又列入9画。

黄:作为部首,是12画。木部横、玉部璜,也列入12画,而广部广、水部潢,却又列入11画。影响所及,从广的字,也时而是15画,如日部旷、土部:圹、石部矿;时而又是14画,如水部瀇。

昷:本书收入皿部5画,是个10画字。但从此字得声的字,或从𥁕,如酉部醖,列10画内;而水部温、系部缊,则又从昷,列入9画内。

差:本书收入工部7画,是个10画字。山部嵯、足部蹉、玉部瑳,也都列入10画;而人部傞却列入9画。

者:旧依《说文》作者,9画。本书作者,收入老部(耂)4画,是8画字。土部堵、目部睹、东部绪等,都列入8画;而日部暑,又列入9画,当是又从者。言部诸,也列入8画,而人部储,又列入16画,所从当又是者字,9画。

此外,还可以找一些类似的例子。这大约是本书各部分分别由不同的地区编撰,未加统一之故。但不管怎样,这种笔画不一致的现象,不但给查阅者带来困难,而且作为权威的古汉语辞书,对正字法,对推寻字源也是极为不利的。本书既为阅读古籍服务,又全用繁体字,其实是不妨根据《说文》的字形,凡“及”字都一律作4画、凡“敖”字都一律作11画的。其余也可依此办理。这样做既不背于古,又仍与今体相近,只用于繁体字中,并不会引起混乱。

还有一个主要问题是部首的划分和某些字的归部问题。汉字从小篆算起,也经过2000多年的演变,由隶而楷,由繁而简,字形有很大变化。要想今天的写法和分部仍与古人相合,不但是不可能的,也是不必要的。就是《说文解字》中,也有一些字已不尽合古人造字原意,连许君自己也难加说解了。从明代梅膺祚的《字汇》开始,就按通行的楷体字形分部并归字,把《说文》所定,后来《玉篇》《类编》基本上沿用的540部归并为214部,这正是势所必然。明末张自烈继起,他的《正字通》划分部首与《字汇》相同。《康熙字典》即参照《字汇》和《正字通》编成,也是214部,其用意仍在便于今人翻检。此后所出的各种字典,除现代采用简体字的字典以外,就全都沿用《康熙字典》的分部和归字了。这都说明是大势所趋,不得不然。

新版《辞源》用繁体字,是按旧《辞源》的部首排列的,何字归何部,也同旧《辞源》;事实上,亦即仍沿《康熙字典》之旧。这也许是因为《康熙字典》的分部和归字沿用已久,已为读书界所习见。但是,《康熙字典》的编排是不是就已完全恰当,不容改动了呢?

梅膺祚编纂《字汇》曾提出,写字以“不背于古,不戾于今”为宜。这条原则很好,也适用于汉语辞书的分部和归字,尤其是古汉语辞书。当然,提出原则易,执行原则难。要不背于古,往往就得戾于今;要不戾于今,往往就得背于古。汉字字形变化太大,有时很难两全。可是,如果既背于古,又戾于今,却是应当极力避免的。有的字,按照比较不背于古的传统写法,与今体并无大异,则作为要寻求本义、古义,为阅读古籍而编写的,采用繁体字的古汉语辞书,似乎仍以依照便于寻求本义、古义的传统写法为宜,并应按照这种写法去分部归字,排列次序。

根据这样的原则去衡量仍沿用《康熙字典》的分部归字的新版《辞源》,就有许多可议之处,应当有所改进。采用简体字的新版《辞海》和《现代汉语词典》等几种常用的辞典,已在分部和归字方面作了相当多的改动,采用繁体字,应在不戾于今的基础上力求不背于古的古汉语辞书，又何独不能有些改动？下面仍举一些例子来说明这个问题，先从归字说起。

修、倏、儵、条、翛、修这些字，本都从攸得声。本书条归木部，翛归羽部，修归肉部；而修、倏、儵却都归人部，这不但背于古，又使查检者无所适从，事实上也戾于今。

有至部，到不归至部归刀部，而到本从刀得声，从至得义，《说文》即在至部。本书于致字，则又从《说文》，入至部。

有支部（攵），启却归口部，不入支部。既与《说文》不合，也不便查检。

杲与杳，都主要从日得义，但只杳归日部，而杲却归木部。若云按地位决定部首，则又未尝不可杳归木部，杲归日部。

惹归心部，葸归艹部，与今人查字典习惯不合，惹照本书释义，有沾染、招引义，而葸照本书释义是畏惧貌和不悦貌。按二字释义，如此归部，也令人费解。

祁从邑示声，多用于地名和姓氏，而本书却归示部，也与《说文》不合，又不便查检。

章归立部。此字《说文》入音部，说解云："乐竟为一章，从音从十。十，数之终也。"虽有可疑之处，但章如归音部或十部，都较归立部合理，也较易查得。

才，附部首手字下，既与古今字形都不合，又与手的字义无干。《说文》只好把这字独立成部，其说解云："艹木之初也。从丨上贯一，将生枝叶。一，地也。"虽仅就小篆立说，但大体上可以讲通。此字似应归一部，否则附部首木后，都较附手后合理。

尹，在尸部。这更使人难明其故。《说文》此字在又部。说解云："治也。从又丿。握事者也。"根据卜辞、金文字形都与小篆相似，这个说解大体上也可以说通。李孝定《甲骨文集释》尹字下谓"尹字殆象以手执笔之形。”本书归尸部，既于古不合，又与今字形有异。本字所从之又字已变形，不好归又部，本书既有丿部，以归丿部为宜。

以上这些使人难以赞同的归部问题，都是沿用《康熙字典》而来。这类例子还可举出不少。由于汉字变化太甚，要想在归字方面按今天的字形字字都落到妥善位置，已是办不到了。如史、更、年、壬、失、曲、乘等字，在寻不着合理的解决办法之前，恐怕只好暂时仍袭《康熙字典》之旧。但是，做一些改进，减少一些既背于古又戾于今的现象，使读者较易翻检，也较易明白字的本义，则是可行的，也是必要的。

部首的划分问题也是如此。有些部首，宜于合并，如夂部和夊部。从夊的字，如夏、复等，今天大都已写成从夂了；新版《辞源》从夊的又仅是夆一字，合并后，不会有什么损失。又如匚部与匸部。这两个部首，今人写来已相混，从这两个部首又都难以推求本义，就也宜于合并。有个别部首，从它们的字极少，所从字（即部首）又与极少的这几个字无甚关系，则可以删去，如亅部和彐部。另外，似乎还应增设或分设一些部首。如方部的字，绝大多数都从㫃，与旌旗有关，就宜在方部之外，另设㫃部。字的上半从人的字，除介、企等字外，大多与人的含义无关，如今、令、伞、余、舍、仓等字，就可以把传统的人部分为人（在上）和亻（在侧）两部。从光的字，有辉和耀，应设光部，这样就不必像本书那样，把辉归车部，把耀归羽部，既无道理可讲，又不便于查寻了。还有些难以归部的字，如久、之、也等，则不妨仿《说文》之例，让这些字独立成部。这样办，部首也许会增多一些，但只要较为合理，较易查字，多几个部首并不会有什么害处。新版本《辞海》调整部首后就把部首增加到250个。古汉语辞书固然不必像新《辞海》那样把水部分为水、氵两部，把手部分为手、扌两部，但其分部方法，有些地方还是值得借鉴的。

分部与归字实际上是一个问题的两面，往往需连带加以解决。这个问题,既复杂,又棘手,要想彻底解决,绝非一朝一夕之功。但要编古汉语辞书,这个问题便无法回避。这就不仅需要编者慎重从事,而且需要文字学、训诂学方面的专家多加关注。本文只是提出这一问题,并提出一点不成熟也很不全面的意见而已。

另外下面一些引书证上出现的问题,显然是由于编者的疏忽造成的。

羽部"翼"下"翼翼"条释义(四):"蕃盛貌。《诗·小雅·楚茨》:'我黍与与,我稷翼翼。'传:'翼翼,蕃庶貌。'"按"翼翼",毛无传。郑笺云:"黍与与,稷翼翼,蕃庑貌。"此条注释盖误笺为传,而又误引"蕃庑"为"蕃庶"。

禾部"穰"下"穰穰"条:"丰盛,众多。《诗·周颂·烈祖》:'自天降康,丰年穰穰。'"按周颂无此二句,亦无《烈祖》,盖误以商颂为周颂。

手部"拮"下"拮据"条:"本指鸟之筑巢,手足劳苦。《诗·豳风·鸱鸮》:'予手拮据。'……笺引韩诗云:'口足为事曰拮据。'"按郑笺无引韩诗例。注释大约是因为阮刻十三经注疏本《毛诗正义》毛传郑笺后录《经典释文》有"韩诗云:'手足为事曰拮据'"之语,因而误为郑笺。

心部"懿"下"懿懿"条释义(一):"芳香貌。《楚辞》刘向《九叹·离世》:"芳懿懿而终败兮,名靡散而不彰。"按"离世"当为"怨思"。这是因为《楚辞》小标题例在文后,"离世"标题后即是"怨思"本文,因而误作"离世"文。

山部"峥"下"峥嵘"条释义(一):"高峻貌。《文选》扬子云(雄)《蜀都赋》:'闶阆阆其廖廓兮,似紫宫之峥嵘。'"按《文选》无扬雄《蜀都赋》。二句见《文选·甘泉赋》。扬雄《蜀都赋》,《古文苑》始有之,未必可据。

水都"渠"下"渠渠"条引《诗·秦风·权舆》:"夏屋渠渠",末云:"清王引之《广雅疏证》谓为盛貌。"按王念孙《广雅疏证》叙虽云:"最后一卷，儿子引之尝习其义，亦即存其说。”《广雅》“渠渠，盛也”条下，疏证虽云“盛貌”，然非用王引之说，竟署王引之《广雅疏证》，不知何据。

作为古汉语辞书，所引书证，字形应一致，同一词出处相同，也不当有两种释义，以免查阅者无所适从。本书虽注意到了，但间或也违背此例。例如：

山部“巍”下“巍峨”条释义(一)云：“高大貌。《文选》张平子(衡)《西京赋》：‘疏龙首以抗殿，状巍峨以岌嶪。’”同部“嵬”下“嵬峨”条云：“高大雄伟貌，同巍峨。《文选》张平子(衡)《西京赋》：‘疏龙首以抗殿，状嵬峨以岌嶪。’”按同出一书一文，而一作“巍峨”，一作“嵬峨”，又不注明所据何本。

女部“威”下“威蕤”条释义(二)：“茂盛。《汉书·五七下司马相如传·封禅书》：‘纷纶威蕤。’”艹部“葳”下“葳蕤”条释义(三)则云：“萎顿貌。《史记·一一七司马相如传·封禅书》：‘纷纶葳蕤，堙灭而不称者，不可胜数也。’”按葳蕤即威蕤，释义用同一书证，仅《史记》与《汉书》传写略异，不当有二解。

以上仅是翻检时发现的一些例子，谨提出来供编纂者参考。

（原载于《辞书研究》1989年3期）

古典文学研究

略论唐诗与汉语言文化

摘要：本文是作者多年研讨唐诗的系列论文中的一篇，具有导论性质。文章指出唐诗之所以繁荣，成为中华文化的一个高峰，是诗歌发展到成熟阶段的必然结果，也是汉语发展到一定阶段的自然趋势。诗并不神秘，要更好地理解唐诗，必须从文化传统和汉语言特点这两方面着手。

关键词：诗的作用；汉语特点

诗何为而作？我国作为源远流长的诗歌大国，在古代就已试图对此作出解答。《尚书·尧典》已说过“诗言志，歌永言，声依永，律合声”的话。到汉代，《毛诗序》又加以申述，说：“诗者，志之所之也，在心为志，发言为诗。情动于中而形于言，言之不足故嗟叹之，嗟叹之不足故咏歌之。”故司马迁说：“《诗》三百篇，大抵贤圣发愤之所为作也。”（《史记·太史公自序》）

什么是志？《说文解字·心部》：“志，意也。”后代常意志连文，因此，把志解释为意志，意趣，这是大家都能接受的。具体到人，再具体到一定的时段、地域，志当然是各种各样的，所谓“人各有志”。孔子就曾要求他的弟子“盍各言尔志？”（《论语·公冶长》）自士大夫以至于庶人，志当然有高低、大小及指向的不同。有“男女相从夜绩，至于夜半……有所怨恨，相从而歌，饥者歌其食，劳者歌其事。”（见何休《公羊传注》）虽有“鸿鹄之志”，但也有“燕雀之志”。就唐诗而言，杜甫“致君尧舜上,再使风俗淳”(《奉赠韦左丞丈二十二韵》)、“安得广厦千万间,大庇天下寒士俱欢颜”(《茅屋为秋风所破歌》),固然是志;李白向往的“兴酣落笔摇五岳,诗成笑傲凌沧洲”(《江上吟》)、“且放白鹿青崖间,须行即骑访名山。安能摧眉折腰事权贵,使我不得开心颜”(《梦游天姥吟留别》),当然也是志。正如叶燮《原诗》所言:“志高则其言洁,志大则其辞弘,志远则其旨永。”(《外篇》上)志有异,则其表现于诗也不同。乱离年间,或在不得志的时候,就但求苟全性命于乱世,甚至和光同尘,退让不争,得过且过,逃于酒,逃于享乐;虽白居易晚年也有过类似心情,罗隐甚至写出过“今朝有酒今朝醉,明日愁来明日愁”(《自遣》)的诗句。这都是“志”的另一种表现,不能排除在“诗言志”这一论断之外。

有唐一代,继隋之后而完成大一统,曾达到封建时代的太平盛世。其后几经变故,逐渐衰落直至灭亡,前后生活在这一时代中的诗人,其志意、志趣变化很大,甚至仅在其覆亡前的几十年间,也不免有很多变化。诗既以言志为主旨,诗人们在言志时不能不把他的感情、感受都表现出来,因而唐代诗的题材空前地扩大了,其内容更加丰富了,风格也更各种各样了。这时候,诗的作用也与以前不同,不只是“兴观群怨”[①]了,用诗可以应试,求荐举时,得有诗卷去投赠,甚至交际应酬,赠送离别,乃至宴饮聚会,游览旅途,鉴赏文物……处处都用得着诗。这时,又恰好是各种律诗定型、成熟起来的时候,诗有法度可循了,汉语也更加成熟丰富了,作为高度分析型语言的汉语,其构词造语的灵活性及其他特点也得到更纯熟地运用了……这一切,就使唐代成为一个空前的诗歌盛世。

胡应麟在其《诗薮》中,对这一盛世的格局作了比较全面的述评。

---

①参阅《论语·阳货》。

他说：

> 甚矣，诗之盛于唐也！其体，则三、四、五言，乐府、歌行，近体、绝句，靡弗备矣。其格，则高卑、远近、浓淡、浅深、巨细、精粗、巧拙、强弱，靡弗备矣。其调，则飘逸、浑雄、沉浮、博大、绮丽、幽闲、新奇、猥琐，靡弗诣矣。其人，则帝王、将相、朝士、布衣、童子、妇人、缁流、羽客，靡弗预矣。（《外编》卷三《唐》上）

简言之，是大家都来作诗，各种体裁、各种风格都有，而且都臻于上乘，以至唐代许多诗家的作品，都被后代奉为圭臬。在这一时代定型下来的律诗、绝句，其格律、用韵，沿袭至今，凡作旧体诗者都不得违背。甚至其句法、词法及各种修辞手法，也传承至今。虽然早就有了词，有了曲，近代还受到白话诗、各种欧化诗，或自创的新体诗的冲击，但作旧体诗者仍大有人在。连新文化运动旗手鲁迅也常利用格律诗来抒豪情、泄愤懑，其他就更不必说了。盛兴于唐代的格律诗的生命力何以如此之强？这难道不值得深思，不值得加以探究么？

唐诗之所以具有如此顽强的生命力，当然有其理由。恩格斯在《路德维希·费尔巴哈和德国古典哲学的终结》中曾引用过黑格尔的一个著名命题：

> 凡是现实的都是合理的，凡是合理的都是现实的。

照恩格斯看来，这个命题并不是为一切现存的事物，例如德国的专制制度祝福，因为在黑格尔的哲学中，“现实的属性仅仅属于那同时是必然性的东西。”（《马克思恩格斯选集》第四卷第211页，人民出版社1972年5月北京第一版）那么，旧体诗（特别是格律诗）的存在，是否仍具有必然的现实属性呢？

文化具有传承性。一个民族的文化不可能从天而降，也不可能突然消失，除非这个民族灭亡了。作为文化的主要载体的语言，尤其是这样。我们这里说的是实实在在的语言——唐诗，而不是语言学家心目中的纯而又纯的抽象的语言。在现实中实际存在的语言，会随社会的变化而有所变化；但构成这种语言的本质特点的东西，如声调与平仄的对立、单音节词占优势、词序与虚词的作用等等，却是长时间不会变动的。唐代诗人正是充分利用汉语的特点，它的灵活性，它的一切可能性，才创造出了如此多的优美诗篇，而且各有其面目，各有其风格。他们把自己的意志、情趣、思虑、观感，乃至人情物态都浓缩在短短的乃至仅数十字中。他们运用了各种各样的句式、节奏和修辞手法，极大地扩充了诗句的意味容量，为后人提供了无数典范，那些名篇佳句，都至今传诵不衰，甚至成了人的文化素养的一部分。

唐人之所以有独创性，并自有其面目，究其原因正如吴乔《答万季埜诗问》所说：

> 唐人作诗，自述己意，不必求人知之，亦不在人人说好；宋人皆欲人人知我意；明人必欲人人说好，故不相入。

又云：

> 三唐人各自作诗，各自用心，宁使体格稍落，而不肯为前人奴隶。

吴乔之言，虽似偏颇，却是有所见而发。诗人写诗，当然并非完全不求人知。不然，披露心意胸怀，岂非成了自言自语？他的意思当是，作诗不是炫耀于人，也不是想藉此有求于人，有求于世。因为，要是这样，其格必不高，徒见其用心用力之迹，终属下乘。唐诗最可贵之处，正在于诗人大多自述己意，自抒胸怀，所以才各具面目，各有千秋，形成了真正"百花齐放"的局面。

前面说了不少赞扬唐诗的话，这并不是说唐诗就没有可议之处了。翻阅《全唐诗》就可以发现，其中不乏平庸无聊之作，甚至奉迎帝王将相、达官贵人的篇章也不少。许多投赠诗、应制诗，就是证明。这是时势使然，虽大家如杜甫，有时亦在所难免。刘长卿、钱起等人那些送人赠别之类的诗就多有纯应酬之作，章法措词，常相雷同。所以即从诗艺来看，唐人也有以辞害意、堆砌词藻、敷衍成章之作，尤其是那些长篇的排律，更常有此病。

但是，看一代的文学首先应看主流。《马克思传》的作者，被看作杰出的马克思主义文艺批评的重要先行者弗朗茨·默林在他的《歌德和现代》一文中，在指出歌德对现代政治和社会问题的极端麻木不仁和各种过错之后，又指出歌德"已竭尽全力做了他所处时代里所能做的，也为此而永垂千秋万代。"(《论文学》，人民文学出版社 1982 年版第 78 页）对唐代那些诗人，我们也可以这样看。他们已确实做了在他们那时代里所能做的，使唐诗成为一个超越前代的诗歌高峰，并深深影响以后的诗坛。他们纵有不少缺点，在艺术上也有不足之处，但也可以不朽了。

如何读诗，如何理解诗，是探讨唐诗时所不能回避的问题。

严羽的《沧浪诗话》以禅理喻诗，从妙悟谈诗，提出"诗有别材，非关书[①]也；诗有别趣，非关理也。"又说："诗者吟咏情性也，盛唐诸人惟在兴趣，羚羊挂角，无迹可求。故其妙处透彻玲珑，不可凑泊，如空中之音，相中之色，水中之月，镜中之象，言有尽而意无穷。"(《诗辨》)这些话对于那些"以文字为诗、以议论为诗、以才学为诗"(同上)的诗风，确如当头棒喝，有扫荡廓清之功。以禅喻诗，以"悟"论诗，当然并不始于严羽；其后加以发挥，从而又辟蹊径的，也大有人在。清代早期王渔洋等人的"神韵说"就是其中最有名的。这种力求追求诗意、诗趣，力求还诗以本来面目的努力本无可厚非，但又引发了另一副作用，那就是把诗神秘化了，仿佛面对好诗，除了在旁赞叹、欣赏、领悟

①郭绍虞《〈沧浪诗话〉校释·诗辨》："'书'字，后人称引或误作'学'，非。"

之外，就再无事可做，不能解析，不能论述，不能求其所以然了。这种偏见，对诗道也是无益的：那就是一味追求所谓“神韵”，而不及其余。其实，唐诗写到许多方面，其风格又多种多样，真是百花齐放，气象万千。若只取其一面，例如只取王孟一派，或但崇尚盛唐，不顾中晚，都对全面继承发扬前人成果，全面吸取文化素养不利，正如偏食之于人体健康不利一样。沈德潜标榜所谓“格调”，他对王士祯的“神韵”说就颇不以为然。他的《重订唐诗别裁集序》开头就说：新城王阮亭尚书选《唐贤三昧集》，取司空表圣“不着一字，尽得风流”、严沧浪“羚羊挂角，无迹可求”之意，盖味在盐酸外也。而于杜少陵所云“鲸鱼碧海”、韩昌黎所云“巨刃摩天”者，或未之及。可是，这位当时诗坛的领军人物自己选唐诗时，于李义山的七律却只取《马嵬》《隋宫》《筹笔驿》《安定城楼》诸篇，而于其《无题》诗中传诵不衰的“春蚕到死丝方尽，蜡炬成灰泪始干”“梦为远别啼难唤，书被催成墨为浓”“红楼隔雨相望冷，珠箔飘灯独自归”等名句佳作，都一律弃置不选。这种“正人君子”的做派，同样是偏执片面的。面对唐诗的气象万千的气魄，其胸襟未免太狭隘了。

世界本是五光十色、多姿多彩的。文化也应是多种多样的，作为文化的一个重要组成部分，一个民族的诗歌也应该是丰富多彩的。元遗山《论诗三十首》之二十三云：“‘有情芍药含春泪，无力蔷薇卧晓枝。’[①]拈出退之《山石》句，始知渠是女郎诗。”话似乎讲得不错，但你可以喜欢“山石荦确行径微”，而不喜欢“有情芍药含春泪”，却不能就排斥“女郎诗”；你可以赞扬诗人的关心民间疾苦，但不能认为“三吏”、“三别”、“新乐府”之外便无诗了。必须兼容并包，从各方面吸取营养，一个民族的文化才能繁荣，诗歌也才能“百花齐放”。我们喜爱

---

①“有情芍药”二句，见秦观《淮海集》卷十《春日》绝句诗。

旧体诗,但决不能排斥新诗。或相反,只认为新诗才合乎时代潮流,而旧体诗就应该打倒。

同理,我们可以赞叹“羚羊挂角,无迹可求”“不着一字,尽得风流”的诗,但也不能绝对排斥才学,不要学识。其实,严羽在说了“诗有别材,非关书也;诗有别趣,非关理也”之后,马上就说:“然非多读书,多穷理,则不能极其至。”遵从严羽“以禅喻诗”之论来论诗,以至发展到神秘莫测,可望而不可即的虚无缥缈的境地,只是后人的一种误解或曲解。

可以明言:诗并不神秘,是可以大致说清楚诗人的思路、旨趣乃至其句法修辞的。但不能像村学究讲作诗法那样去谈诗,也不能只追求所谓“字字有来历”,饾饤字句,像注解家那样去谈诗;既不能望文生义,穿凿附会,搞索隐那样去谈诗,也不能只是一味欣赏赞美,空谈一通了事。作诗忌卖弄才学,谈诗也忌卖弄才学。还是平心静气,踏踏实实,就诗论诗为好。

对具体诗作的看法,常是因人而异的,评价从而也各不相同。《世说新语·文学》记载着谢安这样一段故事:

> 谢公因子弟集聚,问《毛诗》何句最佳?遏称曰:“昔我往矣,杨柳依依;今我来思,雨雪霏霏。”公曰:“吁谟定命,远猷辰告。”谓此句偏有雅人深致。

谢安身为太傅,被视为国家柱石。谢遏(“遏”是谢玄的小字)虽是战胜苻坚的将军,但他是谢安之侄,毕竟是年轻的后辈。“吁谟定命”二句出自《大雅·抑》,明明艰深费解,没有诗意,而谢安偏认为“有雅人深致”。[①]同一时期的叔侄,对诗的评价竟然如此不同。就在今天,两

---

①余嘉锡《〈世说新语〉笺疏》《文学第四》笺疏,引宋祁《宋景文笔记》卷中云:“《诗》云‘萧萧马鸣,悠悠旆旌’见整而静也,颜之推爱之。‘杨柳依依,雨雪霏霏’,写物态,慰人情也,谢玄爱之。‘远猷辰告’,谢安以为佳语。”又引王士祯《古夫于亭杂录》二云:“愚按:玄与之推所云是矣。太傅所谓‘雅人深致’,终不能喻其指。”

代人之间所欣赏的诗歌肯定也会大不相同的。所以,对诗篇的说解,原只需点清楚诗人要讲的是什么?他是怎么讲的?能助人理解即可。至于鉴赏、评价,满可以让读者去见仁见智,不必强求其同。至于轻率地用今天流行的术语强加在古人身上,强人赞同,那就更无此必要了。叶燮论诗,是以“理”“事”“情”为诗之本的。他曾说:“苟于情、于事、于景、于理随在有得而不戾乎风人‘永言’之旨,则就其诗论工拙可耳,何得以一定之程格之,而抗言风雅哉!”(《原诗·内篇》上)也就是说,只要合乎情景事理,“随在有得”并不违背诗人“诗言志,歌永言”之旨,就只需就诗论诗评论其工拙就可以了,何必按照一定的程序(实即一时一地的门户之见),去要求、去衡量呢?总之,不以个人的好恶定取舍,不以烦琐的考证取代宏观的研讨。无门户之见,不随波逐流,力求客观公正,这是知人论世应该遵循的原则,岂止是谈诗?

是不是把鉴赏甚至关于好恶的评价都留给读诗的人,论诗的人就没有什么可做的事了呢?当然不是。仅就唐诗而言,它的内在方面(思想内容和与此有关方面)和外在方面(它的形式、艺术手法及有关方面)要研讨的问题都很多,多得是穷毕生之力都很难完成的。这里,姑且先简略地谈一谈内在和外在方面有哪些主要问题,需要我们去探讨。

内在方面,仍先得从“诗言志”谈起。

前面已谈到,古人言志,常与意相联系。孟子就要求“说诗者不以文害辞,不以辞害志,以意逆志,是为得之。”(《孟子·万章》上)而人的志意又是同人的情性相联系的。如朱庭珍《筱园诗话》所直言“诗所以言志,又道性情之具也。”(卷四)“自天子以至于庶人”,人各有志,情性更千差万别。所以要“以意逆志”,去探讨诗人的意图,常常并不容易。中国诗以言志抒情为主流,即使是汉乐府和唐人的新乐府,似乎是叙事的作品,其中也夹杂着抒情的成分,或者以抒情的口吻写成或吟唱的。刘熙载《艺概》曾说:“古人因志而有诗,后人先去作诗,却推究到诗不可以徒作,因将志入里来,已是倒做了,况无与于志者乎!”(《诗概》)这话深中后人之病。凡是真正的诗人都是“因志而有诗”的,尤其是像陶渊明、杜子美那样的大诗人。只有某些人的那些应酬应景的诗,才是本没有什么“志”而去作“诗”的;那些诗本来也算不得是诗,或只具诗的形式。要深入了解其诗里面所藏的志,就必须了解这位诗人的身世遭遇及其修养、志趣,要全面了解这样的诗人及其同时代的诗人和他们的诗作,就必须了解那时代的现实。论世才能知人。

要论世知人,从而去论究那一时期的诗,就得观察诗人们常取的那些题材。因为那时的风尚和思想,那时的文化面貌和文化背景,常常就反映在诗人采取什么题材上。在注意诗人身外的东西,即他所处的时代和环境之外,还得探讨诗人身内的东西,即他的情性与心理活动。照黑格尔看来,“艺术作品的源泉就是想象的自由活动”;艺术的作用,就在调解理性与感性,“艺术美高于自然美”①即如山水诗也不过是人对自然美感知的“物化”。所以探讨诗作时,还不得不注意诗人的内心活动及其对社会环境的反映。这样,诗人的为人和性格,他生活于其中的文化氛围,就都不能忽视了。

一个诗人,不管他是怎么想超脱,想逃避,他总是生活在一定的社会现实中。作为诗人,他往往比常人更敏感。除非他是仅以诗为进取工具,或仅止仰慕诗人之名的人。其实,想超脱或逃避,也是一种生活态度,是诗人对他在那一时代中的遭遇的一种反映,必须正确认识这种反映,并给予公正的评价,才能既不至于过度责备诗人,也不会忽视那时代。

---

①参阅《美学》第一卷《全书序论·一、美学的范围和地位》,朱光潜译,商务印书馆 1979 年 2 月北京第 2 版。

这样,就又涉及诗人的主观方面与客观方面的关系了。艺术的最高旨趣是什么?诗有何社会作用?诗人如何看待诗道与诗教的关系?从而也就成为我们需要研究的课题。

诗人应是具有社会责任感的人。他既然是敏感的——也应该是敏感的,就该善于从纷繁的、有时甚至是虚幻的现象中看出其中的真实意蕴并把它表现出来。艺术和诗的功用也就在这里。探讨唐诗所写的事物,所描写的对象,寻求诗人所看出的其中的真实意蕴,并说明诗人的表现方法和方式,这是很值得去费一番功夫的。

说到唐诗的表现方法与方式,首先应肯定,一定的内容总是决定与它相适应的形式。诗歌艺术,作为一种文化传统,它总是既有所继承,又有创新、生发和发展的。唐诗的题材扩大了,它又继承并发展了汉魏六朝以来的诗歌艺术,再加上诗人本身身世遭遇的不同,性格、志趣的差异,为此,唐诗才具有多种不同的风格,来与其不同的内容相适应。要全面说明他们的表现手法和艺术,这自然很不容易。但也不必因此而望而却步。因为诗既然是人为的创作,那就应该是可以认识的,从而也就是可以说明的,只要我们肯利用前人的成果而又不为某些成见和偏见所左右。

这方面,一个最切近的下手处就是汉语本身。汉语与广泛使用的印欧语系诸语言都不同,文字也独树一帜,包括以唐诗为中坚的汉诗也与众不同。上文已谈到唐诗语言表现上的成就在于它善用(虽说是自觉的或不完全自觉的)汉语的特点及其灵活性之故。唐人是如何善用的,通过什么方式、手段去善用的,需要从多方面去考察。通过丰富的实例,从理论上加以说明和解释,这就是我们的责任。诗与其他艺术作品一样,照黑格尔的说法,是心灵活动与感性活动的统一。它不是抽象思维加上某些装饰品,它是要靠鲜明的、形象的、铿锵可诵的语言去表达的。粗略地说,唐代的诗人们,正是利用汉语的声调,它的一字一音节,单音节与双音节占绝对优势,从而在前人在这方面的造诣的基础上完成了平仄对比,讲究声韵和谐,富有节奏感的律句、律诗,利用大多数词都一词多义、同义词多、构词自由、能形成强烈对比诸条件,形成了丰富的对仗和修辞手法,而且无论在韵律声调的运用方面和修辞手法上,都如此成熟,备具各种不同的格式,使后人很难轶出其范围。不容讳言,唐诗格律和用韵之严,后人之普遍遵守,确实限制了人的思路,妨害了表达。但它的这种束缚却迫使诗语言的极度精炼,并且有法度可循,便于记诵,以至民歌民谣也得部分采用它的韵律和节奏,唐诗中的名篇名句从而也长久传诵不衰,成了我们文化素养的一部分。要简约而集中地表达某种感受,又不可能去长篇大论时,它仍不失为一种可利用的形式。质言之,旧瓶是可以装新酒的。

研究唐诗的形式、它的语言、它运用语言的各种手法,不但对深入理解唐诗本身是必要的,反转过来,弄清楚这些,又可从一个很有意思的角度深入了解汉语本身及其特点,这对汉语研究无疑也是有所帮助的。

历史不能割断。一个人要想抛弃他的过去,有如想要抛弃他的影子。中华民族有源远流长的文化传统,不管我们把过去的文化传统当作丰富的文化遗产也好,或是把它当作沉重的包袱也好,都得仔细地去研究它,才能谈得上批判地继承它。唐代历史发展处在一个特殊的关键地位,唐诗在中国文学史上也处在一个承前启后的关键地位。研究唐诗的学者很多,著述也很多,但窃以为再从文化层次方面和汉语言方面细加探讨仍值得花一番功夫。

从文化史的角度看,唐诗继承并发扬了哪些文化传统?它有什么发展和革新,给后代又留下了些什么?文化有它的历史,语言也有它的历史。唐代也是语言发展上一个重要时期,汉语有其与印欧语系语言完全不同的特点。唐诗是如何自觉或不自觉地善用这些特点,从而丰富了汉语又提高了汉语的表现力的?加强这方面的研究,对细微地说解唐诗,对于切实地认清汉语的特点都是有好处的。

(原载于《西北第二民族学院学报》2007 年第 3 期)

唐诗的几种题材及其扩展

诗向来是以言志抒情为主的。诗三百篇，除了用于宗庙祭祀、歌颂祖德和朝会宴飨的乐章(《周颂》《鲁颂》《商颂》和大部分《大雅》)以外，确如太史公所言："大抵圣贤发愤之所为作也。"(《史记·太史公自序》)不过其中有许多当是低层士大夫和庶民之歌；只是由于《诗》相传是孔子所删定，受到尊重，后世甚至尊之为"经"，所以其作者也被称之为圣贤而已。太史公《屈原列传》称："屈平之作《离骚》，盖自怨生也。"(《屈原贾生列传》)当然也是"发愤所为作"一类。

从战国至汉代，应该还有一些像《国风》那样的民歌，可惜都没有传下来。因是帝王贵族所作，得以传下来的，如项王的《垓下歌》，汉高祖的"大风起兮云飞扬"和"鸿鹄高飞，一举千里"，汉武帝的《瓠子歌》和《李夫人歌》，乌孙公主的"吾家嫁我兮天一方"等等，都是个人因时、因事有感而发。后人传为苏武、李陵所作，但可信为汉诗的几首诗，也属于此类。至于《古诗十九首》等，大约可定为东汉或汉末的古诗，显然非一人一时之所作，很可能也是当时人们因时因事而发感慨，或抒发对人生的感悟的作品。其中或措辞思路富有民间气息，故被视为"国风之遗"[①]。还有若干汉代的乐府诗，多已未必能合乐，但借事生情，借题发挥，与述志抒情的古诗也并无大异。梁鸿《五噫》、张衡《四愁》，写法和意趣都较为别致，前人就已叹为"《五噫》《四愁》，如何

①沈德潜《古诗源》卷四，《古诗十九首》总评。

拟得"[1]了。

汉末到曹魏，抒写个人怀抱的诗人作品渐渐多了起来。蔡琰的《悲愤诗》,述遭遇,悲乱离,实为异军突起。曹氏父子都很有成就,尤其是曹植,以其创作,开一代风气。故《诗品》誉之为"孔氏之门如用诗,则公干升堂,思王入室。"(卷中《魏陈思王植》)他的作品,无论措意之深远,情感之真切,辞采之华美,都堪称汉魏八代中的大家。这些作品,无论是仿效乐府诗写成的,如《怨歌行》《美女篇》等,或藉史事以表心志,或以美女喻君子之有才而不遇;或如《赠白马王彪》《赠王粲》等用赠言形式以抒愤懑,仍旧是以述志抒情为主。稍后有阮籍《咏怀》、嵇康《幽愤诗》,虽二人遭遇不同,处境有异,其实也仍是这种抒写个人情志的诗歌。乃至左思的《咏史》,虽不专咏一人一事,也还是借咏古人来写自己的怀抱,依然摆不脱前人咏怀的窠臼。这类诗都罕及社会生活的实情实事,虽偶有写环境之句,点缀其间,也不能算是写景之作。后来只有号称"古今隐逸诗人之宗"(《诗品》卷中)的陶渊明,以其真纯自然的笔触,直抒胸襟,兼及其亲事稼穑的田园生活的实情实景,其诗风方轶出前人以抒写主观情志为主的咏怀诗限域。前此有陆机与潘岳,极力模仿古人,虽词藻更绮丽,对仗益工整,但古人的真性情、真胸怀已难见到了。降及齐梁,内容更空虚,诗境更狭隘,所写无非是宫廷所赏的绮靡浮华的生活情景，韩愈讥为"齐梁及陈隋,众作等蝉噪。"(《荐士》)并非贬之过甚的。

韩愈被誉为"文起八代之衰"(苏轼《潮州韩文公庙碑》),唐诗自初唐而盛唐,更的确是"起八代之衰"而无愧。李白《古风》第一首,在历论前代诗风至唐代时说:"文质相炳焕,众星罗秋旻。"仅就唐诗之"质"即其所写题材而言,也确是如"众星罗秋旻"那样丰富多彩,万象

---

①沈德潜《古诗源》卷二,张衡《四愁诗》评语。

毕呈的。即使仅从貌似前人感怀诗的那些初唐的作品来看,也已开始突破前人只写个人感受的藩篱了。如张九龄《感遇十二首》中已有“草木有本心,何求美人折”“今我游冥冥,弋者何所慕”之语,开高远之风;陈子昂《感遇三十八首》言及“汉甲三十万,曾以事匈奴”“市人矜巧智,于道若童蒙”,则实已触及现实世道,其言质直,感慨更深;至若李白的《古风五十九首》,以其豪迈不拘之才,议论纵横,信笔所之,自然更超出前人的范围。反正自武则天一度代李唐执政以后,唐代社会变革日多,生活也日益复杂多故,从而诗人写诗的题材也更加多种多样,诗人的感受也更加深刻;而各种感受就寄托在所写各种题材的诗篇中,就再难以用“咏怀”“感遇”这样的题目来概括了。例如杜甫,他在颠沛流离中感时伤世,处处情动于中而形于言,纵笔成诗,便即事名篇,所以很少用“述怀”这类题目。这犹如乐府至唐已不能合乐,唐人或借旧题发挥,另出新意,或竟不用旧题;或则只沿袭乐府有采诗采风之意,另立新题,直写当前可悲可叹可作为鉴戒诸事,如白居易等人的新乐府;早已不是从前那种乐府诗。盛唐以后倘仍有咏怀、感怀的题目,但已极少。他们或干脆命名为《无题》,或只取首字为题,自然更与以前的“感怀”诗大异其趣了。

总之,唐人已将人世间诸种情景、诸种事物,以至社会生活和个人生活中的大事小事乃至琐事无不写入诗中, 他们已善于从平常事物和广阔的自然界中寻出诗意, 并精炼而形象地表达出来, 诗思所及,随在有诗。这种意到笔随,写尽自然和社会各方面的本领,令后人十分佩服。清代中叶,翁方纲本以崇尚宋诗出名,就曾于《石洲诗话》卷四中说:

> 天地之精英,风月之态度;山川之气象,物类之神致,俱已为唐贤占尽,即有能者,不过次第翻新,无中生有,而其精诣,则固别有在者。

其实,“天地之精英”四语,只是粗略言之。若分门别类加以观察,即能深知唐人处理诗材之妙。盖凡是好诗,每篇诗或每一联都有表里两个层次:表面一层次是直接描写某事某物某情景;深一个层次,则可见诗人本身的志趣、修养及其思虑,甚至可反映其时的文化背景和那时代的风尚,乃至时势的。当然,诗人还可能另有其寄托,言在此而意在彼。但对诗人的寄托,若仅凭某些迹象来猜测,容易穿凿附会。因为谈寄托往往带着很大的主观成分,而其深层次所反映的则是客观的。

下面,且从唐人常用的几种题材分别加以粗略的考察。

先从诗人都爱写的怀古咏史诗入手。怀古是诗人游览某处古迹,面对当地风光而缅怀古人古事,或引起许多联想而作。咏史是诗人对历史人物或事件发议论、发感慨。两者本有一点区别,但常又互相联系,很难截然分开。怀古、咏史这当然是古已有之的。魏晋六朝的诗人即使不像左思那样以“咏史”作题目,诗中也常涉及古人古事。以曹植仿古的一些诗篇为例:

二皇称至化,盛哉唐虞庭。禹汤继厥德,周亦致太平。(《惟汉行》)

周公下白屋,吐哺不及餐。一沐三握发,后世称圣贤。(《君子行》)

周公佐成王,金縢功不刊。推心辅王室,二叔反流言。(《怨歌行》)

但这些都是借古事以明己意,有如后世之使事用典。再如阮籍《咏怀诗八十二首》有“二妃游江滨”“昔闻东陵瓜”“昔日繁华子,安陵与龙阳”等篇,也只是称引古事,如后世之使事用典,其主旨并非在怀古咏史。左思的《咏史八首》,虽然以《咏史》命名,仍不过杂引古事,以抒自己怀抱,发“世胄蹑高位,英俊沉下僚。地势使之然,由来非一朝”的感慨。陶靖节诗,首首皆自胸臆自然流出,原用不着使事用典,其《赠羊长史》诗有句云:“路若经南山,为我少踌躇。多谢绮与甪,精爽今何如?紫芝谁复采,深谷久应芜。”对“四皓”中的绮里季、甪里先生,不过顺便言及,也不是后世那种吊古诗。

到唐代,怀古咏史的诗歌才真正风行起来,大放异彩。而且写到了前代的许多人和事,涉及可令人怀想古昔的城乡山川。千余年来都令人感动的陈子昂《登幽州台歌》云:

> 前不见古人,后不见来者。念天地之悠悠,独怆然而涕下。

短短数语,却道出诗人登上古台,面对辽阔的天空,苍茫的大地,想到时间的不断流逝,人生的渺小短暂,追溯一去不复返的往事,想到茫然不可知的未来,会有多少感慨?尤其对一个经历许多变故,仍不能掌握自己命运的人来说,真是情何以堪?其后的诗人,虽大体也是这种感慨,却很难超出其范围。但根据不同的史实,面对不同的情境,再加上自己的切身感受,以各种不同的手法加以发挥,就写出许多风格各异的好诗来。

纯正的怀古诗,唐初便已有了,如王绩的《过汉故城》:

> 大汉昔未定,强秦犹擅场。中原逐鹿罢,高祖郁龙骧。经始谋帝坐,兹焉壮未央。规模穷栋宇,表里浚城隍。群后崇长乐,中朝增建章。钩陈被兰锜,乐府奏芝房。翡翠明珠帐,鸳鸯白玉堂。清晨宝鼎食,闲夜郁金香。天马来东道,佳人倾北方。何其赫隆盛!自谓保灵长。历数有时尽,哀平嗟不昌。冰坚成巨猾,火德遂颓纲。奥位匪虚校,贪天竟速亡。魂神吁社稷,豺虎斗岩廊。金狄移灞岸,铜盘向洛阳。君王无处所,年代几荒凉。宫阙谁家域?蓁芜罥我裳。井田唯有草,海水变为桑。在昔高门内,于今岐路傍。余基不可识,古墓列成行。

狐兔惊魍魉，鸱鸮吓狙狂。空城寒日晚，平野暮云黄。烈烈焚青棘，萧萧吹白杨。千秋并万岁，空使咏歌伤。

这首诗篇幅较长，凡是怀古诗应有的叙写和感慨全都有了。只是前面以很多篇幅历叙汉代事，质朴古雅，但不精炼。最后几句写眼前所见荒凉情景，以衬托感伤之情，已是后代常见的结束全诗的格局。

物是人非，风光不再，本是最易引起人感慨万端的，也是最易引起人的共鸣的。唐人以此鸣世的这类诗自然写得不少。在写其他题材时，也往往涉及。兹略举早期数例：

古往山川在，今来郡邑殊。（张九龄《登荆州城楼》）

阁中弟子今何在，槛外长江空自流。（王勃《滕王阁》）

但看古来歌舞地，惟有黄昏鸟雀悲。（刘希夷《代悲白头翁》）

李白虽似甚超脱，这类感慨，在其诗中却屡见：

不见吴时人，空生唐年草。（《金陵白杨十字巷》）

只今惟有西江月，曾照吴王宫里人。（《苏台览古》）

宫女如花满宫殿，只今惟有鹧鸪飞。（《越中览古》）

杜甫则罕专事怀古，其怀古即寓于伤今之中。读《哀江头》《哀王孙》《忆昔》诸篇即可见。《秋兴》中即有"王侯第宅皆新主，文武衣冠异昔时""回首可怜歌舞地，秦中自古帝王州"等句。《咏怀古迹五首》虽题中有"怀古"字样，其实是借古迹以咏怀的。只有咏王昭君中"一去紫台连朔汉，独留青冢向黄昏"一联才有佳人一去不复返，惟留青冢对黄昏的怀古感伤之意，与前举李白等人的情调有相通之处。

至中唐，刘禹锡写怀古诗最为擅长，数量最多。其七律《西塞山怀古》最有名，诗云：

王濬楼船下益州，金陵王气黯然收。千寻铁索沉江底，一片降幡出石头。人世几回伤往事，山形依旧枕寒流。今逢四海为家日，故垒萧萧芦荻秋。

他的七律《汉寿城春望》《荆州道怀古》，也堪称怀古的名篇。刘氏的七绝中也不乏怀古伤今的佳作，至今仍广为后人传诵。如：

山围故国周遭在，潮打空城寂寞回。淮水东边旧时月，夜深还过女墙来。（《石头城》）

朱雀桥边野草花，乌衣巷口夕阳斜。旧时王谢堂前燕，飞入寻常百姓家。（《乌衣巷》）

炀帝行宫汴水滨，数株残柳不胜春。晚来风起花如雪，飞入宫墙不见人。（《杨柳枝词九首》之六）

再往后，晚唐七律中，也多怀古的好诗。如温庭筠的《过陈琳墓》《苏武庙》与《经五丈原》等篇，即事抒怀，既凭吊古人，亦自伤身世。兹录其《过陈琳墓》如次，以见一斑：

曾于青史见遗文，今日飘蓬过此坟。词客有灵应识我，霸主无才始怜君。石麟埋没藏春草，铜雀荒凉对暮云。莫怪临风倍惆怅，欲将书剑学从军。

以近体诗见长的许浑，其七律《金陵怀古》《咸阳城东楼》等，都是怀古伤今，感慨时势的名篇。兹录其《咸阳城东楼》如下：

一上高城万里愁，蒹葭杨柳似汀洲。溪云初起日沉阁，山雨欲来风满楼。鸟下绿芜秦苑夕，蝉鸣黄叶汉宫秋。行人莫问当年事，故国东来渭水流。

李义山作为晚唐七律的重镇，其七律中的咏史之作，如《马嵬》《隋宫》《筹笔驿》等，尤为后人所称道。兹录其《马嵬》如下：

海外徒闻更九州，他生未卜此生休。空闻虎旅传宵柝，无复鸡人报晓筹。此日六军同驻马，当时七夕笑牵牛。如何四纪为天子，不及卢家有莫愁。

上面举出的这些七律，往往夹叙夹议，已把咏史与怀古结合起来。而七绝因只有短短的四句,就只需点出有关情景,引发感慨而已。如杜牧的《泊秦淮》:"烟笼寒水月笼沙,夜泊秦淮近酒家。商女不知亡国恨,隔江犹唱后庭花。"《登乐游原》:"长空澹澹孤鸟没,万古消沉向此中。看取汉家何事业?五陵无树起秋风"等,就是这样。及至唐末,有韦庄的《台城》云:"江雨霏霏江草齐,六朝如梦鸟空啼。无情最是台城柳,依旧烟笼十里堤。"亦借凭吊六朝古迹,即景寓伤今之慨。

这种短诗,大多是诗人就眼前所见或想到的景物,以见江山如故,草木禽鸟风物依然,而兴起繁华不再往事不堪回首之悲;用意似乎雷同,沿袭前人,是师其意不师其辞。贺裳《载酒园诗话》因称之为"偷法"①。其实,这是古今人共有的感受,人同此心,心同此理。如果从不同角度去看,不同的手法去写,所取情景也不同,何妨各自成为一首绝唱!

怀古诗中杂以咏史,作者发议论,表见解是常见的,多半见于长篇中。但也有用绝句来表达自己的看法,或委婉道出批评、谴责的。李义山有几首七绝就是这样:

《齐宫词》,前二句讽南齐废帝荒淫亡国,后二句暗示萧梁新主奢淫依旧,无视亡齐之教训:

永寿兵来夜不扃,金莲无复印中庭。梁台歌管三更罢,犹自风摇九子铃。

《北齐二首》,则通过讽刺北齐后主高玮宠幸冯淑妃以致荒淫亡国的史实,以鉴戒后世之当国者。诗云:

一笑相倾国便亡,何劳荆棘始堪伤?小怜玉体横陈夜,已报周师入晋阳。巧笑知堪敌万几,倾城最在着戎衣。晋阳已陷休回顾,更请君王猎一围。

---

①参看贺裳《载酒园诗话》卷一《三偷》条。

《贾生》，则着意选取贾谊自长沙召还、宣室夜对的情节，翻出“不问苍生问鬼神”的议论，警策透辟，发人深省：

宣室求贤访逐臣，贾生才调更无伦。可怜夜半虚前席，不问苍生问鬼神。

杜牧的《过华清宫》绝句三首之一中“一骑红尘妃子笑，无人知是荔枝来”也属此种。至如章碣的《焚书坑》“坑灰未冷山东乱，刘项原来不读书”以讥诮代斥责，又是此种诗的别体了。怀古咏史诗的多种多样，正说明唐诗是如何丰富多彩，令人神往的。

与怀古咏史有关的，是诗人对时光一去不复返、命运无常、人生如寄的感叹。不必上溯到诗三百篇，《古诗十九首》里就一再吟咏：“人生天地间，忽如远行客”（其三）；“人生寄一世，奄忽若飙尘”（其四）；“浩浩阴阳移，年命如朝露。人生忽如寄，寿无金石固”（其十三）等等，把这种叹惋说得很明白。其后，这种情调仍屡见不鲜。以陶靖节之达观，也说“人生似幻化，终当归虚无”（《归田园居五首》之四）；“一生复能几，倏如雷电惊”（《饮酒二十首》之三），何况恋生的普通人呢？到唐代，社会生活更加复杂，又多动乱，诗人生活于其间，自然感慨更深了。

卢照邻罹患恶疾（按实即麻风病），饱受痛苦，自另有一番感受。其《行路难》云：“人生贵贱无终始，倏忽须臾难久恃。谁家能驻西山日？谁家能堰东流水？”已综述此种叹惋于前。李峤于武后时曾知政事，封赵国公，盛极一时，睿宗立后始遭贬逐。其《汾阴行》云：“山川满目泪沾衣，富贵荣华能几时？不见只今汾水上，惟有年年秋雁飞。”这几句曾令唐明皇感动得下泪，叹为“真才子”。可见，虽帝王亦难免此种感叹。

总之，时光要流逝，人要老死，这是无可奈何的事。前人已讲得很多了，唐人亦屡写此意于诗中，如：

终古代兴没，豪圣莫能夺。（陈子昂《感遇三十八首》之十七）

俯仰天地间，能为几时客。（卢象《叹白发》）

本惊时不住，还恐老相催。（刘长卿《早春》）

轩皇竟磨灭，周孔亦衰老。（孟云卿《放歌行》）

功名富贵若长在，汉水亦应西北流。（李白《江上吟》）

诸如此类，举不胜举。怎么办呢？当然只有自行排解。但这种排解，多数是消极的。首先是饮酒。《古诗十九首》中就有“服食求神仙，多为药所误。不如饮美酒，被服纨与素”（其十三）之语；曹操更高唱“对酒当歌，人生几何？”（《短歌行三首》之三）陶渊明亦然。至唐代就更多了。王翰《古蛾眉怨》：“人生百年夜将半，对酒长歌莫长叹。情知白日不可私，一死一生何足算。”李白更多这类诗，如《将进酒》：“君不见高堂明镜悲白发，朝如青丝暮成雪。人生得意须尽欢，莫使金樽空对月。”又如《春日醉起言志》：“处世若大梦，胡为劳其生？所以终日醉，颓然卧前楹。”

李白爱酒，诗中多咏饮酒的乐趣，曾为后人所诟病。《冷斋夜话》卷五载王安石曾言：“太白词语迅快，无疏脱处；然其识污下，诗词十句九句言妇人酒耳。”这是政治家兼正人君子的看法。其实，唐时诗人多嗜酒，醉酒也不是一种罪过。在比岁饥馑之后，甚至醉人也算祥瑞。[①]与李白同时的几位大诗人杜甫、孟浩然、高适都嗜酒，且不拒绝享乐。孟浩然《春中喜王九相寻》云：“当杯已入手，歌妓莫停声。”高适《醉后赠张九旭》：“兴来书自圣，醉后语尤频。”杜甫诗中亦屡言酒，《醉时歌》道出寄托于酒之故，《饮中八仙歌》更有如一篇酒徒的赞歌。重要的是，看这些酒徒的为人如何，他们除了饮酒之外，还有什么向

①见《资治通鉴》第二三二卷德宗贞元二年。

往？对他们来说，酒可以助他们超脱，使他们于世俗的名利夷然不屑，倒提高了他们的品位，他们起码不会与那些祸国殃民的达官贵人和伪君子同流合污。贺兰进明不肯救睢阳，实贪生怕死，然而他的《行路难五首》首章就说："君不见岩下井，百尺不及泉。君不见山上苗，数寸凌云烟。人生赋命亦如此，何苦太息自忧煎。"把左思《咏史》"地势使之然，由来非一朝"的悲愤之意，改造成为了他的"活命哲学"，与李白等人当然完全不同。这就像明季偏安于南京的福王朱由崧，在国事万分危急之时，居然还有一联云："万事不如杯在手，一年几见月当头。"虽也咏酒咏月，却仍是一个地道的醉生梦死的昏君。

面对岁月如流，时过境迁，盛极必衰，生必有死，这样人们无可奈何的自然规律，用饮酒来排解，本身就是一种无可奈何的办法。更重要的还在于，诗人该有豁达的胸襟，高尚的修养，能深刻认识自然规律的必然性，从而在精神上自我解脱。多数诗人正是朝这方向下了功夫的。

诗人们明白，要达到这种解脱的境界，首先得忘我、无私。孟浩然《陪姚使君题惠上人房》："会理知无我，观空厌有形。"又《江上寄山阴崔少府国辅》："草木本无意，荣枯会有时。"虽刘长卿亦知此理。《喜鲍禅师自龙山至》："杖锡闲来往，无心到处禅。"又《游四窗》："白云本无心，悠然伴幽独。"李颀《送璇道士还玉清观》："大道本无我，青春长与君。"亦此意。

能无我、无私，自然就知天命，听其自然了。张九龄《杂诗五首》之二："悠悠天地间，委顺无不乐。"委顺就是听其自然。张说《岳州守岁》："至乐都忘我，冥心自委和。"委和也就是委顺，不违忤自然天命，可以说"顺"，也可以说"和"。张说曾几被贬逐，故《闻雨》诗中曾自叹又复自言："误将心徇物，近得返自然。"也就是自幸还能回复到顺应自然知天命之意。

只有想通了，或者说“看穿”了，人才能达观起来，也才能自得其乐。虽处逆境也能生活下去。杜甫就是这样。其《可叹》诗云：“古往今来共一时，人生万事无不有。”又《寄薛三郎中》云：“人生无贤愚，飘飖若尘埃。”个人渺小的一生算得了什么？

若还不够，那就只有逃于禅，或师法老庄了。儒家思想或曰孔孟之道，一直是中国的正统。但老庄（主要是庄子）思想和佛家的禅理一直影响着昔时的士人，尤其是诗人。唐代诸帝都无不崇尚佛家和道家，尤其是佛家。武宗排佛，不过才短短数年。由于佛教在唐代之盛行，士大夫没有不信佛不谈禅理的。韩愈捍卫儒家道统，也排佛，但他却与许多僧人往来。王维字摩诘，索性以“维摩诘”经为他的名和字，直言：“白发终难变，黄金不可成。欲知除老病，唯有学无生。”（《秋夜独坐》）又《饭覆釜山僧》云：“已悟寂为乐，此生闲有余。”还有《胡居士卧病遗米回赠》和《与胡居士皆病寄此诗兼示学人二首》皆谈禅。他因母亦奉佛，曾施庄为寺，集中有《请施庄为寺表》。

李白之慕道，也是很有名的。《赠丹阳横山周处士惟长》云：“当其得意时，心与天壤俱。闲云随舒卷，安识身有无。”又《与元丹丘方城寺谈玄作》：“茫茫大梦中，惟我独先觉。……澄虑观此身，因得通寂照。”

岑参《青龙招提归一上人远游吴楚别诗》：“了然莹心身，洁念乐空寂。”

高适《同群公宿开善寺赠陈十六所居》：“谈空忘外物，持诫破诸邪。”

韦应物《答令狐侍郎》：“一凶乃一吉，一是复一非。孰能逃斯理，亮在识其微。”

这些都是所谓“悟道”之语，与释老的持论是相通的。天宝以后，人们常生活于乱离中，诗人更多这类诗句，真是举不胜举。到后来，尚有明言得益于释家和庄生的，如：

许浑《怀政禅师院》:“莫讶频来此,修身欲到僧。”(见《全唐诗》卷五三二;亦作杜牧诗,见同上书卷五二六)

贾岛《病起》:“灯下南华卷,祛愁当酒杯。”

温庭筠《却经商山寄昔同行人》:“曾读逍遥第一篇,尔来无处不恬然。”

以上杂引了好几位诗人的诗句,可以说明,在唐代这一既曾繁荣又多变故的时期,诗人面对人生如寄、命运不可知的惶惑,他们祛除烦恼的思路是大体相似的,而且是与前人的思想一脉相承的。这种思想意识无可讳言有消极的一面,但这些诗人毕竟不曾醉生梦死,与腐朽堕落的祸国殃民者同流合污,保持住了自身的清白,也为后人留下一方净土,这便又有其积极的一面。醉生梦死、腐朽堕落的人是根本不会理会人生,想到诗人想到的事,也不会有什么像诗人那样的烦恼的。

人要能乐生,得有丰富的精神生活;但要做到这一点,只靠内在的修养还不够,还得有外在的凭借。对诗人而言,主要就是对自然界的欣赏,包括山水风景和各种美好事物的感受在内。这些感受写出来以后,就是在唐诗中占很大比重的山水田园诗和咏物诗。唐诗让后人传诵不已的名句,大多也就在歌咏大自然的诗里。

为什么歌咏大自然的诗易引起人们的共鸣呢?当然,这首先是由于未经人类破坏的大自然本是壮美或幽美的,它总是向人们展示人间难得的真纯。再就是由于那些好诗里的自然风光是通过诗人审美的睿眼表现出来的,我们从诗里感受到的其实是诗人的理念。要是我们同意黑格尔美即理念的观点,也可以说,是诗人给他所描写的自然灌注了生气,让外在事物得到了清洗和净化;写景诗不是对自然现象的照实描绘,而是有所提炼和加工。诗人的本领就在于他能从平凡的东西中看出不平凡，把无意义的东西变成有意义的东西。[1]唐代的许多诗人都做到了这一点。

写景诗当然不是只盛行于唐朝，而是在此前早就得到发展的，南朝宋的谢灵运就很为后世所称道。但唐人写到的景物、景象更为丰富多样，语言也更自然清新了。先看一首谢灵运的诗：

羁心积秋晨，晨积展游眺。孤客伤逝湍，徒旅苦奔峭。石浅水潺湲，日落山照曜。荒林纷沃若，哀禽相叫啸。遭物悼迁斥，存期得要妙。既秉上皇心，岂屑末代诮。目睹严子濑，想属任公钓。谁谓今古殊，异代可同调。（《七里濑》）

这也许不是康乐的上乘之作，但沈德潜的《古诗源》已入选。诗中"石浅水潺湲，日落山照曜"，写景确切，结句亦有理趣且切题。可是，全诗却显得有些堆砌臃肿，用字构词都相当生硬费解。用字如"积"字，"展"字，"属"字；构词如"羁心""游眺""奔峭"等，尤其是"奔峭"，更有凑韵之嫌。这大约是六朝风气使然，唐人是不会这样写的。

试看王维的《青溪》：

言入黄花川，每逐青溪水。随山将万转，趣途无百里。声喧乱石中，色静深松里。漾漾泛菱荇，澄澄映葭苇。我心素已闲，清川澹如此。请留磐石上，垂钓将已矣。

这也是写溪水，用意与谢诗也有相似之处，又同样都是仄韵古体诗，但文从字顺，意境鲜明，很易为人接受。这不是用王维名诗与谢康乐的一般诗作对比来厚诬古人，但可见诗风之不同如何影响诗意、诗境的表达。也许有人会欣赏谢诗的凝重古雅，而病王摩诘的浅易，但诗却是这样向唐诗发展的。

唐人的写景诗不但写到的方面多，读起来流利亲切，更重要的

---

①参看黑格尔《美学》第一卷。朱光潜译本198—214页(第三章前半)。

是，通过写景诗，唐人善于传达出一种气氛，一种情调，使读者如身临其境，易于领略到诗人所感受到的。过去评诗家常说“唐诗重气象”，大概其意就在这里。

王维和孟浩然，多写山川景象和田园风光。讲“神韵”的诗家对他们评价很高。认为他们的成就是善于传达一种清幽的意境，令人神往。可同时也应看到，两位诗人又往往显露出他们的胸襟气魄，也有雄浑的气象，有别于一般的山水田园诗。为节约篇幅计，这里只截取他们的几联名句，即可看出：

荒城临古渡，落日满秋山。（王维《归嵩山作》）

高鸟长淮水，平芜故郢城。（王维《送方城方明府》）

江流天地外，山色有无中。（王维《汉江临泛》）

万壑树参天，千山响杜鹃。（王维《送梓州李使君》）

气蒸云梦泽，波撼岳阳城。（孟浩然《望洞庭上张丞相》）

风鸣两岸叶，月照一孤舟。（孟浩然《宿桐庐江寄广陵旧游》）

野旷天低树，江清月近人。（孟浩然《宿建德江》）

对一位诗人是不能只从单方面去看的，诗人正因为有这样的胸襟，才能摆脱人生如寄、世事不称意的烦恼。对唐诗，也需要“欲穷千里目，更上一层楼”去看。到李杜气魄就更大，写出的景象也更雄伟，更能写出常人观察所不及，或虽有感受而不能道出的景象了。这也只需举出一些广为后人传诵的名句，就可见一斑：

山随平野尽，江入大荒流。月下飞天镜，云生结海楼。（李白《渡荆门送别》）

山从人面起，云傍马头生。（李白《送友人入蜀》）

朝辞白帝彩云间，千里江陵一日还。两岸猿声啼不住，轻舟已过万重山。（李白《早发白帝城》）

香炉瀑布遥相望，回崖沓嶂凌苍苍。翠影红霞映朝日，鸟飞不到吴天长。（李白《庐山谣寄卢侍御虚舟》）

莽莽万重山，孤城山谷间。（杜甫《秦州杂诗二十首》之七）

星垂平野阔，月涌大江流。（杜甫《旅夜书怀》）

高江急峡雷霆斗，古木苍藤日月昏。（杜甫《白帝》）

风急天高猿啸哀，渚清沙白鸟飞回。无边落木萧萧下，不尽长江滚滚来。（杜甫《登高》）

这里只是以王、孟、李、杜为代表，举一些例子。唐诗中，这样的佳句当然还很多，连晚唐也有。如：温庭筠的《利州南渡》“数丛沙草群鸥散，万顷江田一鹭飞”；许棠的《成纪书事》“天垂大野雕盘草，月落孤城角啸风”等即是。这些好诗都有一个共同之处，那就是，诗人都目光远大，能传出一种气象，其中暗藏自己的思想感情，不只是简单地照实描写。

与写景相关联的是咏物的诗。唐人所咏事物之多，也远远超过前人。齐梁宫体诗，除连篇累牍的“春闺”“秋怨”之外，所咏无非歌舞、女乐、美人和与妇女有关诸事物。唐人所咏，以花鸟音乐之类为多。如：张祜即有咏“歌”“笙”“五弦”“觱篥”“笛”“舞”“箜篌”“箫”等咏歌舞音乐的五律八首；还有写“洞房燕”“鹭鸶”“杨花”“蔷薇花”“樱桃”等的诗多首。再就是咏“马”“鹰”“雁”“杜鹃”“子规”之类。杜甫就有好些篇咏马、咏画马的诗。反正唐代大小诗人或多或少都有些咏物的诗。最奇特的是唐末有个徐夤，他不但为诗人们常咏的“月”“新月”“鹧鸪”“蝴蝶”“燕”“蝉”等各写一首七律，甚至给“剪刀”“纸帐”“纸被”“钓车”“钱”“笋鞭”等物都各写一首七律。“愁”“恨”“别”成为题目，犹可理解，乃至“忙”“闲”，甚至东西南北方向也成为诗题，共写了七律六十首之多。

命题作诗,唐初即有此风。如李峤即有《二月奉教作》《三月奉教作》……《十二月奉教作》共十一首五律,每首均咏各月风物气候。大量尚存的应制诗、试帖诗,其实也是一种命题作诗。诗人要是取一物作诗,有如做些练习,是可以理解的。李峤即有以天象、地理、文物、乐器、用具、财物、草木、鸟兽等方面的一百二十种事物为题,赋五律一百二十首,这是一时的风气使然,作诗虽多,难得佳作,无非显露才情,求得人主赏识,对诗歌的发展其实没有什么意义。

真正优秀的咏物诗有两方面值得注意:一是作者写此诗往往有所寄托,有其寓意,或就事物的风貌透露自己的抱负与向往。以杜甫为例,先看这位诗人的《孤雁》:

孤雁不饮啄,飞鸣声念群。谁怜一片影,相失万里云。望尽似犹见,哀多如更闻。野鸦无意绪,鸣噪自纷纷。

这显然是作者自伤其身世:远离京师,失去挚友,孤身飘零,而又不为人理解。再如他的《房兵曹胡马》:

胡马大宛名,锋棱瘦骨成。竹批双耳峻,风入四蹄轻。所向无空阔,真堪托死生。骁腾有如此,万里可横行。

这不但把骏马写得很传神,也传达出了诗人对能托死生,可万里横行的志士的赞扬,暗中也让人看到作者的胸襟与气概。

咏物诗当然可以要求贴切,咏此物就是此物,不能移易于他物。但如果要求句句不离题,都写的是该物,这就好似用诗歌形式写成的谜语,算不得是上乘的好诗。故苏东坡有句云:“赋诗必此诗,定非知诗人。”(《书鄢陵王主簿所画折枝二首》之一)唐人虽不曾这么讲过,但他们的咏物诗,却自有另一种写法,即从该事物的环境和它在时序推移中的情况去写,不但写出形,还能“传神”,才算上乘之作。试以两首小诗为例。陆龟蒙《白莲》:

素蘤多蒙别艳欺,此花端合在瑶池。无情有恨何人觉,月晓风清欲堕时。

这样就更能写出白莲的品格和神韵来。又如李商隐的《柳》：

曾逐东风拂舞筵，乐游春苑断肠天。如何肯到清秋日，已带斜阳又带蝉。

这首诗从柳在不同时地的情态去写，柳的风韵也更能表达出来。美不是孤立的，得有它的背景。美有外在的一面，但还有内在的一面。神情和风韵都是难以直接描绘出来的。宋代诗人林逋亦知此理，他才能够写出“疏影横斜水清浅，暗香浮动月黄昏”这样咏梅的名句。

不但咏物，写山水风光也是如此。唐代诗人能抓住事物、情景背后的神髓，又善于传达给读者，这就是他们最成功之处。

边塞诗和闺情诗，又是唐代诗人借以言志抒情的两个重要的方面。

后人总称为边塞诗的那些唐人有关边庭的诗作，在汉魏乐府古辞里就可以看出一些。例如早期《战城南》之诅咒战争：“战城南，死北郭，野死不葬乌可食。”后期《古歌》之在胡地思乡：“秋风萧萧愁杀人……胡地多飚风，树木何修修。”就已与后代的边塞诗相似。曹魏时，多战乱，边庭亦多事，蔡琰的《悲愤诗》历叙被掳北去情景，也可看作一首妇女自述的边塞诗。曹氏父子的诗，在涉及战乱时的慷慨悲歌，也很有边塞诗的风格。王粲的《七哀诗》、陈琳的《饮马长城窟行》亦然。至于相传为苏武李陵赠答的那七首五言诗，连苏东坡也怀疑，很不可信。根据其内容，当是行役之人或边庭人别亲别友之作，可看作无名氏的古辞，也就可算边塞诗的先驱了。晋室南迁以后，文人或因尚玄学清淡，或生活奢靡，追求声色享乐，除刘琨赠答卢谌的诗及其《扶风歌》、鲍照《拟行路难》等数篇外，边塞悲壮之音，几乎绝响。直到唐代，时移世变，诗风亦随之而变，边塞诗才终于大放异彩。

唐代边塞诗之盛行，自有其原因。就朝廷而言，那时朝廷或好大喜功,或萎靡不振,边庭民族冲突多,事故多,战乱多;从老百姓来看,无论在朝廷好大喜功时,或在衰颓时,都身受其苦。诗人身当其间,或欲建功立业,拯救祸乱,常借边塞诗以抒发壮志豪情;或哀边庭战士之不幸、役夫之辛苦,及其与家人生离死别之痛;而边庭与内地迥然不同的风光,另有一种情调,也引发诗人的诗思。边塞诗的取材多种多样,再加上写边塞诗的诗人性情各异,遭遇不同,他们写出的诗的风格也就各有千秋,从而大大丰富了唐代诗坛。

唐代写出过优秀边塞诗的诗人之多也是空前的,而且初、盛、中、晚各时期都有。盛唐时期的高适,尤其是岑参,因曾官于边庭,有边塞生活的切身感受,固然写过好些边塞诗的名作。王维常在关中,以写山水、田园出名,也有《陇头吟》《老将行》等歌行,李颀有《古从军行》,均脍炙人口。杜甫未到过边庭,但他有《前出塞九首》《后出塞五首》,都很生动地写出了塞上的军旅生活和征人心情。他的《兵车行》及"三吏"、"三别",都极道征役之扰民和征夫的苦楚,也该入"边塞诗"之另类。其时,有成就的诗人几乎没有不咏及塞上的,写边塞诗实已成为一种风尚。这也是诗人关心时事,关心民间疾苦的一种表现。流风所及,虽中、晚唐亦然,甚至诗僧皎然也写了《从军行五首》《陇头水二首》《塞下曲二首》。

优秀的边塞诗大多有其用意,不似一般的吟风弄月。有的写将士牺牲之惨烈,具有强烈的反战情绪和对朝廷穷兵黩武的不满。如:

> 翩翩云中使,来问太原卒。百战苦不归,刀头怨明月。塞云随阵落,塞月傍城没。城下有寡妻,哀哀哭枯骨。(常建《塞上曲》)

> 去者无全生,十人九人死。岱马卧阳山,燕兵哭泸水。妻行求死夫,父行求死子。苍天满愁云,白骨积空垒。哀哀云南行,十万同已矣。(刘湾《云南曲》)

东征日调万黄金，几竭中原买斗心。……可惜前朝玄菟郡，积骸成莽阵云深。（李商隐《随师东》）

义山诗虽为沧景之乱，[1]用兵不善而发，然借前朝事以发感慨，实亦有伤战乱之意。刘湾不文，难与大家相比，但直言云南用兵之失，正是下层士大夫之语。若如杜少陵《前出塞》第一首所言“君已富土境，开边一何多”，那就是忠君爱民者的直谏了。

边塞诗中，又时杂有为战士鸣不平的声音，如：

战士军前半死生，美人帐下犹歌舞。（高适《燕歌行》）

年年战骨埋荒外，空见蒲桃入汉家。（李颀《古从军行》）

也有颂将士英武赴敌的愿望，以表诗人自身之向往和雄心壮志的，如：

林暗草惊风，将军夜引弓。平明寻白羽，没在石棱中。

月黑雁飞高，单于夜遁逃。欲将轻骑逐，大雪满弓力。（卢纶《塞下曲二首》）

日落辕门鼓角鸣，千群面缚出蕃城。洗兵鱼海云迎阵，秣马龙堆月照营。（岑参《献封大夫破播仙凯歌六章》之四）

这都能鼓舞人心，给人以另一种壮美的感受。至于写出苍茫雄伟的北国风光和边庭景象，戍边征人的艰辛及其思乡之情，从中透露出诗人自身的气概和悲天悯人的胸怀，在唐人边塞诗中更比比皆是。不妨再举数例如下：

磨刀呜咽水，水赤刃伤手。欲轻肠断声，心绪乱已久。丈夫誓许国，愤惋复何有？功名图麒麟，战骨当速朽。（杜甫《前

---

①朱鹤龄《李义山诗集笺注》据《通鉴》云：大和九年，李同捷盗据沧、景，诏诸道军讨之，“久未成功，每有小胜，则屡张首虏，以邀厚赏。朝廷竭力奉之。馈运不给。沧州丧乱之后，骸骨蔽地，城空野旷，户口什无三四。”

出塞九首》之三）

明月出天山，苍茫云海间。长风几万里，吹度玉门关。汉下白登道，胡窥青海湾。由来征战地，不见有人还。戍客望边邑，思归多苦颜。高楼当此夜，叹息未应闲。（李白《关山月》）

黄河远上（一作黄沙直上）白云间，一片孤城万仞山。羌笛何须怨杨柳，春风（一作春光）不度玉门关。（王之涣《凉州词》）

回乐峰前沙似雪，受降城外月如霜。不知何处吹芦管，一夜征人尽望乡。（李益《夜上受降城闻笛》）

何处吹笳薄暮天，塞垣高鸟没狼烟。游人一听头堪白，苏武争禁十九年。（杜牧《边上闻笳三首》之一）

仅就描写边庭风光和人事方面看，唐诗也是多种多样而又丰富多彩的。

还有一方面的重要题材，是有关妇女的。自《离骚》以美人芳草喻君子贤臣，后代亦常写到妇女的不幸遭遇，或借怨女、思妇之辞来抒发自己怀才不遇、动遭谗毁的感叹。这类题材，在汉魏乐府古辞中已屡见不鲜。如《陌上桑》《艳歌行》《陇西行》等等，往往为后人所仿效或用为典故。到南朝齐梁以后，这类诗都大变为写春闺、秋怨，乃至看妓、观舞之作，成为君王和达官贵人的享乐之具了。直到唐代，才又恢复了这类诗的本来面目，而且加以发扬。

这类诗，可以是诗人从旁描写妇女乃至幼女的生活情态，写的范围从宫廷妇女到歌妓舞女，直到底层的织女、农妇；可以是思妇、怨妇自述其悲苦，也可以是诗人代言，内容庞杂，形式多样，可以统名之为闺情诗。

唐人闺情诗，除了极个别仍把妇女当作玩物来观赏，甚至杂有亵语外，绝大多数都是有不同程度的积极意义的。哪怕那些写少女生活

情态的诗,也能令人看出唐时闺中风习,令人感受到生活风趣,也是一种美。如:

幼女才六岁,未知巧与拙。向夜在堂前,学人拜新月。(施肩吾《幼女词》)

八岁偷照镜,长眉已能画。十岁去踏青,芙蓉作裙衩。十二学弹筝,银甲不曾卸。十四藏六亲,悬知犹未嫁。十五泣春风,背面(一作立)秋千下。(李商隐《无题二首》之一)

以闺情闺怨为诗材,久已成为唐人风尚。如李白,后人认为其诗多写妇人及酒,这类作品当然不少,其短章如:

玉阶生白露,夜久侵罗袜。却下水晶帘,玲珑望秋月。(《玉阶怨》)

燕草如碧丝,秦桑低绿枝。当君怀归日,是妾断肠时。春风不相识,何事入罗帏。(《春思》)

长安一片月,万户捣衣声。秋风吹不尽,总是玉关情。何日平胡虏,良人罢远征。(《子夜吴歌四首》之三)

均已成为脍炙人口的名作。再如王昌龄以宫女生活为题材的绝句:

昨夜风开露井桃,未央前殿月轮高。平阳歌舞新承宠,帘外春寒赐锦袍。(《春宫曲》一作《殿前曲》)

奉帚平明金殿开,且将团扇共徘徊。玉颜不及寒鸦色,犹带昭阳日影来。(《长信秋词五首》之三)

都广为后人传诵。前于李白、王昌龄,还有乔知之、刘希夷等。乔知之有《弃妾篇》《定情篇》《倡女行》,均写妇女题材,大略祖古乐府遗意。他的《绿珠篇》因其婢窈娘为武承嗣所夺,知之写此篇密与之,窈娘投井死,知之后亦遇害,因此更有名于世。刘希夷亦以从军、闺情诗为时人所称赏,有《春女行》《采桑》《代闺人春日》《捣衣篇》等,都是写妇女的。后于李、王有李益。李益七绝,虽以边塞诗出名,但亦写妇女题材,有《写情》《江南曲》《古瑟怨》《避暑女冠》等。其《宫怨》云:“似将海水添宫漏,共滴长门一夜长。”亦从旁着笔写宫女苦闷,何减王昌龄?尤可注意者,孟浩然曾有“不才明主弃”的怨言,毕竟是终身不仕的隐士,似乎该远离尘俗,其五律中却有《赋得盈盈楼上女》《春意》《闺情》《美人分香》等篇,可见此类题材之风行一时,几乎凡诗人都写过这类作品。

唐代历朝宫人之多是有名的。故白居易《新乐府·七德舞》中,把“怨女三千放出宫”颂为太宗盛德;其写宫怨的《后宫词》亦云:“三千宫女胭脂面,几个春来无泪痕。”诗人本对宫廷中事感兴趣,又大都富于同情心,故屡为多年幽闭宫中的宫女鸣不平。白居易《新乐府》中即有《上阳人》一篇,专为上阳宫人怨旷之苦而发。在封建专制时代富有典型意义。还有更野蛮,更不人道的是,皇帝死后,“宫人无子者,悉遣诣山林供奉朝夕,具盥栉,治衾枕,事死如事生。”[①]白氏新乐府中的《陵园妾》一诗,就是同情那些幽闭陵园,终身禁锢,虽生犹死的陵园妾的悲惨命运,并愤激地揭露这一有如“生殉”的野蛮制度的罪恶。

从王昌龄以七绝写宫人之怨,又很成功之后,其后七绝《宫词》常见于唐人笔下。顾况有《宫词五首》,王涯曾为相,后虽遭祸,却多闺情、闺思之作,有《宫词三十首》(实存二十首),王建有《宫词》百首,更赫赫有名。这些宫词,虽大多已不是“宫怨”,但多写出宫廷生活景况,间亦带出幽怨情绪,作为唐人生活情景的一部分来看,还是有一定社会史料价值的。

要对妇女表同情,当然不能只限于宫廷中的嫔妃、宫女。关心民间疾苦的诗人,必然也会关心民间那些不幸的贫女、怨妇和广大的劳动妇女。颇具平民倾向的白居易,在其讽喻诗中,就有不少同情下层妇女的作品。如新乐府中的《缭绫》,题下注云:“念女工之劳也。”即感

---

①《资治通鉴》卷二四九宣宗大中十二年二月甲子条胡三省注。

念缫丝织绫的“越溪寒女”的辛劳，而斥责宫廷中身着缭绫的“昭阳舞人”的奢侈：“曳土踏泥无惜心。”由于一夫一妻制在当时仅是对妇女的约束，而无碍于男子的多偶，于是富家豪门的喜新厌旧，肆意作践妇女，便成为社会常态。新乐府中的《母别子》，就是写一个破“虏”策勋的新贵，迎新弃旧，从而迫使前妻母子离散，造成“白日无光哭声苦”的家庭悲剧。《续古诗十首》之七，写一个“结发事豪家”的贫家女，由于丈夫妻妾成群，争妍斗宠，终于逃不脱“容光未消歇，欢爱忽蹉跎。何意掌上玉，化作眼中砂”的世俗悲剧的命运。《秦中吟·议婚》一诗，则批判了“贫为时所弃，富为时所趋”“富家女易嫁”“贫家女难嫁”的世俗观念。白氏的长篇歌行《琵琶行》，其主旨虽在于借沦落老大、身世飘零之商女的遭遇，以抒发自身无端遭贬的愤懑之情，但亦未尝不寓有对“老大嫁作商人妇”的琵琶女的深厚同情。再如张籍之《促促词》《离妇》，王建之《当窗织》等，虽不如香山新乐府，亦尚有新意，肯为卑贱民妇立言。但亦有虽写贫女，而不言为何等样人者，如：

> 岂是昧容华，岂不知机织。自是生寒门，良媒不相识。（张碧《贫女》）

> 蓬门未识绮罗香，拟托良媒益自伤。谁爱风流高格调，共怜时世俭梳妆。敢将十指夸纤巧，不把双眉斗画长。苦恨年年压金线，为他人作嫁衣裳。（秦韬玉《贫女》）

这两首诗，都表面写贫女之无助，其实却是为贫士写照。前一首言贫士出身寒素，遂不为人所知；后一首更有怀才不遇之意，而且不肯从俗，却为人谋事，兼表明了贫士的身份，更耐人寻味。反正都不是真正的闺情、闺怨诗了。

以上先谈到了个人情感和生活方面的一些常见题材，后面专谈了边疆将士和内地妇女方面的题材。但仅就这些方面而言，也还谈得很不够。生活是复杂的。在生活中可以遇到各种事，引起各种不同的情感。诗人们差不多都写到唐人生活的许多方面，即如友谊亲情，思乡念旧，行旅游览所见，节令岁时之感，唐人都曾写出过不少好诗。这是难以全都谈到的。而且人是生活在社会中，生活在一定的时代，一定的地域中的，诗人对他们所生活于其中的时代和社会的感受，他们的遭遇和他们对待各种社会现实的态度，都会反映在他们的创作里。要想把这些方方面面都涉及，这不是本章所能承担的任务。关于社会现实方面的题材，我们将在诗人与社会现实一章中再去加以探讨。

但是，在这里可以肯定的是，无论从哪一方面看，唐代的诗人们都大大地扩充了诗的题材。之所以这样是有其原因的。首先，唐代在重新完成大一统以后，社会大大地向前发展了，人们的精神生活、物质生活也更丰富了。在发展的过程中有起有落，也有各种变故，各种动乱，这些都必然会反映到诗人的创作里。而且，正如黑格尔所言："美的形象是丰富多彩的，而美也是到处出现的。"[①]诗人不管自觉不自觉，他总是这样那样的美的探求者，他的本领就在于把他感受到，探求到的美，令人信服地表现出来。歌德也说："一般说来，只要诗人会利用，真实的题材没有不可以入诗或非诗性的。"[②]要会利用，就得有敏锐的观察能力，有一副热心肠，对国家社会的事，是关心的，而不是冷漠的或退避的，还要有高度的艺术素养和语言修养，能够从假象中看出真相，从外表看出内在的、本质的、真实的东西，具有了这些能力，再加上丰富的生活经历，才能写出好诗。

纵观唐代诗人，杜甫可以说是最具有这些条件的。正因为这样，

---

①黑格尔《美学·全书序论》，见朱光潜译《美学》第一卷第 9 页，商务印书馆 1979 年 1 月第 2 版。

②《歌德谈话录》第 149 页，朱光潜译，人民文学出版社 1978 年 9 月北京第 1 版。

他才能扩展诗的题材，到处看出诗，写出诗来，无论感时、伤世、述情、咏物、写景，都能涉笔成趣，无所不可。吴乔《围炉诗话》卷一云："人于顺逆境遇间，所动情思，皆是诗材。子美之诗，多得于此。"刘熙载《艺概·诗概》亦言："无一意一事不可入诗者，唐则子美，宋则苏、黄。"但杜子美关怀者大，动情亦深，有时微露超脱，不屑于斤斤计较，实是苏、黄所不及的。试读《自京赴奉先县咏怀五百字》后半：

老妻寄异县，十口隔风雪。谁能久不顾？庶往共饥渴。入门闻号咷，幼子饥已卒。吾宁舍一哀，里巷亦呜咽。所愧为人父，无食致夭折。岂知秋禾登，贫窭有仓卒。生常免租税，名不隶征伐。抚迹犹酸辛，平人固骚屑。默思失业徒，因念远戍卒。忧端齐终南，澒洞不可掇。

请再读《北征》中这一段：

经年至茅屋，妻子衣百结。恸哭松声回，悲泉共幽咽。平生所娇儿，颜色白胜雪。见耶背面啼，垢腻脚不袜。床前两小女，补绽才过膝。海图坼波涛，旧绣移曲折。天吴及紫凤，颠倒在短褐。老夫情怀恶，呕泄卧数日。那无囊中帛，救汝寒凛慄。粉黛亦解包，衾裯稍罗列。瘦妻面复光，痴女头自栉。学母无不为，晓妆随手抹。移时施朱铅，狼藉画眉阔。生还对童稚，似欲忘饥渴。问事竞挽须，谁能即嗔喝？翻思在贼愁，甘受杂乱聒。

这些似乎都是身边琐事，在他人看来，似乎难登大雅之堂，然而一经诗人写出来，却生活气息更浓，既可见当时乱离情景，又更能打动人。再如：短古《缚鸡行》：

小奴缚鸡向市卖，鸡被缚急相喧争。家中厌鸡食虫蚁，不知鸡卖还遭烹。虫鸡于人何厚薄？吾叱奴人解其缚。鸡虫得失无了时，注目寒江倚山阁。

这连身边遭遇也算不上，诗人却联想到得失之难评判，去注目寒江，开拓出另一境界。顺便也可让人看出诗人此时一如常人的生活。事事可入诗，从而扩展题材，贴近生活，开拓思路，这正是杜甫最难能可贵之处。

（曾经修改，后载于国家图书馆出版社 2009 年 1 月第 1 版《唐诗的解读》之《内涵篇》。）

律体诗的形成过程

——兼论律诗的成型不能仅归功于沈、宋

【摘要】律体诗的出现是汉语诗歌史上的大事，律诗的成型曾经历了一段十分漫长的过程。自从有了成熟的五言诗，诗人们虽尚不知四声和平仄，但已经开始注意到声调的和谐晓畅和抑扬对比，并逐渐要求一首诗的句数有定，一句诗的字数也有定。远在隋唐以前，即已有合律的诗出现，至沈佺期、宋之问登上诗坛之前，初唐已有不少诗人写出了数量可观的、完全合乎规范的律诗，因此，把律体诗的起源和定型仅归功于沈、宋，是不恰当的。

【关键词】律体诗；声律；和谐

律体诗有三个要素：一是得有整齐的句式，即必须是五言四句或八句、七言四句或八句，排律是律诗的扩大，才可以不受句数的限制。二是得有音韵、声调上的和谐流畅和抑扬顿挫；分开来说，即既要以一定的方式押韵，声调上也要有规律又有变化。三是句子不是孤立的，通常以联为单位，每联的上下句，声调上要有对比，意义上有时还得形成对仗，上一联与下一联的声调也要有变化。必须这三个要素都具备，才算得上是一首真正的合乎规格的律体诗。

这三个要素的实现有一定的文化背景，同时又有赖于汉语特点的充分实现和运用。

一

五言诗究竟起于何时?议论已经很多。《玉台新咏》把《文选》中的《古诗十九首》中的八首和另一首古诗作为枚乘之作,这只是一家之言,别无旁证,当然很不可信。苏武诗四首李陵诗三首前人亦早已质疑。反正五言诗之创始,决不能归功于某一位文人的创作。按照中国文学史的通例,一切新体诗歌的兴起,如词和曲,总是开始于民间,然后文人才加以利用。说五言诗大致起源于民间的歌谣,其中,有些采入乐府,文人加以利用和润饰,后来就自己来写作,这倒是可信的。例如《汉书·五行志》载成帝时歌谣:

> 邪径败良田,谗口乱善人。桂树花不实,黄雀巢其颠。昔为人所羡,今为人所怜。

这在形式上已完全是五言诗,只是因被当作谶纬一类的童谣,所以未收入乐府,后代评论家也不把它当作古诗。那些苏李诗,很可能就是民间下层文人所作,未被乐府收入。好事的人也不管歌中所咏情事是否切合苏李二人,就把它们归到两位名人的名下了。这正像把《怨歌》"新裂齐纨素,皎洁如霜雪"附会成班婕妤的《纨扇诗》;把乐府古辞《梁甫吟》,因《三国志》曾言诸葛亮"躬耕陇亩,好为梁甫吟",后人就把这篇诗当作诸葛亮所作一样。

及至很难确定其年代的《古诗十九首》,五言诗已完全成形,而且运用得相当自如了。在《古诗十九首》以前,应该还有一些文人仿造民间歌谣的比较粗糙、幼稚的不大成功的作品,可惜都未能流传下来。能传下来的这类作品,也完全可信的,仅寻得一例,这就是《汉书·外戚传》里,李延年为谋使其妹为武帝所纳而唱的一首歌:

> 北方有佳人,绝世而独立。一顾倾人城,再顾倾人国。宁不知倾城与倾国,佳人难再得。

如果把"宁不知"三字去掉,这正是一首五言诗。这首诗其实是从四言诗扩展而来的,试再依次把"有""而""人""人""与""再"六字去掉一读即可知,这正是五言诗句初起,还很幼稚,仍存从四言诗增殖的痕迹。

直到东汉后期和曹魏初年,五言诗才普遍为文士所掌握,成为诗歌的主流,句子也更加有生气,更能担当抒情叙事的职责了。五言诗发展到齐梁,要求用短章,以便于记诵,要求更精炼,有规章可循,开始受到诗人的关注。一首诗究竟要多少句才恰当呢?按照节约和要对称整齐的原则,自然以四句或八句为宜,加上民歌和乐府的影响,四句、八句的格式就逐渐出现了。

二

律诗的关键是得有声调上的一定格式,有抑扬顿挫,也有按规律的变化。它的基础即在于汉语是有声调的语言,声调可区别词意,又能使语流不致太单调。诗本来是与音乐相通的,古代要入乐,以后不入乐了,也要求吟诵起来顺畅、不拗口,有节奏感,也得有一定的变化。这几乎可说是人自然的生理要求。西语如英、法、俄语,都讲究轻重音等,汉语就要讲究声调。汉语本有四声(这是就北方话的中原音系而言)。根据这四声的性质:平声是高平的,上声是降升的,去声是降调,入声降而短促,还要收"p""t""k",(古代声调已无从拟定,只能根据方言的声调大致推测)平声与上、去、入声恰好可分为两类,就是平声和仄声。平声自为一类,上、去、入归并为仄声。有了平仄的对立,自然也就会有对称和对比。人说话不能老用同一声高、同一腔调,就得有变化,诗尤其如此。于是顺应自然,由不自觉到自觉,在五言诗句中就逐渐形成了四种律句,这里分别标记为 A、B、C、D:

(A)平平平仄仄　　　　(C)仄仄平平仄

(B)仄仄仄平平　　　　(D)平平仄仄平

A、B、C、D四种律句中,A与B构成一组对句;C与D构成一组对句。仅这两组对句交换使用,即已成为五言绝句。四种句型,两组对句,有规律地交替使用四次就成律诗;交换使用六次,就是唐人试帖格式的六韵诗;再增加,就成了若干韵的排律。

五言律既已成形,七言诗开始多起来,再在每种律句上加上与头两字相反的两个仄声或平声,这就成了七言的律体诗了。仍标记为A、B、C、D:

(A)仄仄平平平仄仄　　　　(C)平平仄仄平平仄

(B)平平仄仄仄平平　　　　(D)仄仄平平仄仄平

同样A、B成对句,C、D成对句,两组对句交换使用,即可成为七言绝句,七言律诗和七言排律。但七言排律用得很少,只有不多诗人才写过七言排律诗。

不管是五绝、七绝、五律、七律,都可有平起和仄起两种;而平起和仄起两种中,又可分为首句入韵与首句不入韵两种。为了要首句入韵,那么仄起的必须以B型句为首,对句首两字与上句要相反,这就使首联成为B与D;平起的就得以D型句为首联上句,B为下句,不管首句入韵或不入韵,都要后面的对句跟着变动其次序。这样,就会使五、七言绝,五、七言律都各有四种格式。这是许多讲格律的书都要讲,人所共知的。如再分别举例说明,太费篇幅,这里略去不说。我们只想探究:上述的律句和律体是如何形成的?在什么情况下可以变通,又是如何变通的?因为七言律体是在五言律体的基础上,后于五言律体产生的,所以只需谈五言律句和律体的形成过程即可。

五言律句的产生及律体对句的形成,是一个相当漫长的过程。五言诗句刚开始使用时,人们还未考虑到声调的高低与诗句的关系。他们只要能构造出一连串的五言句子顺利表达自己的意思,能朗朗上口就行了。要讲求对称，能圆满表达意思，诗句都是以两句为一组构成对句的。在稍稍熟练以后就想表达得更美，吟诵起来不要太单调。那时，人们尚不知所谓四声和平仄，虽然四声和平仄在汉语中本来就是存在的。但他们会直觉地注意到，如果一组对句中，上下句都用同样的声调开始，就会使听者感到千篇一律，容易厌倦。于是上下句开头的两个音节平仄相反的对句就开始出现，而且逐渐多了起来，并慢慢由不自觉变成自觉的努力了。

《古诗十九首》非一人一时所作，大概是没有问题的。它们当是一些无名诗人即兴的作品，其所以能为人们传诵，正因为它们代表了当时的风尚和趋向。它们的诗艺也是为后人仿效的。从《古诗十九首》中就可以找到好些对句的上下句头两个字平仄相反的例子（下注平仄，以“—”代平，“｜”代仄，“十”表可平可仄）：

青青河畔草，郁郁园中柳。盈盈楼上女，皎皎当窗牖。

———｜｜　｜｜——｜　———｜｜　｜｜——｜

青青陵上柏，磊磊涧中石。迢迢牵牛星，皎皎河汉女。

———｜｜　｜｜｜—｜　—————　｜｜—｜｜

纤纤擢素手，扎扎弄机杼。盈盈一水间，脉脉不得语。

——｜｜｜　｜｜｜—｜　——｜｜—　｜｜｜｜｜

思君令人老，岁月忽已晚。荡子行不归，空床难独守。

——｜—｜　｜｜｜｜｜　｜｜—｜—　———｜｜

人生寄一世，奄忽若飘尘。无为守贫贱，坎坷长苦卒。

——｜｜｜　｜｜｜——　——｜—｜　｜｜—｜—

谁能为此曲，无乃杞梁妻。庭中有奇树，绿叶发华滋。

———｜｜　—｜｜——　——｜—｜　｜｜｜——

馨香盈怀袖，路远莫致之。四顾何茫茫，东风摇百草。

————｜　｜｜｜｜—　｜｜———　———｜｜

奄忽随物化，劳名以为宝。晨风怀苦心，蟋蟀伤局促。

｜｜—｜｜ ———｜— ———｜— ｜｜—｜｜

荡涤放情志，何为自结束。服食求神仙，多为药所误。

｜｜｜—｜ ——｜｜｜ ｜｜——— ——｜｜｜

凛凛岁云暮，蝼蛄夕鸣悲。良人惟古欢，枉驾惠前绥。

｜｜｜—｜ ——｜—｜ ———｜— ｜｜｜——

出户独彷徨，愁思当告谁。

｜｜｜—— ———｜—

这里摘取的对句，除“谁能为此曲，无乃杞梁妻”一联外，都是上下句首两字平仄完全相反的。如果照后人的处理，主要只看第二字，因为第一字在一定的条件下是可平可仄的，要是我们也只取第二字平仄相反，第一字不严格要求，那么可以摘取的对句就还要多些。考虑到从首字即开始注意音调，更合古人开始关心音调的心理，所以只取首二字平仄完全相反的为例。其所以又取“谁能为此曲，无乃杞梁妻”一联，那是因为按后来的规则，“无”字所在音节是可平可仄的，这一联已完全符合A、B型律句构成对句的规则了。

总之，从《古诗十九首》已基本可以看出，A、B型律句是首先出现的。

《楚辞》以后，曹植是第一位有许多佳作留传至今的诗人。钟嵘《诗品》称：“孔氏之门如用诗，则公干升堂，思王入室。”（卷上《魏陈思王植》）沈德潜《古诗源》选曹植诗很多，亦云：“子建诗五色相宣，八音朗畅。”（卷五，曹植诗总评）故曹植诗在声调上的运用尤其值得注意。

在曹植诗中，对句上下句头两字平仄相反的例子已不胜枚举，有不少诗句已经是律句，但仍以A、B型律句为多。现在只把完全合乎唐人规格的A、B型律句尽量抄录于下：

△周公穆康叔，管蔡则流言。（《豫章行》二首之二）

——｜—｜　｜｜｜——

△阳阿奏奇舞，京洛出名讴。(又)谦谦君子德，盘折欲何求。

——｜—｜　｜｜｜——　　———｜｜　｜｜｜——

(又)先民谁不死，知命复何忧。(《箜篌引》)

———｜｜　｜｜｜——

△推心辅王室，二叔反流言。(《怨歌行》)

——｜—｜　｜　｜｜——

△逍遥八纮外，游目历遐荒。(《五游咏》)

——｜—｜　+｜｜——

群雄正翕赫，双翅自飞扬。(《斗鸡诗》)

——｜｜｜　+｜｜——

文钱百亿万，彩帛若烟云。(《圣皇篇》)

—+｜｜｜｜　｜——

△多男亦何为，一女足成后。(《精微篇》)

——｜—｜　｜｜｜——

鸣俦啸匹侣，列坐竞长筵。(《名都篇》)

——+　｜｜　｜｜｜——

边城多警急，胡虏数迁移。(又)捐躯赴国难，视死忽如归。(《白马篇》)

———｜｜　+｜｜——　——｜｜｜　｜｜｜——

△灵鳌戴方丈，神岳俨嵯峨。(《远游篇》)

——｜—｜　+｜｜——

玉樽盈桂酒，河伯献神鱼。(《仙人篇》)

+——｜｜　+｜｜——

驱车掸驽马，东到奉高城。(又)魂神所系属，逝者感斯

征。(《驱车篇》)

——+||　+||——　——+||　|||——

丹华灼烈烈,璀彩有光荣。(《弃妇篇》)

——+||　+||——

△齐人进奇乐,歌者出西秦。(《侍太子坐》)

——|—|　+||——

苍蝇间白黑,谗巧反亲疏。(又)归鸟赴乔林,翩翩厉羽翼。

——+||　|||——　+||——　——+||

(又)孤魂翔故域,灵柩寄京师。(《赠白马王彪》)

———||　+||——

(按:第二对句以押仄声韵故,B 型句在前,A 型句在后。)

△步登北邙阪,遥望洛阳山。洛阳何寂寞,宫室尽烧焚。

+—|—|　+||——　+——||　+||——

垣墙皆顿擗,荆棘上参天。(《送应氏二首》之一)

———||　|||——

方舟安可极,离思故难任。(《杂诗六首》之一)

———||　|||——

△明晨秉机杼,日昃不成文。(同上之三)

——|—|　|||——

△南国有佳人,容华若桃李。(同上之四)

+||——　——|—|

(押仄韵,故 B 在前,A 在后。)

游鱼潜绿水,翔鸟薄天飞。(《杂诗》)

———||　+||——

人皆弃旧爱,君岂若平生。(《杂诗》)

——+｜｜　+｜｜——

以上诸例,是按唐人对律体的严格要求摘取的。如不严格要求,则还可以找到一些曹植已注意到声音的和谐的例子。例如,有不少对句,只是因为下句末连用三平声,是律诗所不容许的,不然即是正规的A、B型对句。如:

良田无晚岁,膏泽多丰年。(《赠徐干》)

———｜｜　+｜———

湘娥拊琴瑟,秦女吹笙竽。(《仙人篇》)

——｜—｜　+｜———

柔条纷冉冉,落叶何翩翩。(《美女篇》)

———｜｜　｜｜———

这种不合规律的对句还可以举出一些,避烦不再举。应该说明的是,上列例句中,凡前加"△"号的A型句,都是— —｜—｜,而不是— — —｜｜,这是因为唐人大多习于第三字用仄,而第四字用平以救拗;其实杜甫就用得很多,后人也都常用,所以算不得拗救了。大约觉得句首即使用三平,容易拗口,倒不如第三字改用仄,第四字再用平更好。上面诸例,有许多"——｜—｜"的上句,似乎曹植虽非完全有意为之,但只从音调协调上着眼,也有所觉察了。连用三仄声,则因为仄声中本有上、去、入三声调,所以不用避忌。有时A型上句,就竟用"——｜｜｜"了。

还应特别注意的是,曹子建诗中,已经出现好几例C、D型对句了,如:

不见轩辕氏,乘龙出鼎湖。(《仙人篇》)

｜｜——｜　——｜｜—

侧足无行径,荒畴不复田。(《送应氏诗二首》之一)

｜｜——｜　——｜｜—

始出严霜结，今来白露晞。（《杂诗》）

｜｜——｜ ——｜｜—

嘉种盈膏壤，登秋毕有成。（《喜雨诗》）

+｜——｜ ——｜｜—

另外还有几个例子竟与唐人C、D型对句的拗救相同：

少小去乡邑，扬声沙漠垂。（《白马篇》）

｜｜｜—｜ ———｜—

弃置委天命，悠悠安可任。（《种葛篇》）

｜｜｜—｜ ———｜—

这是上句第三字拗，下句第三字救，结果上下句仍然平仄完全相反，这已是唐人常用的手法。仔细观察曹子建诗可知，他虽然还不知有所谓四声和平仄，但显然已注意到声调的和谐，并已开始让一句中有平仄声的转换，一联中的上下句应平仄互异，上面举出的各种例句即可表明，恐怕不能说那么多合律的例句全属偶然。他已有相当多的各种类型的律句，只是自己不完全认识，还不能让这些律句像后代那样去配对。作为一位有音乐感的诗人，他只是顺应声音与音律之自然，下面几例可作旁证：

太息终长夜，悲啸入青云。（《杂诗六首》之三）

｜｜——｜ +｜｜——

朝游江北岸，夕宿潇湘沚。（同上之四）

———｜｜ ｜｜——｜

远望周千里，朝夕见平原。（同上之六）

｜｜——｜ +｜｜——

以上三例中，第一、二例是C配B，第三例是A配C。这在唐诗是不合律的，但上下句都是标准的律句。诗人本写的是古体诗，那时根本还没有律诗的概念，能像他那样，已够得上沈德潜所说的“八音朗畅”了。有趣的是《白马篇》的起句:“白马饰金羁,连翩西北驰”,这正好是唐律仄起首句入韵的起法,仅见此一例,只能说是偶然。可已是B型律句配D型律句,律句对曹子建来说,恐怕并非纯属偶然了。

三

曹植以后,陆机、潘岳都堆砌词藻,讲究对仗,但对于音律并未充分注意,谢灵运与之类似。陶渊明崇尚自然,诗语多出自胸臆,虽偶见音律谐和处,可是他这样的诗人不会真在声律上下功夫的。直到永明时沈约等人出来倡导,对声律的理论认识和实践才开始提到日程上来。《南史·陆厥传》云:

> 永明末,盛为文章,吴兴沈约、陈郡谢朓、琅琊王融以气类相推毂;汝南周颙,善识声韵。约等文皆用宫商,以平上去入为四声,以此制韵。不可增减,世呼为“永明体”。

陈寅恪先生在《四声三问》一文中认为,这是当时文人受了那时转读佛经的影响,才分辨上、去、入三声,加上平声造成四声。这也许是个原因,可备一说。但四声原是汉语所固有的,是几千年来在言语交际中逐渐形成的。刘勰说:“夫音律所始,本于人声者也。”(《文心雕龙·声律》)四声和平仄,都不是某个文人的创造,他们不过从理论上认识,加以命名而已。用到诗歌创作上,确是沈约之功,他在《宋书·谢灵运传论》中说:

> 欲使宫羽相变,低昂互节,若前有浮声,则后须切响。一简之内,音韵尽殊;两句之中,轻重悉异。妙达此旨,始可言文。

他用当时的语言来表达,虽说得含糊,但对于旧体诗确实是很重要的,可惜的是,他自己的诗作,却大都不能达到这样的要求,很少有合乎律体要求的诗句和对句。向律体演变最明显的痕迹,可从谢朓诗看出。从谢朓等人开始盛行的所谓新体诗，至简文，湘东多用为绮罗脂粉之词，向为论者所指斥。但是他们对律体的成形，还是有功的。

谢朓诗中，律句已很常见。他已注意到一联诗的上下句，尽量使平仄相反，一句诗的上半和下半也平仄互异。偶见全仄上句，则下句以全平相救。如《郡内高斋闲望答吕法曹》上句云“日出众鸟散”，五字全仄；下句云“山暝孤猿吟”，使五字全平。综观谢朓各诗，A、B对句和C、D对句均有。但A、B对句仍大大多于C、D对句，有时，甚至全首都用A、B对句。如他的名作《玉阶怨》和另外两首四韵诗，现抄录于下：

夕殿下珠帘，流萤飞复息。长夜缝罗衣，思君此何极。（《玉阶怨》）

｜｜｜——　———｜｜　—｜———　——｜—｜

（这是仄韵，故成B、A对。）

玉绳隐高树，斜汉耿层台。离堂华烛尽，别幌清琴哀。翻潮尚知恨，客思渺难裁。山川不可梦（一作尽），况乃故人杯。（《离夜》）

｜—｜—｜　—｜｜——　———｜｜　｜｜———
——｜—｜　｜｜｜——　——｜｜｜　｜｜｜——

清房洞已静，闲风伊夜来。云生树阴远，轩广月容开。宴私移烛影，游赏藉琴台。风猷冠淄邺，衽舄愧邹枚。（《奉和随王殿下十六首》之十）

——｜｜｜　———｜—　——｜—｜　—｜｜——
｜——｜｜　—｜｜——　——｜—｜　｜｜｜——

从这三例可以看出，因为全用A、B对句，故各联间均失粘，唐人律体，忌于句末连用三平声，前举诗如“缝罗衣”“清琴哀”均未避忌。又第三例首联下句实是第三字有变通的D型句，以致上下句头两字都是平声，从而失对。上举三例中均无C、D型对句。谢朓诗中，C、D型句是有不少的，如他的名句“窗中列远岫，庭际俯乔林”（亦见《郡内高斋闲望答吕法曹》）即是合乎规范的C、D型对句，很有意思的是，他有一首五言绝竟两联都是C、D型。

落日高城上，余光入繐帷。寂寂深松晚，宁知琴瑟悲。

（《铜雀悲》）

| | — — |　— — | | —　| | — — |　— — — | —

因而这首小诗也失粘。这就可表明，谢朓当时的人已知可以有两种对句，却不知这两种对句应该交替使用。

再看以帝王之尊来倡导新体诗，曾写过许多艳诗的简文帝萧纲使用律句的情况。他的《蜀国弦歌篇十韵》，仅其中一联“五妇行难至，百两好游娱”，上句用C型句，下句是B型句。其余九联就全都是合乎规范的A、B对句。还有一首《艳歌篇十八韵》，其中十三联都是A、B型对句，三联是C、D型对句，仅两联上下句不相配，与律体不合（两诗文长不备录）。

与谢朓相先后，诗风亦相近的诸文士，从庾肩吾、吴均、何逊至阴铿、徐陵，其诗作都以律句占优势，A、B、C、D四型句皆有，按唐人规范，仍然常有失律处，也大体与谢朓相似。兹各举一例，即可窥大致情况：

佳期竟不归，春物坐芳菲。拂匣看离扇，开箱见别衣。

井梧生未合，宫槐卷复稀。不及衔泥燕，从来相逐飞。

（庾肩吾《咏得有所思》）

— — | | —　+ | | — —　| | + — |　— — | | —

+ — — | |　— — | | —　| | — — |　— — | | —

春从何处来，拂水复惊梅。云障青琐闼，风吹承露台。

美人隔千里，罗帏闭不开。无由得共语，空对相思杯。

（吴均《春咏诗》）

——+|—　||+——　+|—||　——+|—

+—|—|　——||—　——|||　—|———

暮烟起遥岸，斜日照安流。一同心赏夕，暂解去乡忧。

野岸平沙合，连山远雾浮。客悲不自已，江上望归舟。

（何逊《慈姥矶诗》）

|—|—|　+||——　|——||　|||——

||——|　——||—　|—|||　+||——

佳人遍绮席，妙曲动昆弦。楼似阳台上，池如洛水边。

莺啼歌扇后，花落舞衫前。翠柳将斜日，俱照晚妆鲜。

（阴铿《侯司空宅咏伎诗》）

——|||　|||——　+|——|　——||—

———||　+||——　||——|　—||——

关山三五夜，客子忆秦川。思妇高楼上，当窗应未眠。

星旗映疏勒，云阵上祁连。战气今如此，从军复几年。

（徐陵《关山月二首》之一）

———||　|||——　+|——|　——||—

——|—|　—||——　||——|　——||—

上五例中，除第五例合律，其余均有失律之处：第一首末联与上联失粘。第二首颔联“琐”字拗，失救。颈联上句用A型，下句用D型，失对，尾联下句末连用三平声。第三首首联与颔联均用A、B型，失粘，末联“客悲不自已”，也是拗句。如第一字用仄，则第三、四字必有一字用平方可，何诗皆未用。第四首则末联失对。徐陵合律诗较上四人稍多，但他的《关山月》第二首云：

月出柳城东，微云掩复通。苍茫萦白晕，萧瑟带长风。

羌兵烧上郡，胡骑猎云中。将军拥节起，战士夜鸣弓。

丨丨丨——　——丨丨—　———丨丨　+丨丨——

———丨丨　+丨丨——　——丨丨丨　丨丨丨——

后半也因为连用A、B型对句而失粘。上述这些例子表明,这几位诗人虽然已知用C、D型句,但仍未全与A、B型句逐联替换,常有失粘之外,其他小失误也有。他们在力求声韵之和谐,却还处于律诗成型前的试验阶段。

庾信活到隋之建国,创作活动略晚于上述诸人。他有身世和遭遇的激发,又有才情,诗较诸人为工,故杜少陵诗云:"庾信平生最萧瑟,暮年诗赋动江关。"(《咏怀古迹》)他对诗律的讲究也较为细致,他那首《重别周尚书》,已俨然与唐人五绝无异。还有些四韵八句五言诗也酷似唐人五律。其《咏画屏风诗二十四首》中就有一些是这样。兹举其中的两首来看:

出没看楼殿,间关望绮罗。翔禽逐节舞,流水赴弦歌。

细管吹丛竹,新杯卷半荷。南宫冠盖下,日暮风尘多。

(其十一)

丨丨——丨　——丨丨—　——丨丨+　—丨丨——

丨丨——丨　——丨丨—　———丨丨　丨丨———

今朝好风日,园苑足芳菲。竹动蝉争散,莲摇鱼暂飞。

面红新著酒,风晚细吹衣。跂石多时坐,莲船始复归。

(其二十二)

——丨—丨　—丨丨——　丨丨——丨　——+丨—

丨——丨丨　—丨丨——　丨丨——丨　——丨丨—

前一首结句连用三平,还有可议之处,后一首则虽持律最严的评论家也难找出缺点来。虽然如此,其诗长于五韵时,仍常不知A、B对句与C、D对句应替换使用,屡有失粘处,最明显的是这首《结客少年场行》:

结客少年场，春风满路香。歌撩李都尉。果掷潘河阳。
隔花遥劝酒，就水更移床。今年喜夫婿，新拜羽林郎。
定知刘碧玉，偷嫁汝南王。

｜｜｜——　——｜｜—　——｜—｜　｜｜———
｜——｜｜　｜｜｜——　——｜—｜　—｜｜——
｜——｜｜　—｜｜——

这首诗，首句入韵，故首联用B型与D型相配，这很合乎唐律要求，但从第二联直到篇末，皆全用A、B型律对，以致处处失粘，这就很不合律了。第二联下句末连用三平声，比起接连失粘，对句形式连续不变，已算不得什么了不起的缺点了。

多用A、B型律对之风，至唐初仍然存在。为什么士人们几乎都偏爱A、B型句呢？窃以为这当是A、B型句的平仄声一般只需转换一次，较易觉察，也较易掌握之故。当人们从吟诵中感觉到一句诗如仅用平声和仄声，一联诗如果都是平起或仄起，就显得单调平板之后，不知不觉就用起A、B型律句和律对了。正因为A、B型律对先起，相沿成习，于是后代作者也就多用这种类型。汉语声和韵的读音，无须多少年就有变化，但汉语之为声调语却未变。北方语和南方语各地方言差异虽多，但四声（有的地方平仄也分阴阳，成为八声）和平仄却都存在。北方话失去入声，可是平声分阴阳，仍有阴、阳、上、去四声。声调之长期存在，调值虽不同，而声调的区别仍在，这就形成前人作诗一直要讲平仄，而一些形式常积习难改，以致使律诗的形成，也得经过很长的一段时间。

四

律诗的形成，向来多归功于沈佺期与宋之问。元稹《唐故工部员外郎杜君墓系铭并序》云：

> 唐兴，官学大振，历世之文，能者互出。而又沈宋之流，研练精切，稳顺声势，谓之为律诗。

又《新唐书·文艺传·宋之问传》云：

> 魏建安后迄江左，诗律屡变，至沈约、庾信，以音韵相婉附，属对精密，及之问、沈佺期，又加靡丽，回忌声病，约句准篇，如锦绣成文，学者宗之，号为“沈宋”。

因此，后世的人多谓律诗起于沈、宋，或谓律诗由沈宋而成型或定型。甚至有人说沈、宋二人是律诗的大功臣。窃以为，这都未免把沈、宋在律诗兴起上的作用估计得过高了。

首先，如前文所述，律诗的形成，是经过十分漫长的过程的。先是有较成熟的五言诗句在诗坛上逐渐成为主角，然后由于吟咏的需要，慢慢悟到一句诗的声调不能老是一样，上半句的声调，应与下半句（实际是第二字与第四字）的声调有异，也就是后代的平仄相反；再后来，是声调只分为两段的A、B型句（即“平平平仄仄”与“仄仄仄平平”句型）的出现，而后才有声调分为三段的C、D型句（即“仄仄平平仄”与“平平仄仄平”）。这都是对句对声调的要求逐渐为人意识到之故，最后才发现A、B型句与C、D型句必须交替使用，声调才不致单调平板。要实现这最后一步是不容易的，故早期的律诗往往失粘。这说明诗人们在追求诗歌的声律上，虽然已十分接近于律诗，却仍然还处于摸索过程之中，他们还在由半意识走向完全意识到一首律诗应该怎样的阶段。可是，不管如何，到庾信和陈、隋之时，诗人们使用的五言诗句，毕竟大都是A、B、C、D这四种格式的律句了。发展到唐代的开国和承平时期的到来，文化的振兴，社会的繁荣，宫廷的奢靡，都要求声律应该更美，更切合日益绚丽多彩的内容的需要。为适应上层人士的口味，又要更规范、更程序化，以便有章可循，律诗便应运而生了。

律诗是否必须等到沈、宋才完全定型，这应该从实际出发再加以考察。试观察初唐的诗坛，早于沈、宋二人的诗人所作的五言八韵诗（这里先不必就称它们为五律）中，已有许多完全合乎后来五言律诗的格律了。先看王绩的诗作。王绩字无功，大儒王通之弟，先仕隋，后归唐，卒于贞观十八年（公元644年）。一般均认为：沈、宋二人约生于公元656年前后，也就是说王绩卒后十余年，沈、宋二人才出生。当然不可能是王绩受到沈、宋二人的影响，相反，倒是沈、宋二人可能会受到王绩的影响。编《全唐诗》的人当时未见到《王无功文集》，因此《全唐诗》所收王绩诗不多。陈尚君《全唐诗续拾》据抄本《王无功文集》加以补足（近上海文艺出版社已有《王无功文集》出版）。现所见王绩的五言四韵诗共36首，其中完全合乎后来的五律格律的诗有20首；五言两韵诗有20首，完全合乎后代五绝格律的诗有12首。这么多的诗都是地道的五言律、五言绝，这绝非偶然。说明这位后来隐退的不甚得意的诗人，除沉湎于酒以外，也致力于写诗，他的诗风、诗艺，已近似后来的王、孟了。

再看李峤。李峤生于王绩卒年，长于沈、宋十余岁。武后时曾官至鸾台侍郎知政事，封赵国公，中宗景龙中又曾为相，其显达远在沈、宋等人之上。他有五言四韵诗多至144首，几乎都是无可挑剔的正规五律，以这样年资和官位都高于沈、宋很多的人，若说他也宗沈、宋而为诗，恐怕不大合乎情理。他的诗作多是应制奉和之作和大量咏物诗（这种咏物诗大多也是为应制奉和准备的练习之作，成就不高，并非有什么真情实感）。但他很可能也同时精于音律，在格式上有所追求，与沈、宋同朝为官，可能互有影响而已。

同时值得注意的还有杜甫之祖杜审言。这位诗人因结交张易之、张昌宗兄弟而被贬逐，与沈、宋当过从较密。他自负甚高，颇涉夸诞，自谓“吾文章合得屈宋作衙官”。（《旧唐书·文苑传》《新唐书·文艺传》

都有记载)他现存的28首五言四韵诗中,27首皆合律,有一首失律。

再看看王、杨、卢、骆四杰的诗。四杰中骆宾王约生于唐高祖武德末年(626？),年辈最早,集中有《在兖州饯宋五之问》及《在江南赠宋五之问》二诗,知骆宾王曾与宋之问有过往来。如骆宾王生于626年不误,其时之问必尚是少年,他的诗风显然不会对骆宾王有何影响。现存骆宾王五言四韵诗共62首,其中有20首合律,足见骆宾王是对声律自有所追求的。年龄小于骆宾王的是卢照邻，约生于贞观十年(636),亦年长于沈、宋甚多。他入仕多在外藩外任,后拜新都尉,未几即罹恶疾(即麻风病),不堪其苦,40岁即投颍水而死,未闻曾与沈、宋有何干连。他有五言四韵诗25首,有一首全用A、B对句(《和吴侍御被使燕然》),一首全用C、D对句,有7首则完全合律。他的诗显然是在当时风尚的影响下独立完成的。第三是杨炯,他比沈、宋均约年长五六岁。据《新唐书·文艺传·宋之问传》:之问伟仪貌,方弱冠,武后曾召与杨炯分直习艺馆,故与杨炯相识。但杨炯旋被贬,二人过从时间不长,杨炯不大可能在宋之问未甚出名前即受其影响。杨炯有五言四韵诗14首,竟全都合律,应也是他从时风注意音律所致。王勃于仪凤元年26岁时,即因渡海探父落水而死,他应生于公元651年,也比沈、宋年长,他年少即有名,为戏作《斗鸡文》为高宗所斥逐,不大可能与沈、宋有何交往。他有五言四韵诗30首,其中10首完全合律,未全合律的,多因失粘之故,尤其是末联,足见他已是在力求合律而还未完全达到律诗的要求。总之,与沈、宋略前或同时的诗人,是都已在追求一种音韵和谐、有章可循的新体的。

如再往上追溯,更可见这种追寻律体之风,唐初已较陈、隋更为盛行。即如唐太宗,他也喜欢吟诗。所过之处,往往有诗,守岁、望月,时序变迁,乃至吟风咏雪,赋桃李、琵琶不一而足,既承前代遗风,又大开后代咏物诗之风。现存唐太宗诗约百首。五言四韵诗很多,有些用仄韵，酷似后代仄韵律诗。用平声韵者有 40 首，其中 8 首已完全合律。他不但带头作诗，也让他的大臣来应制、奉和。虞世南是由隋入唐的老臣，也有一首完全成型的五言律诗。马周仅存诗 1 首，却也是合格的五律。杨师道现存有五言四韵诗 4 首，竟有 3 首都与后世五律无异。可见唐初的人，基本上都在向有规格的五言律诗努力了。

上面举出的四杰等诗人的诗，凡不成律的，大多只是因为失粘或偶有一字不合，也都证明一直在朝这个方向努力①。总之，合律的诗越来越多，到沈、宋前就已有不少成熟的五言律诗出现，我们举出过的杨炯和杜审言的诗就是明证。只是因为这时合律的诗已太多，我们无法把好几十首合律的诗都抄录出来，只好仅举出些统计数字，有兴趣的读者可以去复查。

可以说，沈、宋二人顺应其时的风尚，因势利导总结前人经验，他们有诗名，又曾是宠臣，所作的诗确都合律，后世便把律诗之成型归功于他们，是可以理解的，但把他们的作用估计得过高，就与实际情况不符了。

至于七言律诗，那是在五言律诗已形成的基础上，才逐渐形成并成熟起来的，也得经过一个漫长的过程。可以类推而知。总之，不管是五言律体或七言律体，都得有几代诗人的努力，在逐渐顺应并认识汉语的特点和规律中摸索、实践，最后才形成一种历久不衰的程序，是不能归功于某一两位诗人的。

（原载于《西北成人教育学报》2008 年 2 期）

①如不从严要求，连有一两处失粘，或偶有一二字不合律，也都不异律诗，那末可视为律诗的五言四韵诗会更多；因为盛唐人，如李白、王维、孟浩然等也偶有失粘失律之处。

律诗成熟的重要标识:唐诗的拗救

各种律体诗的形成,曾经过好多代人的摸索和努力,要使律体诗运用到纯熟的地步,也得经诗人们一段时间的创作实践。达到运用自如的境地,已是开元以后的事了。成型是初唐人的业绩,纯熟则是盛唐人做到的。纯熟的标识有二:一是不见受格律拘束的痕迹,没有凑句凑韵现象,有拗救以济格律之穷窘;二是有丰富的句法变化,尽汉语之可能,在用韵、用字、构词和对仗的讲究上,都大大地增强了诗的表现力,扩充了诗的领域和意境。第二方面的问题,不仅律体诗有,古体诗也有, 我们将分别另辟专章加以探讨, 本篇只谈第一方面的问题。①

要知道初唐人起初还是勉强成律,先看下面这首诗:

卷言怀隐逸,辍驾践幽丛。白云飞夏雨,碧岭横春虹。

草绿长杨路,花疏五柞宫。登临日将晚,兰桂起香风。

(杨师道《赋终南山用风字韵应诏》)

|——|| |||—— |——|| ||———

||——| ——||— ——|—| —||——

这首诗完全合律。首联生硬,首句用古语来凑足合律的五字,下句无非说停车往终南山去,晦涩而费力。颔联,“夏雨”与“春虹”,是不管时序拉来作对仗。颈联用了汉时的两个地名与终南山无甚干连,

①参考褚斌杰《中国古代文体概论》第七章第三节“绝句”段。

“草绿”常语,勉强用“花疏”去对应。末联无非说天晚要回去,配以其时不必同时有的“兰桂”来装点,处处显出凑句凑韵的痕迹。再看王维也写山景的五律:

太乙近天都,连天(一作“山”)到海隅。白云回望合,
青霭入看无。分野中峰变,阴晴众壑殊。欲投人处宿,
隔水问樵夫。(王维《终南山》)

｜｜｜——　——｜｜—　｜——｜｜　—｜｜——
—｜——｜　——｜｜—　｜——｜｜　｜｜｜——

两首诗都是写终南山,然而叙景却如此不同。王诗首联固不免过于夸张,但中两联却造句既有力,也非常切合终南山这种高山的景象。末联写日晚投宿,有诗意也极自然。杨师道虽然因是应诏之作,受到些拘束,但功力不足,还不能较好地驾驭五律这种形式,更是主要原因。

再如许敬宗下面这首诗:

倦游嗟落拓,短翮慕追飞。周醪忽同醉,牙弦乃共挥。
油云澹寒色,落景霭霜霏。累日方投分,兹夕谅无归。
(《冬日宴于庶子宅同赋一字得归》)

｜——｜｜　｜｜｜——　——｜—｜　——｜｜—
——｜—｜　｜｜｜——　｜｜——｜　—｜｜——

这首诗用了许多生硬或生造的词语,如“追飞”“周醪”“牙弦”“油云”“霜霏”等。“油然作云”不能缩为“油云”“霏霏”是叠音词,不能单用,用于“霜”字之后,更不成词,作者完全是为了凑韵。末联亦晦涩费解,其意大约是说两人相处得很投合,所以这天将会不回去了。如词汇丰富,有语言修养,好多地方本来都可以换一个说法的。还有颔联那个“醪”字,作者大约误读为仄声了,否则这联诗就既失粘,也不合律。

也用王维题材相近的一首诗来试做对比:

座客香貂满，宫娃绮幔张。涧花轻粉色，山月少灯光。

积翠纱窗暗，飞泉绣户凉。还将歌舞出，归路莫愁长。

(《从岐王夜宴卫家山池应教》)

| | ——| ——| | — | ——| | —| | ——

| | —| | ——| | — ———| | —| | ——

王维这首诗是应教而作，应比许敬宗那首只是一般的酬应之作，有更多的拘忌。然而王维却放开去写，从环境、气氛去写，合律而又十分自然。这是运用律体已达到纯熟地步的表现。

再一个说明运用律体已到纯熟阶段的声调运用，那就是拗救。有一些拗救早就有了，但以前是不自觉或半自觉的，是不得已而为之的。到了盛唐诸大家，却是有意识的，甚至可说是故意的：一是济律体之穷；再就是为使诗句显得不平凡，能有另一种韵律之美。

所谓拗，就是一个字在句中不合律，当平而仄，或当仄而平，救的办法就是在下一字或对句里当仄而平，或当平而仄，与拗字相反。最常见的一种拗救，是把A型句的“平平平仄仄”改为“平平仄平仄”，即第三字拗，第四字救。这在以前的诗里已有，但那是无意识的，不得已的，至盛唐则有意为之，而且用得相当多，尤其是在末联上句，例如杜甫的《秦州杂诗二十首》，以A、B型对句为末联的共12首，但上句用“平平仄平仄”的竟有8首，抄录如下：

第一首：西征问烽火，心折此淹留。

——|—| —| | ——

第六首：那闻(一作堪)往来戍，恨解邺城围。

+— |—| | | | ——

第七首：烟尘独(一作一)长望，衰飒正摧颜。

——| —| —| | ——

第八首：东征健儿尽，羌笛暮吹哀。

——｜—｜　—｜｜——

第十三首：船人近相报，但悲失桃花。

——｜—｜　｜｜｜——

第十四首：何时一茅屋，送老白云边。

——｜—｜　｜｜｜——

第十五首：东柯遂疏懒，休镊鬓毛斑。

——｜—｜　—｜｜——

第十八首：西戎外甥国，何得忤天威。

——｜—｜　—｜｜——

也有用于首联和颔联的，如：

第三首首联：州图领同谷，驿道出流沙。

——｜—｜　｜｜｜——

第十六首首联：东柯好崖谷，不与众峰群。

——｜—｜　｜｜｜——

第六首颔联：防河赴沧海，奉诏发金微（一作“徽”）。

——｜—｜　｜｜｜——

也许杜甫偏爱“平平仄平仄”这种句型，所以别的诗作里也用得不少，不过仍以用于末联上句为多，如：

宁辞捣衣倦，一寄塞垣深。（《捣衣》，用于颈联。）

——｜—｜　｜｜｜——

何时一尊酒，重与细论文。（《春日忆李白》，用于末联。）

——｜—｜　—｜｜——

骁腾有如此，万里可横行。（《房兵曹胡马》，亦用于末联。）

——｜—｜　｜｜｜——

当时和后世的许多诗人，其实也常用这种句式，如：

回看射雕处，千里暮云平。（王维《观猎》，用于末联。）

——|—| —||——

还须及秋赋，莫即隐蒿莱。（岑参《送杜佐下第归陆浑别业》，用于末联。）

——|—| |||——

登舟望秋月，空忆谢将军。（李白《夜泊牛渚怀古》，用于颔联。）

——|—| —||——

荒城背流水，远雁入寒云。（郎士元《送钱起》，用于颈联。）

——|—| |||——

烦君最相警，我亦举家清。（李商隐《蝉》，用于末联。）

——|—| |||——

例子很多，举不胜举。因此，可以说“平平仄平仄”这种A型句，已经接近于常规了，尤其是用于末联上句时。

A型句还有一种情况：因为“平平平仄仄”第三音节亦可用仄，如果仍如上面诸例那样，用“平平仄平仄”，那么A型句就成为“仄平仄平仄”了。这种情况虽少，但也并非偶然，如：

昔闻洞庭水，今上岳阳楼。（杜甫《登岳阳楼》）

|—|—| —||——

故人具鸡黍，邀我至田家。（孟浩然《过故人庄》）

|—|—| —||——

未明唤童仆，江上忆残春。（赵嘏《东归道中》）

|—|—| —||——

这种“仄平仄平仄”句，很易误认为不合律，实则只是A型句因拗救而造成的一种变体，不过较少见而已。还有种因B型句“仄仄仄平

平”因第三字当仄而平，遂于第四字改用仄声，成了“仄仄平仄平”。这似乎也该算一种拗救，但仅见于孟浩然诗中，而且皆用于首联上句，如：

北阙休上书，南山归敝庐。(《归终南山》)

｜｜—｜— ———｜—

八月湖水平，涵虚混太清。(《望洞庭湖赠张丞相》)

｜｜—｜— ——｜｜—

二月湖水清，家家春鸟鸣。(《晚春》)

｜｜—｜— ———｜—

可能孟浩然是有意为之，但未见别的诗人也用此种句法。

C、D对句最常见的是把“仄仄平平仄”对“平平仄仄平”改为“仄仄仄平仄”对“平平平仄平”。这是上句第三字拗，下句第三字救，仍保持上下句平仄相反的格局。这种由拗救造成的变体C、D对句，初唐很少，盛唐以后各家都用，约举数例即可见：

落日鸟边下，秋原人外闲。(王维《登裴迪秀才小台》)

｜｜｜—｜ ———｜—

寂寂竟何待，朝朝空自归。(孟浩然《留别王维》)

｜｜｜—｜———｜—

谒帝向金殿，随身唯宝刀。(岑参《陕州月城楼送辛判官入奏》)

｜｜｜—｜ ———｜—

吾爱孟夫子，风流天下闻。(李白《赠孟浩然》)

+ ｜｜—｜ ———｜—

领郡辄无色，之官皆有词。(杜甫《有感五首》之五)

｜｜｜—｜ ———｜—

扰扰倦行役，相逢陈蔡间。(戴叔伦《汝南逢董校书》)

｜｜｜—｜ ———｜—

空掩一庭竹，去看何寺花。（李咸用《访友人不遇》）

+ ｜｜—｜ ｜——｜—

因为C型句第一字可平可仄，故李白那一联，首字可用平声“吾”字。李咸用这一联下句首字用仄声“去”，上句首字便用平声“空”字与之相对。晚唐人对音律也是很有讲究的。

特别应注意的是D型句的问题。因为D型句的“平平仄仄平”，首字必须用平，否则就是犯了孤平。所以，如果首字用仄声，则第二字必须用平，这也是一种拗救，例如：

独向池阳去，白云留故山。（王维《同崔兴宗送瑗公》）

｜｜——｜ ｜——｜—

木落雁南渡，北风江上寒。（孟浩然《早寒有怀》）

｜｜｜—｜ ｜——｜—

世上谩相识，此翁殊不然。（高适《醉后赠张九旭》）

｜｜｜—｜ ｜——｜—

前引的李咸用句“去看何寺花”，也是这样。这种拗救句很常用，于是“平平仄仄平”句就有了一种异体“仄平平仄平”。

C型句相对来说，比较自由，尤其是C、D句用于首联时，例如：

人事有代谢，往来成古今。（孟浩然《与诸子登岘山》）

—｜｜｜｜ ｜——｜—

三十始一命，宦情多欲阑。（岑参《初授官题高冠草堂》）

—｜｜｜｜ ———｜—

孤雁不饮啄，飞鸣声念群。（杜甫《孤雁》）

—｜｜｜｜ ———｜—

高阁客竟去，小园花乱飞。（李商隐《落花》）

—｜｜｜｜ ｜——｜—

送客飞鸟外，城头楼最高。（岑参《陕州月城楼送辛判官

入奏》)

｜｜—｜｜　———｜—

高阁横秀气,清幽并在君。(李白《过崔八丈水亭》)

—｜—｜｜　——｜｜—

正月今欲半,陆浑花未开。(岑参《送杜佐下第归陆浑别业》)

—｜—｜｜　｜——｜—

士有不得志,栖栖吴楚间。(孟浩然《送友东归》)

｜｜｜｜｜　———｜—

致此自僻远,又非珠玉装。(杜甫《蕃剑》)

｜｜｜｜｜　｜——｜—

以上第一至第四例,都仅于上句首字用平声,第五至第七例则是在第一字和第三字用平声,最后两句甚至首句全用仄声,C 型句有时可以这样不再拘束于格律,A 型句如何? A 型句在用于首联起句时,有时也不必顾忌那么多,如:

蜀琴久不弄,玉匣细尘生。(孟浩然《赠道士参寥》)

｜—｜｜｜　｜｜｜——

羽林十二将,罗列应星文。(李白《侍从游宿温泉宫作》)

｜—｜｜｜ + ｜｜——

亦知戍不返,秋至拭清砧。(杜甫《捣衣》)

｜—｜｜｜ + ｜｜——

这种特殊 C 型句和特殊 A 型句的变通,以孟浩然最多。这当然是有条件的:一是必须是在首联上句,二是特殊 C 型句的第二字必须用仄声,特殊 A 型句的第二字必须用平声。这样才能与下句形成对句。它们如果用在句中,就会认为失律了。

上面只重点讲了五言律的拗救。七律不过是于各型句首加上两个与下面平仄相反的字，下面五字何处该平，何处该仄，仍与五言律无异，何处可平可仄也与五言律相同。五言律体的C型句“平平仄仄平”首字必须用平，如用仄声就是犯了孤平。同理，如果七言律体的“仄仄平平仄仄平”成了“仄仄仄平仄仄平”也是犯了孤平，都是不能容许的。这也许是古人觉得中间突然来了个孤独的平声，就有些拗口不和谐之故。正因为这样，如果七言C型句“平平仄仄平平仄”用成了“仄平仄仄平平仄”，第二个平声也显得孤单，虽然不必都想法挽救，但盛唐以后的诗人大多便把第三字也改用平声，让这句变成“仄平平仄平平仄”。如王维的“隔窗云雾生衣上”（《敕借岐王九成宫避暑应教》）、“暮云空碛时驱马”（《出塞作》），杜甫的“锦江春色来天地”（《登楼》）、“惯看宾客儿童喜”（《南邻》）等，但这并非必要，杜甫就用得不多。

七言律体用上述各种拗救较少，如果通篇多用拗救，通常就视为拗体，或干脆归入七言短古中去。有时全篇中段仅一处用了拗救，其他各句均合律，就易惹人误会，如杜甫《题张氏隐居二首》第一首有一联云：

涧道余寒历冰雪，石门斜日到林丘。

｜｜——｜—｜　｜｜—｜｜——

仇兆鳌不知“余寒历冰雪”是拗救，犹如五言常用之“平平仄平仄”，便在“冰”字下注云：“去声。”（见《杜诗详注》卷一）施鸿保《读杜诗说》驳之云：“今按此拗句也。公诗七律拗句，凡第六字应仄而用平者，其第五字必用仄。”同举杜诗“伯仲之间见伊吕”“千载琵琶作胡语”等句为例。

唐人于律体中虽时或用拗救，或于首句有变通，似不合律，但读起来都显得自然天成，绝无生硬、不和谐之感，这正是唐人之不可及处。

最后，还应特别注意的是，唐人的律体诗尽管常有拗救，有变通，但格律诗有三条规则却仍然是不能违反的：第一，各组对句中，上句第二字必须与下句第二字平仄相反，否则即是失对。第二，上联下句第二字必须与下联上句第二字平仄相同，如粘连而下，这样才能各组句型轮换更替，不千篇一律，否则即为失粘。第三，五言C型句“平平仄仄平”首字必须用平声，七言“仄仄平平仄仄平”的第三字也必须用平，如误用仄，就算犯了孤平。失对、失粘和孤平是律体诗的三大忌。不犯三大忌，有规律可循，同时在一定的条件下又可以通融，不那么死板，这就使律体诗长久立于不败之地。

上面是谈律诗，主要是谈五言律诗的拗救。绝句的情况怎么样呢？一般来说，五、七言绝仍须遵从上述律诗那些规则，其拗救也多类似，但又各有一些特点。

先看五言绝句，五言绝句虽然大都合律，但并不像律诗那么严格，如李白那首儿童都能背诵的名篇《静夜思》，就是上下联失粘，下联平仄又失对的：

床前明月光，疑是地上霜。举头望明月，低头思故乡。

———|— —|||— |—|—| ———|—

再如张九龄的《自君出之矣》：

自君出之矣，不复理残机。思君如满月，夜夜减清辉。

|—|—| |||—— ———|| |||——

这首小诗四句都是律句，每联上下句平仄也不失对，但上、下联却失粘。又如崔颢的《长干曲二首》第一首：

君家住何处，妾住在横塘。停舟暂借问，或恐是同乡。

——|—| |||—— ——||| |||——

也基本上全是律句、律诗，但仍是上下联失粘，而韦应物的《秋夜寄邱员外》，则与李白的《静夜思》的平仄格局相似，也是上下联既失粘，下联又平仄失对的：

怀君属秋夜，散步咏凉天。山空松子落，幽人应未眠。

——｜—｜ ｜｜｜—— ———｜｜ ———｜—

以上所举都是平声韵的五言绝句。如果是仄声韵的，那失律的就更多。例如王维、柳宗元、贾岛下面这些广为传诵的小诗：

淼淼寒流广，苍苍秋雨晦。君问终南山，心知白云处。（王维《答裴迪》）

｜｜———｜ ———｜｜ —｜——— ——｜—｜

空山不见人，但闻人语响。返景入深林，复照青苔上。（王维《鹿柴》）

——｜｜— ｜——｜｜ ｜｜｜—— ｜｜——｜

千山鸟飞绝，万径人踪灭。孤舟蓑笠翁，独钓寒江雪。（柳宗元《江雪》）

——｜—｜ ｜｜｜—— ———｜— ｜｜——｜

松下问童子，言师采药去。只在此山中，云深不知处。（贾岛《寻隐者不遇》）

—｜｜—｜ ——｜｜｜ ｜｜｜—— ——｜—｜

这几首小诗都失粘，但它们仍是大家公认的五言绝句。为什么五言绝句可以较多地不受律诗那种格律的约束呢？这正表明，它们不是截五言律诗之半而成，而是另有来源，是来自古绝句和《子夜歌》《子夜四时歌》之类的民歌，不过风气所趋，他们仍受律诗的影响，因为它们每句仍大都是前文所说的A、B、C、D四种律句，即使有变通，大体上也属于律诗那几种拗救的范围，而且每联诗的上句第二字与下句第二字的平仄仍大都相反。

七言绝句的情况就有些不同，它们也不能说是截取律诗之半而成，但因它们后起，受律诗规律的影响更大，所以不合律的七言绝句

远比不合律的五言绝句为少,失粘、对偶不成其为律句或失对的七言绝句,大都只见于早期的七言绝句。如王勃的《九日登高》:

九月九日望乡台,他席他乡送客杯。

|||||—— —|——||—

人今已厌南中苦,鸿雁那从北地来。

——||——| —||—||—

又如张敬思的《边词》:

五原春色旧来迟,二月垂杨未挂丝。

|——||—— ||——||—

即今河畔冰开日,正是长安花落时。

|——|——| ||———|—

这两首诗都失粘。前人仍承认它们是七言绝句,是因为王诗前两句是特殊的,上下句都用相对的重字,可以再不必顾虑平仄的相配;张诗则除上下联失粘外,各句都是正规的律句。再就是押仄韵的七言绝,也可以不必多考究是否处处合律,如高适的《营州歌》:

营州少年厌原野,孤裘蒙茸猎城下。

——|—|—| ————|—|

虏酒千钟不醉人,胡儿十岁能骑马。

||——||— —||——||

这种早期七言绝句之所以不大合律的原因，可能是因为它们原本来自七言短古而又受到律诗的影响。还有些诗人写了些失粘的七言绝句，则可能出自诗人本人那时还未能经常注意到两种对句必须逐联更换之故,例如贺知章的《回乡偶书》第二首:

离别家乡岁月多,近来人事半消磨。

—|——||— |——||——

唯有门前镜湖水,春风不改旧时波。

—｜——｜—｜ ——｜｜｜——

又如王维有名的两首七绝也是这样失粘的：

渭城朝雨浥轻尘，客舍青青柳色新。

｜——｜｜——｜｜——｜｜—

劝君更尽一杯酒，西出阳关无故人。

｜—————｜ —｜———｜—

杨柳渡头行客稀，罟师荡桨向临圻。

—｜｜——｜—｜ —｜｜｜——

唯有相思似春色，江南江北送君归。

—｜——｜—｜ ———｜｜——

前一首是《送元二使安西》，后来被传唱为《阳关三叠》，由于习诵已不觉其失粘了；后一首是《送沈子福之江东》，虽失粘，但选家多入选。

王维这两首诗之失粘，恐非偶然。现存全部王诗，大多是五言，七言近体仅约占其诗作的九分之一，他现存七言律诗共二十首，其中就有十首失粘。七言绝句有二十二首，除上举二首外，另有两首亦失粘，其他还偶有失律之处，这大约是当时七言近体还流行不久，因此对七言律体诗的要求还不像写得最多也最讲究的五言律诗那么严格，到七律盛行以后，这种失粘或失律的现象就少见了。

值得注意的是，唐代和唐以后的诗人，如作近体诗，不管是五、七言律或五、七言绝，如偶有失律失粘之处，但大体上用的仍大都是A、B、C、D四型的律句，而对句上句的第二字与下句的第二字也尽量做到平仄相反，很少例外。其律句如果有拗字，也总是下字或对句加以挽救，也就是说，其拗救的方法，也仍与五律中相同。前面所举出的五、七言绝句中，就可以找出这样的例子，“君家住何处”“千山鸟飞绝”“云深不知处”都是第三字拗，第四字救，“唯有门前镜湖水”“唯有相思似春色”都是第五字拗，第六字救，皆律诗中常见的拗救。传统一经形成,是很难改变的,今天流行新诗了,但如果作起旧体来,也还是像前人那样。

(曾经修改,后载于国家图书馆出版社2009年1月第1版《唐诗的解读》之《韵律篇》。)

唐诗的用韵

唐代在南北长期分裂之后，又久经战乱，才终于实现了国家的统一。为要使各地在语言、文化上能互相沟通，就需要有统一的、广大士民都能接受的语音系统。开国后不久，朝廷就把诗赋作为考试的一个必考科目。而作诗必须押韵，还得讲究格律，这便得在音韵上有一定的标准。这样，陆法言在开国前不久完成的韵书《切韵》便恰好适应了这一需要。由于《切韵》在分韵和各韵的归字上都比当时流行过的诸家韵书精密而完备，所以很快就被定为官韵，为士人所奉行，而且一直沿用下去了。

为什么《切韵》所反映的语音系统能为广大士民接受，而且能沿用下去呢？这与它的来历和成书有关。《切韵》成书于隋文帝仁寿元年（公元601年），下距唐之开国仅七年，仿佛是为唐准备的。但经营此书却在隋开皇初。按陆法言此书序言云："昔开皇初，有仪同刘臻等八人同诣法言门宿。夜永酒阑，论及音韵，以今声调既自有别，诸家取舍亦复不同。吴楚则时伤轻浅，燕赵则多伤重浊，秦陇则去声为入，梁益则平声似去。"又指出吕静《韵集》、夏侯咏《韵略》、阳休之《韵略》等韵书各有乖舛，因相与论南北是非，古今通塞，欲更捃选精切，除削疏缓，萧（该）、颜（之推）多所决定。来访八人中的魏渊便劝陆法言把讨论的结果记下来。可是过了十余年，陆法言才有时间尽取诸家音韵、古今字书，按以前所记纲领来加以编定，写成了《切韵》五卷。

从此书的写成过程来看，即可见此书绝不是几个人一时一地所能完成。其语音系统的根据何在,今天已很难说清楚。按常理推想,京城所在地区的语音总是受到重视,政府也愿推广,这正如从前的所谓官话,今天的普通话。因此,隋唐时期京师所在的中原地区的语音,必为陆法言等人所最看重。这从序言中对秦、陇、燕、赵等地语音的批评,就可得到一些消息。当然,他们不会拘守京师一带的语音。在论难中,他们会考虑到其他方言的语音,还会参考别的韵书和字书。正因为这样,他们的韵书才在汉语语音的分辨和整理中具有很大的代表意义,为人广泛接受。

可惜的是,《切韵》全书已失传了,我们今天所能看到的只是一些残页断片。孙愐作序的《唐韵》也不存了。现在易得、又基本上完整地保存了《切韵》的语音系统的书,就是宋真宗时编的《大宋重修广韵》。这是官书,宋以来通用。这本书在每个韵目下都注明"独用"或"同用"字样,这是有一定根据的。远在高宗、武后时,《切韵》的音韵系统刚成为必须遵守的官韵时,就有人提出,分韵过严,不便用韵,呈请可以合并一些,新旧《唐书》的《选举志》和《文献通考》等对此都有记载。事实上,初、盛唐人作律诗用韵虽严,在一首诗中已往往用后代可以同用的几个韵了。此后到宋代的诗人也都是如此。所以哪些韵可以同用,哪些韵只能独用,并不是从宋人开始的,更不是因《广韵》才这么规定的。到南宋时,有个刘渊干脆把凡是可以同用的韵都合并为一个韵,于是原来《广韵》的四声共206韵合并成了107韵。后来又有人把上声的拯、等两韵合并为迥韵,于是又成为106韵。清代按韵编排的《佩文韵府》等官书就都用的是106韵。因刘渊编的《壬子新刊礼部韵略》刊行于平水,故后世皆称此种韵为平水韵,作诗的人都用的是这种韵,但其来源仍在《广韵》。为与中古的音韵相联系,而又不脱离后人的用韵,我们下文如无必要,在谈用韵时只用《广韵》韵目的名称。

一、律体诗的用韵

唐人律体诗用韵向来很严。一首律诗(包括排律),不论长短,都只能用一个韵,出韵是绝不容许的。如果是应试的诗,只要出了韵,哪怕诗作得再好,也算不合格。

不但唐人用韵严,隋、唐间的诗人也已经是这样了。以王绩为例。王绩生于隋,后入唐。他作诗当在《切韵》成书之后。他的五律《野望》押的全是微韵的字,这理当如此,因为微韵在后代一直是独用的。但他的《过汉故城》是一首仅偶尔失韵的五言排律,全诗长二十四韵,却用了后代可以同用的阳、唐两韵。再如他的另一首排律《春庄走笔》,长十一韵,韵脚有六字用元韵,有五字用魂韵,而这也是后来《广韵》才定为可以同用的。可见哪几个韵可以同用,哪一些韵又只能独用,起源很早。《广韵》作为官书,恐怕只是根据前人的用韵习惯,承认已约定俗成的通例,加以规范而已。

通例既已形成,其约束人的力量便是强大的。作诗用韵上独用、同用的通例,任何人也不得违反,哪怕是帝王,只要作诗,也得照这通例押韵。试看唐太宗下面这首诗:

韶光开令序,淑气动芳年。(先)
驻辇华林侧,高宴柏梁前。(先)
紫庭文佩满,丹墀衮绂连。(仙)
九夷簉瑶席,五狄列琼筵。(仙)
娱宾歌湛露,广乐奏钧天。(先)
清尊浮绿醑,雅曲韵朱弦。(先)
粤余君万国,还惭抚八埏。(仙)
庶几保贞固,虚己厉求贤。(先)

这里,我们在每一韵的韵脚后都注明其在《广韵》的韵部。从这里可见这位帝王在作诗时也是按照后来《广韵》所认可的，先、仙二韵可同用而押韵的。

杜甫是很讲究韵律的大诗人，我们再看他的律诗押韵的情况。先看他的一首十韵排律《送蔡希曾都尉还陇右因寄高三十五书记》：

蔡子勇成癖，弯弓西射胡。（模）
健儿宁斗死，壮士耻为儒。（虞）
官是先锋得，材缘挑战须。（虞）
身轻一鸟过，枪急万人呼。（模）
云暮随开府，春城赴上都。（模）
马头金匼匝，驼背锦模糊。（模）
咫尺云山路，归飞青海隅。（虞）
上公犹宠锡，突将且前驱。（虞）
汉使黄河远，凉州白麦枯。（虞）
因君问消息，好在阮元瑜。（模）

这首诗用了虞、模两韵，可见杜甫用韵已与后世《广韵》所认可的，虞、模两韵可以同用相符。下面再举一首杜诗为例，其题目是《临邑舍弟书至苦雨黄河泛溢堤防之患簿领所忧因寄此诗用宽其意》。这首诗通篇都用豪韵，因此不必分行注明韵目，照录于下：

二仪积风雨，百谷漏波涛。闻道洪河坼，遥连沧海高。职思忧悄悄，郡国诉嗷嗷。舍弟卑栖邑，防川领簿曹。尺书前日到，版筑不时操。难假鼋鼍力，空瞻乌鹊毛。燕南吹畎亩，济上没蓬蒿。螺蚌满近郭，蛟螭乘九皋。徐关深水府，碣石小秋毫。白屋留孤树，青天失万艘。吾衰同泛梗，利涉想蟠桃。倚赖天涯钓，犹能掣巨鳌。

豪韵在《广韵》上本来规定是只能独用的，故杜甫在上引诗中便全用豪韵，不用萧、宵等邻韵中一字。这些地方正可看出杜甫律诗用韵之严。另外,杜甫还有一首排律也很值得注意。他的《赠崔十三评事公辅》共二十韵,其中十七韵都用支韵,仅一韵用之韵,两韵用脂韵。支、脂、之三韵只在古韵有别,《广韵》早已注明可以同用,平水韵已合为一韵了。从这里可以看出,杜甫本意是只押支韵,不得已才掺杂了脂、之二韵,可知他对古韵的尊重。

律体诗用韵虽严,但在首联用不用韵和如何用韵上,却有点有限的自由。因为首联上句是否用韵并无硬性规定,一般的情况是,如果是七言律诗,那么首联首句通常要押韵,五律首句一般就不押韵。这也许是因为七言句较长,要是接连十四字不入韵,就会显得散缓;五言句较短,首联就接连用韵,似乎会显得匆促。不过主要还是决定于诗人在行文和音韵上的需要。虽说七律首句通常应用韵,但杜甫《闻官军收河南河北》首联云:"剑外忽传收蓟北,初闻涕泪满衣裳。"又《和裴迪登蜀州东亭送客逢早梅相忆见寄》首联云:"东阁官梅动诗兴,还如何逊在扬州。"都是叙事,一气直下,似乎也很紧凑,并不令人觉得散缓。再如《恨别》首联也不用韵:"洛城一别四千里,胡骑长驱五六年。"至如《野望》首联"西山白雪三城戍,南浦清江万里桥。"因为是用对仗,当然就不必首句即入韵,也不便用韵了。

五言律诗虽说首句一般不入韵,但如有必要,也可以用韵。仍以杜诗为例。《秦州杂诗》中即有首联云"莽莽万重山,孤城山谷间"。又《公安县怀古》首联"地旷吕蒙营,江深刘备城"。两联皆有气势,音亦响亮,当然也很好。所以首句用韵与否,当根据诗人自己行文的需要和声调上的考虑。一般是,七律首联是叙事或为后文提供时、地背景时,或首联用对仗时,都可以首句不用韵。五律首句不入韵是正常情况,如果入韵,那也主要是从声调和气势上考虑。

最后,还应注意的是,近体诗或律诗必须一韵到底,不但不能出韵,也不能换韵或转韵,而且通常都是押平声韵。五言律诗和七言律诗押仄声韵的都极罕见,尤其是押仄声韵的七言律诗。刘长卿《湘中纪行十首》都是五律,其中五首押平声韵,五首押仄声韵。后来刘禹锡有《海阳十咏》,也是五首押平声韵,五首押仄声韵,可能就是效法刘长卿。下面举二人各一首仄韵五律为例:

江枫日摇落,转爱寒潭静。水色淡如空,山光复相映。人闲流更慢,鱼戏波难定。楚客往来多,偏知白鸥性。(刘长卿《湘中纪行十首》之《花石潭》)

楚客忆关中,疏溪想汾水。萦纡非一曲,意态如千里。倒影罗文动,微波笑颜起。君今赐环归,何人承玉趾。(刘禹锡《海阳十咏》之《裴溪》)

仄声韵的七言律诗极少。韩偓有一首七律《意绪》,真可谓凤毛麟角:

绝代佳人何寂寞,梨花未发杏花落。东风吹雨入西园,银线千条度虚阁。脸粉难匀蜀酒浓。口脂易印吴绫薄。娇娆意态不胜羞,愿倚郎肩永相着。

上举这些诗虽然都押仄声韵,但仍须都是律句、律对,不得失粘,与平声韵律诗相同;对仗方面的讲究,也应与平声韵律诗一样。上面韩偓的诗虽然第二联不成对仗,但这在律诗中算偷春格,是可以容许的。

七言绝句用仄声押韵的也不多,下面举两首为例:

天山五月行人少,看君马去疾如鸟。都护行营太白西,角声一动胡天晓。(岑参《武威送刘判官碛西行军》)

南中溽暑醉如酒,隐几熟眠开北牖。日午独觉无余声,山童隔竹敲茶臼。(柳宗元《夏昼偶作》)

下面再看几首仄声韵的五言绝句:

春眠不觉晓,处处闻啼鸟。夜来风雨声,花落知多少。

(孟浩然《春晓》)

空山不见人,但闻人语响。返景入深林,复照青苔上。

(王维《鹿砦》)

开帘见新月,便即下阶拜。细语人不闻,北风吹裙带。

(李端《拜新月》)

孤云将野鹤,岂向人间住。莫买沃州山,时人已知处。

(刘长卿《送上人》

玉阶生白露,夜久侵罗袜。却下水晶帘,玲珑望秋月。

(李白《玉阶怨》

仄韵五绝比其他仄韵律体诗多,这也许是因为五绝的来源较古,它来自古绝句和古乐府短章,那时对声韵格律都还不十分讲究。正因为如此,仄体五绝往往会失律失粘,不严格要求,只要大体上都是律句就可以了。这是从上面所举诸五绝也能看出的。

二、古体诗的用韵

古体诗与近体诗最显著的不同,就是受的限制少,仿佛可以自由发挥。它不限制一篇诗的长短和句数,也不限制一句诗的字数。在用韵上,可以转韵,即一篇诗中用两个以上的韵,只要求同一韵中至少得押韵两次,因为不然就不成其为韵文了。律体诗主要用平声韵,而在古体诗,仄声韵却取得了与平声韵同等的地位,甚至会显得押仄声韵的古体诗多一些。因为那时平声不分阴阳,而仄声却有上、去、入三个声调。由于五言古体诗与七言古诗在用韵上有一些不同之处,所以下面分开来谈。

当然最古的是四言诗,但到唐代已很少有人写四言诗,偶然有人写,也多见于郊庙乐章。从四言诗的衰落到律体诗的兴起,很长一段时期,在诗坛占主要地位的都是五言古诗。也许是因平声字多,又由于平声舒缓，便于吟诵，那时押平声韵的五古较多，尤其是在向律诗过渡的时候。

不管是押平声韵或仄声韵，五言古诗仍以一韵到底为常，而且通常都严守本韵。所谓本韵，即当时认可的同一韵中的字，或可以同用的字。例如下面两首五言古诗：

> 吾爱鬼谷子，清溪无垢氛。囊括经世道，遗身在白云。七雄方龙斗，天下久无君。浮荣不足贵，遵养晦时文。舒可弥宇宙，卷之不盈分。岂徒山木寿，空与麋鹿群。（陈子昂《感遇诗三十八首》之十一）

> 湖南无村落，山舍多黄茆。淳朴如太古，其人居鸟巢。牧童唱巴歌，野老亦献嘲。泊舟问溪口，言语皆哑咬。土俗不尚农，岂暇论肥饶。莫徭射禽兽，浮客烹鱼鲛。余亦罘罝人，获麋今尚苞。敬君中国来，愿以充其庖。日入闻虎斗，空山满咆哮。怀人虽共安，异域终难交。白水可洗心，采薇亦可肴。曳策背落日，江风鸣梢梢。（常建《空灵山应田叟》）

上引陈子昂的诗押的是文韵，常建的诗押的是肴韵，两韵里的字都较少，尤其是肴韵。过去称文韵为窄韵，肴韵为险韵，敢用窄韵、险韵作诗的人较少。然而陈、常两人都谨守本韵，绝不用一个邻韵的字来押韵，可见两人用韵之严。

唐人五言古诗押仄声韵的很多，一般也都严守本韵，一韵到底。下面把押上声韵和去声韵五古各举一例：

> 合沓岩嶂深，朦胧烟雾晓。荒阡下樵客，饮猿惊山鸟。开门听潺湲，入径寻窈窕。栖鼯抱寒木，流萤飞暗筱。早霞稍霏霏，残月犹皎皎。行看远星稀，渐觉游氛少。我行抚轺传，兼得傍林沼。贪玩水石奇，不知川路渺。徒怜野心旷，讵恻浮年小。方解宠辱情，永脱累尘表。（李峤《《早发苦竹馆》）

涨海积稽天，群山高業地。相传称乱石，图典遗其事。悬危悉可惊，大小都不类。乍将云岛极，还与星河次。上耸忽如飞，下临仍欲坠。朝暾赩丹紫，夜魄炯青翠。穹崇雾雨蓄，幽隐灵仙閟。万寻挂鹤巢，千丈垂猿臂。昔去景风涉，今来姑洗至。观此得咏歌，长时想精异。（杜审言《南海乱石山作》）

上引李峤的诗前五韵押上声筱韵，后五韵押上声小韵。小、筱两韵后代《广韵》上是注明可以同用的，李峤这首诗表明在初唐已经同用了。杜审言的诗中，臂是寘韵字，事、异是志韵字，其余韵脚都是至韵字。寘韵是支韵的去声，志韵是之韵的去声，至韵是脂韵的去声，杜审言这首诗说明在那时支、脂、之三韵就已经合流了。

用入声韵的情况比较复杂，试皆以杜甫押入声韵的诗为例。先看三首较短的入声韵诗：

死别已吞声，生别常恻恻。江南瘴疠地，逐客无消息。故人入我梦，明我长相忆。恐非平生魂，路远不可测。魂来枫叶青，魂返关塞黑。君今在罗网，何以有羽翼？落月满屋梁，犹疑照颜色。水深波浪阔，无使蛟龙得。（《梦李白二首》首章）

山风吹游子，缥缈乘险绝。峡形藏堂隍，壁色立积铁。径摩穹苍蟠，石与厚地裂。修纤无垠竹，嵌空太古雪。威迟哀壑底，徒旅惨不悦。水寒长冰横，我马骨正折。生涯抵弧矢，盗贼殊未灭。飘蓬逾三年，回首肝肺热。（《铁堂峡》）

鄙夫行衰谢，抱病昏妄集。常时往还人，记一不识十。程侯晚相遇，与语才杰立。熏然耳目开，颇觉聪明入。千载得鲍叔，末契有所及。意钟老柏青，兴动修蛇蛰。若人可数见，慰我垂白泣。告别无淹晷，百忧复相袭。内愧突不黔，庶羞以赒给。素丝挈长鱼，碧酒随玉粒。途穷见交态，世梗悲路涩。东风吹春冰，泱莽后土湿。念君惜羽翮，既饱更思戢。莫作翻云

鹘,闻呼向禽急。(《送率府程录事还乡》)

第一首诗里,黑、得是德韵字,其余韵脚皆职韵字。职、德两韵在那时便已可同用,而且这两韵的字古音都收 k,故本诗用韵是很严的。第二首诗里,仅铁字是屑韵字,其余韵脚全都用的是薛韵字,而薛、屑两韵本可同用,并且这两韵的韵母都收 t,故此诗用韵仍很严。至于第三首诗,则所有韵脚全用缉韵字。缉韵独用,收 p,字少,更可见杜甫用韵之严。

然而即使是杜甫,用韵时也有特殊例外情况,尤其是在押入声韵并自述己事、自抒怀抱时。他的《北征》诗就是一个例子。这首诗长达七十韵,不便全录,只录出它的全部韵脚,并注明其所在韵部于下:

吉(质)	室(质)	日(质)	筚(质)	出(术)
失(质)	勿(物)	切(屑)	惚(没)	毕(质)
瑟(栉)	血(屑)	灭(薛)	窟(没)	潏(屑)
裂(薛)	辙(薛)	悦(薛)	栗(质)	漆(质)
实(质)	拙(薛)	设(没)	末(末)	穴(屑)
骨(设)	卒(没)	物(物)	发(月)	结(黠)
咽(屑)	雪(薛)	袜(月)	膝(质)	折(薛)
褐(曷)	日(质)	栗(质)	列(薛)	栉(栉)
抹(末)	阔(末)	渴(曷)	喝(曷)	聒(末)
说(说)	卒(没)	豁(术)	鹘(没)	突(没)
匹(质)	决(薛)	疾(质)	夺(末)	拔(黠)
发(月)	碣(薛)	杀(黠)	月(月)	绝(薛)
别(薛)	析(锡)	妲(曷)	哲(薛)	烈(薛)
活(末)	闼(没)	阙(月)	缺(屑)	达(没)

在本诗的七十个用为韵脚的字中,有的字用了两次,如卒、栗、日,但卒和栗都有不同的两义,两个卒字还读音不同,所以不算作诗

所忌讳的重韵。只有日并无别义,才是重韵,是诗人一时失察。重要的是,诗人在这篇诗中用了《广韵》入声玉韵中的质、术、物、屑、没、栉、薛、末、月、黠、曷、锡,凡十二韵,多则如质,用了十四次,最少的是锡,仅一次。这十二韵可分为七组:质、术、栉为一组,月、没为一组,屑、薛为一组,曷、末为一组,黠与辖为一组(但本诗未用辖韵字),以上五组中的韵都是本可以同用的,剩下物与锡各自为一组,则都只能独用。应该特别注意的是,从质组诸韵到独用的物韵中的字,杜甫在同一篇诗里都用来押韵,那是有其原因的,那就是由于这些入声字都收 t,同为入声字而且收尾音又一样,这便有了用来押韵的条件。可见杜甫在本诗用韵虽宽,仍宽中有严。例外只是那"析"字,析是锡韵字,锡韵独用,而且韵母收 k,与收 t 的字是不能押韵的。这只能算是出韵,在杜诗中极其罕见。

不过,这也许是因为《北征》诗长,用的入声韵脚又太多,所以用韵不严。杜甫还有《自京赴奉先县咏怀五百字》长达五十韵,也在一篇诗中用了屑、薛、曷、末、质、术、物七韵的字来押韵,这七韵都是收 t 的,可再未杂用任何一个收 k 或 p 的字。是否凡是押入声韵时都可以这样,只要收尾的音相同就可以押韵呢?试再看其他诗人入声韵的诗,并仍在韵脚后注明所用韵目:

楚郭微雨收,荆门遥在目(屋)。漾舟水云里,日暮春江绿(烛)。

霁华静洲渚,暝色连松竹(屋)。月出波上时,人归渡头宿(屋)。

一身已无累,万事更何欲(烛)。渔父自夷犹,白鸥不羁束(烛)。

既怜沧浪水,更爱沧浪曲(烛)。不见眼中人,相思心断续(烛)。

(刘长卿《江中晚钓寄荆南一二相思》)

这首诗三用屋韵，五用烛韵，若照后来《广韵》所注明，屋韵本来独用，是不能与烛韵的字押韵的，但因屋、烛两韵是邻韵，又都收 k，那时入声韵押韵可以从宽，便能通押了。

入声字较少，常用字更少一些，诗人作诗押入声韵也相对较少，也许用韵就宽一些。这种解释可能有理，但是杜甫有一首五古《彭衙行》押平声韵，却用了六个韵，只用前面那种解释就难以说通了。照录此诗于下：

忆昔避贼初，北走经险艰(删)。夜深彭衙道，月照白水山(删)。

尽室久徒步，逢人多厚颜(删)。参差谷鸟吟，不见游子还(删)。

痴女饥咬我，啼畏虎狼闻(文)。怀中掩其口，反侧声愈嗔(真)。

小儿强解事，故索苦李餐(寒)。一旬半雷雨，泥泞相牵攀(删)。

既无御雨备，径滑衣又寒(寒)。有时经契阔，竟日数里间(删)。

野果充糇粮，卑枝成屋椽(先)。早行石上水，暮宿天边烟(先)。

少留周家洼，欲出芦子关(删)。故人有孙宰，高义薄层云(文)。

延客已曛黑，张灯启重门(元)。暖汤濯我足，剪纸招我魂(元)。

从此出妻孥，相视涕阑干(寒)。众雏烂熳睡，唤起沾盘餐(寒)。

誓将与夫子,永结为弟昆(元)。遂空所坐堂,安居奉我欢(寒)。

谁肯艰难际,豁达露心肝(寒)。别来岁月周,胡羯仍构患(删)。

何当有翅翎,飞去堕尔前(先)。

为简便起见,这里用的是后世把凡是可以同用的韵都合并起来的韵部,但就这样,杜甫在上面这首诗里也用了删、真、文、寒、先、元等六韵。如果把同用的韵也列出,那就更多了。押平声韵的诗也可以如此自由,这便不好再用韵内字少或多不常用字来解释了。比较合理的解释恐怕该是,这是自述己事,自己抒怀,不是应试,也不是投赠,总之,不是为求人赏识而写的,所以才用不着那么拘泥。

五言古诗通常该是一韵到底,但有时诗人也可以转韵。所谓转韵,就是在诗中换用与前文不同的韵,这个韵与前面用的韵毫不相干,不但不能同用,而且韵母完全不同,甚至声调也不同。下面举两篇诗为例,在转韵处注明韵目:

春余草木繁,耕种满田园。酌酒聊自劝,农夫安与言。忽闻荆山子,时出桃花源。采樵过北谷,卖药来西村(原用元韵)。村烟日云夕,榛路有归客(转入声可同用的陌、麦、昔三韵)。杖策前相逢,依然是畴昔。邂逅欢觏止,殷勤叙离隔。谓予搏扶桑,轻举振六翮。奈何偶昌运,独见遗草泽。既笑接舆狂,仍怜孔丘厄。物情趋势利,吾道贵闲寂。偃息西山下,门庭罕人迹。何时还清溪,从尔炼丹液。(孟浩然《山中逢道士云公》

李白性豪放,作五言古诗也不大肯受韵律束缚。例如下面这首《赠王判官时予隐居庐山屏风叠》仅十四韵,却转韵五次,在唐诗中罕见。照录于下,也注明所转韵目:

昔别黄鹤楼，蹉跎淮海秋。俱飘零落叶，各散洞庭流(用尤韵)。中年不相见，蹭蹬游吴越(转月韵)。何处我思君，天台绿萝月。会稽风月好，却绕剡溪回(转灰韵)。云山海上出，人物镜中来。一度浙江北，十年醉楚台。荆门倒屈宋，梁苑倾邹枚。苦笑我夸诞，知音安在哉？大盗割鸿沟，如风扫秋叶(转叶韵)。吾非济代人，且隐屏风叠。中夜天中望，忆君思见君(转文韵)。明朝拂衣去，永与海鸥群。

李白还有首五古长篇《经乱离后天恩流夜郎忆旧游书怀赠江夏韦太守良宰》竟用了从宽通押后的十四个韵部。诗长不便全录，下面只列出所用韵部，并注明用该韵次数及其与本韵通的邻韵：

平声庚韵(青与通押)19次	平声阳韵13次
上声贿韵(去声队与通押)4次	平声鱼4次
上声麌韵(语与通押)4次	平声先韵6次
上声皓韵4次	平声尤韵6次
入声月韵2次	平声东韵3次
入声职韵3次	平声侵韵6次
平声灰韵4次	再用尤韵5次

这首诗转韵达十四次，在三韵中都曾与旁韵通押。按常规，转韵后的首联首句应该入韵，本诗也往往不入韵。这固然与诗长达八十二韵有关，更重要的恐怕还是李白自诉经历，自抒怀抱，不是让外人看的，而李白又本是个不愿受拘束的人，这从他少写律诗也可以看出。

五言古诗通常一韵到底，很少转韵。七言古诗相反，大多要转韵，尤其是那些杂用三五七言，乃至七言以上诗句的歌行，更常转韵，不转韵的很少。岑参在《全唐诗》中有七言古诗51首，其中一韵到底的只有6首，而且有2首是每句用韵的所谓“柏梁体”，其余4首都是短章。李白的七言古诗(包括杂言)大多是歌行体，几乎都是转韵，仅见一首押平声韵的杂言诗《对酒》是一韵到底：

蒲萄酒，金叵罗。吴姬十五细马驮，青黛画眉红锦靴。道字不成娇唱歌。玳瑁筵前怀里醉，芙蓉帐底奈君何。

此诗语意涉亵，疑是游戏之作。全诗皆押歌韵，一韵到底。

倒是杜甫的七言古诗才略有一些通篇不换韵之作。下面平声韵和仄声韵各举一例：

岁云暮矣多北风，潇湘洞庭白雪中。渔父天寒网罟冻，莫徭射雁鸣桑弓。去年米贵阙军食，今年米贱大伤农。高马达官厌酒肉，此辈杼轴茅茨空。楚人重鱼不重鸟，汝休枉杀南飞鸿。况闻处处鬻男女，割慈忍爱还租庸。往日用钱捉私铸，今许铅锡和青铜。刻泥为之最易得，好恶不合长相蒙。万国城头吹画角，此曲哀怨何时终？（《岁晏行》）

疾风吹尘暗河县，行子隔手不想见。湖城城南一开眼，驻马偶识云卿面。自非刘颢为地主，懒回鞭辔成高宴。刘侯叹我携客来，置酒张灯促华馔。且将款曲终今夕，休语艰难尚酣战。照室红炉促曙光，萦窗素月垂文练。天开地裂长安陌，寒尽春生洛阳殿。岂知驱车复同轨，可惜刻漏随更箭。人生会合不可常，庭树鸡鸣泪如霰。（《湖城东遇孟云卿复归刘颢宅宿宴饮散因为醉歌》）

第一首用平声东韵，中间用邻韵冬的"农"字通押，但仍可算一韵到底。第二首则通篇都全用去声霰韵。

实则在歌行体的七言古诗（包括杂言）中，转韵诗仍总是占优势，尤其是篇幅较长的诗，为避免语音沉闷，更往往要换韵。下面杜甫的《醉时歌》即可作为一例；

诸公衮衮登台省，广文先生官独冷（上声梗韵）。甲第纷纷厌粱肉（转入声屋韵），广文先生饭不足（入声烛韵与屋同用)。先生有道出羲皇,先生有才过屈宋(转去声宋韵)。德尊一代常坎坷,名垂万古知何用。杜陵野客人更嗤(转平声支韵),被褐短窄鬓如丝。日籴太仓五升米,时赴郑老同襟期。得钱即相觅,沽酒不复疑。忘形到尔汝,痛饮真吾师。清夜沉沉动春酌(转入声药韵),灯前细雨檐花落。但觉高歌有鬼神,焉知饿死填沟壑。相如逸才亲涤器,子云识字终投阁。先生早赋归去来(转平声灰韵),石田茅屋荒苍苔。儒术于我何有哉?孔丘盗跖俱尘埃。不须闻此意惨怆,生前相遇且衔杯。

可以转韵、还可以诗中各句字数不一致,这种歌行似乎最适宜抒发诗人的壮志豪情或其他什么强烈的感情,因此唐人的边塞诗往往最爱用这种体裁。岑参就是这样。他曾长期生活于边庭,写的许多边塞诗,不论长短,基本上都是转韵的歌行。下面以一首较短歌行为例:

火山突兀赤亭口,火山五月火云厚(上声有韵)。火云满山凝未开(转平声灰韵),飞鸟千里不敢来。平明乍逐胡风断,薄暮浑随塞雨回。缭绕斜吞铁关树(转去声御韵与遇韵通押),氛氲半掩交河戍。迢迢征路火山东,山上孤云随马去。(《火山云歌送别》)

李白的杂言歌行几乎都转韵,其名篇《蜀道难》《梦游天姥吟留别》等都广为传诵,诗长不录,也只举一篇较短的歌行为例:

弃我去者昨日之日不可留(平声尤韵),乱我心者今日之日多烦忧。长风万里送秋雁,对此可以酣高楼。蓬莱文章建安骨(转入声没韵与月韵通押),中间小谢又清发。俱怀逸兴壮思飞,欲上青天揽明月。抽刀断水水更流(转回尤韵),举杯销愁愁更愁。人生在世不称意,明朝散发弄扁舟。(《宣州谢朓楼饯别校书叔云》)

这首诗有其特殊之处:它事实上只用了两韵,先用第一个韵,随后转入第二韵，然后又转回第一韵。这里可看出转韵方式的多种多样。再加上句型的多变，就更显出李诗之丰富多彩了。

七言古诗还有一种特殊的用韵方式，这就是每句都押韵的所谓"柏梁体"，它来自相传是汉武帝时的"柏梁台联句"，故名。到唐时成了诗人的一种用韵手法，有其特殊的艺术效果。下面是两个例子：

吴刀剪彩缝舞衣，明妆丽服夺春晖。扬眉转袖若雪飞。倾城独立世所稀，激楚结风醉忘归。高堂月落烛已微，玉钗挂缨君莫违。（李白《白纻辞三首》首章）

敦煌太守才且贤，郡中无事高枕眠。太守到来山出泉，黄沙碛里人种田。敦煌耆旧鬓皓然，愿留太守更五年。城头月出星满天，曲房置酒张锦筵。美女红妆色正鲜，侧垂高髻插金钿。醉坐藏钩红烛前，不知钩在若个边。为君手把珊瑚鞭，射得半段黄金钱，此中乐事亦已偏。（岑参《敦煌太守后庭歌》）

李白诗七句，每句皆押微韵。岑参诗十五句，每句皆押先韵。杜甫有名的《饮中八仙歌》也是每句押韵，先、仙二韵同用。以上三例都是一韵到底的，还有一种变体则是也可以转韵，转韵后仍句句用韵。岑参的《走马川行奉送封大夫出师西征》就是这样，照录于下：

君不见走马川行雪海边，平沙莽莽黄入天（平声先韵）。轮台九月风怒吼（转上声有韵），一川碎石大如斗，随风满地石乱走。匈奴草黄马正肥（转平声微韵，支韵与之通押），金山西见烟尘飞，汉家上将西出师。将军金甲夜不脱（转入声曷韵），半夜军行戈相拨，风头如刀面如割。马毛带雪汗气蒸（转平声蒸韵），五花连钱旋作冰，幕中草檄砚水凝。虏骑闻之应胆慑（转入声叶韵），料之短兵不敢接，车师西门伫献捷。

上面所举三例都有不构成对句的单独的奇句，或三句一组，自成一韵。但也有一篇诗中部分每句用韵，部分又是只在偶句用韵，与普通的诗相同，如杜甫的《丽人行》。这些地方都可以看出诗人力求结构和用韵要有变化的苦心。

三、唐诗用韵的其他讲究

前人谈到诗韵，常把韵书上的韵分为宽窄两类。凡一韵中字多者称为宽韵，字少者称为窄韵，字尤其少者则称为险韵。在用韵的宽窄上便有讲究。欧阳修在他的《六一诗话》中曾指出："退之（韩愈）用韵，得宽韵时则波澜横溢，泛入旁韵，如《此日足可惜》之类是也；得窄韵则不复旁出，因难见巧，如《病中赠张十八》之类是也。"按韩诗《此日足可惜赠张籍》首联云："此日足可惜，此酒不足尝。"本用阳韵，韵宽字多，但韩愈在十余韵之后就用了江韵的"江"字来押韵，而江韵本来是不能与阳韵同用的。后面韩愈还用了庚韵的城、成、明、鸣等字，青韵的丁、庭、停等字，乃至东韵的童、丛、穹等字，连冬韵的逢也用上了。就按后世通用的平水韵来统计，此诗在阳韵之外也用了五个旁韵。或以为这是韩愈在用古韵，其实唐人对古音并无甚认识，恐怕还不能这样解释。较可信的，可能是因为所有那些用来作韵脚的字都是收后鼻音，即收 ng 的，韩愈要表现得大才不拘，所以就用来押韵了。至于欧公所举《病中赠张十八》一诗，韩愈确实全用字少的江韵里的字来押韵，无一字出韵。这当然是作者有意显示才华。但由于江韵的字实在太少，这位大才也不得不用一些极不常用又难认的字来押韵，这些字难以打印出来，不必举出了。就以结尾句的韵脚"淙淙"为例，淙字在《广韵》本有"才宗、才江"二切，但诗人却偏取才江切这一音，显然有凑韵的嫌疑。再如这位诗人有名的《南山诗》，这首诗长达百韵有余，全用去声宥韵，无一处出韵，而且用韵大半都巧妙而稳妥，才充分表现出诗人的才华和气魄,令宋人十分佩服。可是就在这篇诗中也有几处不那么工稳,有凑韵嫌疑。

用窄韵,押险韵,以求与众不同,不落俗套,这可以理解,也无可厚非。宋人这种风气最盛。王安石作《金陵怀古》七律四首,全用江韵,而且四首都是次韵。苏轼作《雪后书北台壁》七律二首,一用盐韵,一用麻韵,都是较窄的韵。他还在盐韵中用平常不用来押韵的盐字和尖字,在麻韵中用极难用来押韵的叉字。后来有人和他这两首诗,他还依韵又作了两首。在那时,作险韵诗已成了文人雅事,故李清照词《念奴娇》曾云:“险韵诗成,扶头酒醒,多少闲滋味。”

其实押韵主要是求其恰当,能更好地、更意味深长地传达出作者所要表白的情景,而不在韵脚的险怪。王维《送丘为落第归江东》云:“为客黄金尽,还家白发新。”这“新”字是常用字,然而却很好地表达出士人不得已逗留长安的艰辛, 和他那怅惘不得志的心情。杜甫的《江汉》云:“片云天共远,永夜月同孤。”这“孤”字也是常用字,却仅用这一个字就使人想到,这位“江汉思归客”长夜无眠、孤独无助的处境是多么令人同情。这都是诗人能发掘出常用字的新意,用得恰当,从而便意味深长。清人黄子云在其《野鸿诗的》中曾以两句话总结用韵的险易之道说:“易者尚新,险者尚稳。”王维和杜甫正是这样用韵的。韩愈的《南山诗》用韵得人赞赏之处,如“团辞试提挈,挂一念万漏”等,就是做到了“险者尚稳”的。所以押险韵并不在于用字之奇或难认,主要在于诗人能把很难用或极罕用来押韵的字用了,而且用得十分恰当,有新意,不会让人觉得是凑韵。

诗人求用韵之新鲜而有变化,还有种情况也该注意,这就是律诗首句的用韵问题。五言律诗首句一般都不用韵,七言律诗首句(包括七言绝句)则大半要用韵,诗人在这里就可以有些讲究了。有的诗人便在首句末用一个邻韵的字来与本韵通押。既然首句可以不入韵,这当然不算失韵。这样做,诗人可以得到一点点自由,在用韵上也显得别致。或以为这种风气宋人才通行,其实唐人已开始了。先看两首冬韵与东韵因首句用韵而通押的:

知君官属大司农,诏幸骊山职事雄。岁发金钱供御府,昼看仙液注离宫。千岩曙色旌门上,十月寒花辇路中。不睹声名与文物,自伤流滞去关东。(李颀《送李回》)

洛阳城里见秋风,欲作家书意万重。复恐匆匆说不尽,行人临发又开封。(张籍《秋思》)

第一首诗本押东韵,首句借用冬韵。第二首诗恰好相反,本诗用冬韵,首句借用东韵。有点奇怪的是,元稹有一首题为《行宫》的五绝(一作张祜诗)云:"寥落古行宫,宫花寂寞红。白头宫女在,闲坐说玄宗。"诗不错,但按常规看,这首诗的用韵却有问题。因为宫、红是东韵字,而宗却是冬韵字,借韵不能在诗的末句。这是诗人有意为之,还是偶尔失察,就难说了。下面再看支、微两韵在首句的借用,也举两首诗为例:

武牢关下护龙旗,挟槊弯弓马上飞。汉业未兴王霸在,秦兵未散鲁连归。坟穿大泽埋金剑,庙枕长流挂铁衣。欲奠忠魂何处问,苇花枫叶雨霏霏。(许浑《题卫将军庙》)

蜂黄蝶粉两依依,狎宴临春日正迟。密旨不教江令醉,丽华微笑认皇慈。(韩偓《侍宴》)

许浑的诗本押微韵,首句借用支韵。韩偓的诗正相反,本诗押支韵,首句借用微韵。这一类两个相邻的韵互相借用的用韵方式,在唐诗里已屡见,宋人就更多了。唐人五言律诗也有首句用邻韵的字来陪衬本诗所用韵的,不过很少。下面也举两个例子:

秋野日疏芜,寒江动碧虚。系舟蛮井络,卜宅楚村墟。枣熟从人打,葵荒欲自锄。盘飧老夫食,分减及溪鱼。(杜甫《秋

野》)

适贺一枝新,旋惊万里分。礼闱称独步,太守许能文。征马望春草,行人看暮云。遥知倚门处,江村正氛氲。(刘长卿《送孙莹京监擢第归蜀觐省》)

这里,杜甫的诗是首句借用邻韵虞来配本诗的鱼韵;刘长卿的诗则是首句用邻韵真来配本诗的文韵。这可能是诗人无意为之的,到宋人恐怕就是故意这样办了。

还有对诗的艺术效果更起作用的手法,就是作古体诗时在某一地方故意转韵,通常是到篇末才转韵,而前文本来是不转韵的。五言古诗偶然也有这种情况,如下面两首诗:

圣人秘元命,惧世乱其真。如何嵩公辈,诙诡误时人。先天诚为美,阶乱祸谁因?长城备胡寇,嬴祸发其亲。赤精既迷汉,子年何救秦。去去桃李花,多言死如麻。(陈子昂《感遇诗三十八首》之九)

夫差日淫放,举国求妃嫔。自谓得王宠,代间无美人。碧罗象天阁,坐辇乘芳春。宫女数千骑,常游江水滨。年深玉颜老,时薄花妆新。拭泪下金殿,娇多不顾身。生前妒歌舞,死后同灰尘。冢墓令人哀,哀于铜雀台。(祖咏《古意二首》首章)

两诗都本用真韵,陈诗最后两句忽转麻韵,令人警醒,而祖咏的诗最后忽转灰韵,其感叹之意也就更明显了。

李白的五言古诗往往有转韵的,但不是到最后两句才转韵。他可以多次转韵,并且每转一韵都是四句,自成一段。这当然是有意为之的,以便自由发挥,如下面这首诗:

汉帝宠阿娇,贮之黄金屋。咳唾落九天,随风生珠玉(屋韵、沃韵通用)。宠极爱还歇,妒深情却疏。(转鱼韵)长门一步地，不肯暂回车。雨落不上天，水覆难再收（转尤韵）。君情与妾意，各自东西流。昔日芙蓉花，今成断根草（转皓韵）。以色事他人，能得几时好。

李白还有首题为《自梁园至敬亭山见会公谈陵阳山水兼期同游因有此赠》的诗，转韵八次，用了月、微、庚、皓、文、纸、阳、语、删九韵，除最后的删韵有八句外，其余各韵都是每韵四句，格局基本上与上引诗相同。

七言律诗是到唐代才成型的，七言歌行，尤其是从三、五、七言乃至九、十言以上，各句字数可以不等的杂言歌行，也是到唐人才开始盛行的。这种歌行会改变诗歌的节奏，从而使诗人的用韵也相应产生了一些变化。它使较长的古诗读起来不会那么沉闷，也使诗人便于表白自己的态度和感情。李白和杜甫可说在这方面做出了很好的榜样。这里就以这两位诗人的一些歌行体诗为例，看他们这种诗用韵的讲究。为节省篇幅，短歌全录，长篇只录有关几句。先看李白的：

姑苏台上乌栖时，吴王宫里醉西施（支韵）。吴歌楚舞欢未毕（转质韵），青山欲衔半边日。银箭金壶漏水多（转歌韵），起看秋月坠江波。东方渐高奈乐何。（《乌栖曲》全文）

携妓上东山，怅然悲谢安（删韵与寒韵通用）。我妓今朝如花月，他妓古坟荒草寒。白鸡梦后三百岁，洒酒浇君同所欢。醒来自作青海舞，秋风吹落紫绮冠。彼亦一时，此亦一时（转支韵），浩浩洪流之咏何必奇？（《东山吟》全文）

世间行乐亦如此，古来万事东流水（上声语韵）。别君去兮何时还？（转平声删韵）且放白鹿青崖间，须行即骑访名山。安能摧眉折腰事权贵，使我不得开心颜。（《梦游天姥吟留别》末段）

第一首诗凡三转韵，至末段全用歌韵，一气直下，愈见行乐之无休止,该当灭亡,诗人的用意可知。第二首到末段才转韵,怀古幸今之意也因而比较鲜明。《梦游天姥吟留别》这首诗用了十二个韵,转韵次数之多,在杂言歌行中亦属罕见,而且转韵前后所用韵目都平仄相反。为了表达梦境的变幻和迷离恍惚而如此频繁换韵,以李白为人之不拘一格,是狠下了一番功夫的。最后几句则不再转韵,一气直下,又充分表现出了诗人那种不向权贵低头的气派。

在七言古诗的运用上,杜甫从另一途径也达到后人难以达到的高度,与李白难分高下。李白以豪放和痛快淋漓胜,而杜甫则以悲壮和沉郁顿挫胜,都与他们的用韵有一定关系。杂言歌行在韵律的安排上应该与一般诗歌有所不同,他们都深知此理。一般诗歌通常以两句一联为单位,上句不入韵,下句才用韵;可是在杂言歌行中却常有奇句,不与他句成对句。这样,在韵律上就不得不另作安排,改变诗的节奏。例如杜甫的《曲江三章章五句》和《饮中八仙歌》就是如此。下面再以他的另外两段诗为例:

床头屋漏无干处,雨脚如麻未断绝。自经丧乱少睡眠,长夜沾湿何由彻。安得广厦千万间,大庇天下寒士俱欢颜,风雨不动安如山。呜呼,何时眼前突兀见此屋,吾庐独破受冻死亦足。(《茅屋为秋风所破歌》后半)

神仙中人不易得,颜氏之子才孤标。天马长鸣待驾驭,秋鹰整翮当云霄。君不见东吴顾文学,君不见西汉杜陵老。诗家笔势君不嫌,词翰升堂为君扫。是日霜风冻七泽,乌蛮落照衔赤壁。酒酣耳热忘头白,感君意气无所惜,一为歌行歌主客。(《醉歌行赠公安颜少府请顾八题壁》全文)

先引的诗是杜甫广为人传诵的名作。前面本来都是押的入声韵,在表明自己的愿望时,忽转三句均用删、山韵的诗句,一气直下,更见愿望之强烈;最后又忽转入声屋韵,讲得有如斩钉截铁,十分坚决。这样，诗人悲天悯人的胸襟和气魄就都流露出来了。后面引的那首诗虽貌似应酬之作，但凭其不整齐的句法及其气势，尤其是最后转为入声韵的那一连五句，足见诗人感慨之深。

还可以参照诗人另一首题为《苏端薛复筵简薛华醉歌》的歌行。这篇歌行本来用上声皓韵，末段才转为平声灰韵。全诗较长，这里只录其后半：

垂老恶闻战鼓悲，急觞为缓忧心捣。少年努力纵谈笑，看我形容已枯槁。坐中薛华善醉歌，歌辞自作风格老。近来海内为长句，汝与山东李白好。何刘沈谢力未工，才兼鲍照愁绝倒。诸生颇尽新知乐，万事终伤不自保。气酣日落西风来，愿吹野水添金杯。如渑之酒常快意，不知穷愁安在哉。忽忆雨时秋井塌，古人白骨生苍苔，如何不饮令心哀。

这篇诗充分表达出杜甫在战乱中与友人相聚时的心情，感慨极深。这篇诗故意直到接近篇末才换韵，尤其是最后加上的那似乎独立的一句，都大大加强了感情的表达。从这些地方都可看出这位大诗人是如何善用一切艺术手法的。

（曾经修改，后载于国家图书馆出版社 2009 年 1 月第 1 版《唐诗的解读》之《韵律篇》。）

唐诗特殊的句法句型

在谈诗谈文时,常常会听到这样的话:这一句不像诗,或这句话有点诗意。这类说法实际上包含着两层意思:一层是说这一句是否有诗情画意;另一层则是说这句话的造句、构词和语调等方面与日常口头语或书面语一样,或不一样,后一个层面就是诗的语言问题。

旧体诗,尤其是律体诗,要受到字数、句数的限制,平仄格律的限制,韵脚的限制,还有对仗上的讲究,不得不要求语言极端简洁、精练。语言和音乐虽然是两回事,但它们都是靠声音来表达的。诗本来要求合乐,不合乐了,也要求能吟咏、朗诵,它与音乐的关系密切。因此,除要求精练外,还要求能整齐对称,有抑扬顿挫,并和谐悦耳,这样,才便于吟诵、记忆。这样,诗的语言便和散文语言的区别越来越明显了。格律诗未形成以前,诗的用语,除受一句中字数的限制外,大体上仍与古文用语无多大区别。到唐代,格律诗盛行,诗人为了要在格律的多重限制下,仍能表达自己的思想和感受,便不得不在前人的基础上,寻求一些新的表达手法,他们也许并未意识到,他们已在充分利用汉语的灵活性及一切可能性时,形成了一些特殊的造句方式和句型,从而更增加了汉语的表现力,又丰富了汉语。

说它特殊,因为这些新的造句方式和句型与散文已有很大的不同。无论在口头上或书面上,是不用或罕用这种表达方式的。它们不能按照现在的语法关系去理解,更不能用西洋语法那种思路去分析。这种诗句的意义,有时可能是模糊的,甚至会产生歧义,可是它们却给读者以更多的想象空间，虽似费解，但不是不可解，下面便就其中的几种常见类型分别加以探讨。

一、名词性词组句

唐诗中常常会出现一种诗句，这种诗句全由名词性词组构成，没有通常意义上的动词或谓语，即使出现动词，也只是词组中的一个部分，是作为修饰语来使用的。总之，它没有通常意义上的主语和谓语。按照现代汉语语法，现代汉语有一种名词性谓语句，比如说：“今天星期一”，那么“今天”是主语，“星期一”是谓语，古汉语的判断句是不用系词或关联词的。例如《史记·项羽本纪》说“项籍者，下相人也”，但如果不求助于“者”“也”，只说“项籍，下相人”也行，这便与现代汉语的名词性谓语句相似。诗句中的名词性词组句却不能分出主语、谓语。有的类似判断句，那也只是从意义上推测，有的则连推测也不行，如下面数联：

高鸟长淮水，平芜故郢城。（王维《送方城韦明府》）

烟火军中幕，牛羊岭上村。（杜甫《秦州杂诗》之十）

江汉思归客，乾坤一腐儒。（杜甫《江汉》）

寒渚一孤雁，夕阳千万山。（刘长卿《秋杪江亭有作》）

日月秘灵洞，云霞辞世人。（李白《送李青归南叶阳川》）

蒹葭百战地，江海十年人。（李嘉佑《九日》）

红叶高斋雨，青萝曲槛烟。（许浑《送段觉归杜曲闲居》）

鸡声茅店月，人迹板桥霜。（温庭筠《商山早行》）

落叶他乡泪，寒灯独夜人。（马戴《灞上秋居》）

乱山残雪夜，孤烛异乡人。（崔涂《除夜有怀》）

绿杨深浅巷，青翰往来舟。朱户千家室，丹楹百处楼。（李绅《过吴门二十四韵》）

明月秋风洞庭水,孤鸿落叶一扁舟。(贾至《初至巴陵与李白裴九同泛洞庭湖三首》之一)

空山古寺千年石,草色寒堤百尺桥。(韩翃《兖州送李明府使苏州便赴告期》)

白云野寺凌晨磬,红树孤村遥夜砧。(方干《桐庐江阁》)

深秋帘幕千家雨,落日楼台一笛风。(杜牧《题宣州开元寺水阁》)

流水断桥芳草路,淡烟疏雨落花天。(牟融《陈使君山庄》)

以上五言诸联,每句都由两个词组构成,七言诸联中,仅杜牧那两句可分析为也用两个词组构成外,(即"深秋[时]帘幕"和"落日[下]楼台"均视为一个词组)其余各句都由三个词组构成。这些名词性词组,有的在意义上有一定联系,可起对比、陪衬等作用,但在语法上却没有关联,所以可以说这种诗句都是由几个形象或事物聚合而成的,每句诗包含的意思更多,也更能表达某种情景或境界,更能传达人的多种感受,从而给读者以更深刻、更丰富的印象。这在诗人偶然写的六言诗里也可以看出来:

山下孤烟远村,天边独树高原。一瓢颜回陋巷,五柳先生对门。(王维《田家乐七首》之五)

白云千里万里,明月前溪后溪。(刘长卿《苕溪酬梁耿别后见寄》)

后代的词曲也需用这种手法,如秦观的《八六子·倚龟亭》:"夜月一帘幽梦,春风十里柔情。"辛弃疾《西江月·夜行黄沙道中》:"明月别枝惊鹊,清风半夜鸣蝉。"也许是六言句更便于这么用,到后来,马致远著名的小令《天净沙·秋思》云:

枯藤老树昏鸦,小桥流水人家,古道西风瘦马。夕阳西下,断肠人在天涯。

短短五句，竟连用了九个由两字构成的名词性词组组合成一幅饶有诗意的秋景。再后来张可久的几首《天净沙》也用了几处类似的结构来描写某种情景。

前面举出的唐诗诗句都是每句至少有两个名词性词组，虽无从找出其语法关系,但在意义上总是有些关联。但也有些诗句整句就是一个名词性词组,除最后一个中心词以外,前面都是修饰语,哪怕这些修饰语的结构相当复杂,并递相修饰,但它们仍不能成为一个独立的结构,如以下诸诗句:

万里烟尘客,三春桃李时。(卢照邻《山行寄刘李二参军》)

五湖三亩宅,万里一归人。(王维《送丘为下第归山东》)

二三物外友,一百杖头钱。(骆宾王《冬日宴》)

曲巷幽人宅,高门大士家。(李白《宴陶家亭子》)

渭北春天树,江东日暮云。(杜甫《春日忆李白》)

涧水空山道,柴门老树村。(杜甫《忆幼子》)

前朝山水国,旧日风流地。(韩翃《赠别崔司直赴江东》)

一年将尽夜,万里未归人。(戴叔伦《除夜宿石头驿》)

雨中黄叶树,灯下白头人。(司空曙《喜外弟卢纶见宿》)

慈母手中线,游子身上衣。(孟郊《游子吟》)

万水千山路,孤舟几月程。(贾岛《送耿处士》)

春风北户千茎竹,晚日东园一树花。(白居易《北亭招客》)

这类名词性词组句的特点是它们一句只写一种情景或一个事物。例如,戴叔伦的"一年将尽夜"只写特定的夜,"万里未归人"只写离家征远的人,即自己;司空曙的"雨中黄叶树"只说树,"灯下白头人”是说老了的人，亦即自己与外弟，两联诗与前面举出的崔涂的诗“乱山残雪夜，孤烛异乡人”正好形成明显的对比，因为崔诗提供了至少四个虽相关但不同的情景：乱山、残雪、一枝孤单的烛、异乡人，内容更丰富。三联诗意境虽相似，结构也相似，但崔诗传给读者的情景更多。

还有些名词性词组句是句中的主要部分，用以写某事物、某情景，另一词组则提供该事物或情景出现的时间和地理背景，从而增进读者对某事物、情景的认识和理解，更能感受其中的诗意，使读者如临其境：

穷巷秋风叶，空庭寒露枝。（卢照邻《和王奭秋夜有所思》）

东园垂柳径，西堰落花津。（王勃《仲春郊外》）

月下高秋雁，天南独夜猿。（刘长卿《至饶州寻陶十七不在寄赠》）

山色轩槛内，滩声枕席间。（岑参《初至犍为作》）

斜阳疏竹上，残雪乱山中。（张继《褚主簿宅会毕庶子钱员外郎使君》）（一作韩翃诗）

以上诸联皆于一句中用一词组写景物所在之处，或见闻景物之时，第一、二、三联此词组在句首，第四、五联此词组在句末。诗人措词之妙还在对见闻某景物之处和时间都并不实指，而于写某事物中看出。如杜甫的《客夜》颔联云：“卷帘残月影，高枕远江声。”句意谓卷帘之处可见残月之影，高枕而卧时可听见远处的江水声，这样犹如多一个形象，也多一重诗意。这里“卷帘”和“高枕”都是动宾词组。

下面是用名词性词组来点明事物出现之处或见闻该事物之时的一些诗句：

秋深临水月，夜半隔山钟。（皇甫冉《秋夜宿严维宅》）

时节思家夜，风霜作客天。（顾非熊《陈情上郑主司》）

夜月降羌泪，秋风老将心。（杨巨源《长城闻笛》）

远钟高枕后，清露卷帘时。（韦应物《月下会徐十一草堂》）

中路残秋雨，空山一夜猿。（杜荀鹤《旅寓书事》）

这几联诗都是借景物以代具体时间，更有意趣，令人深思，但表时态的词组在句中位置不同，让读者自己去体会。

比较常见的还有既表明时间、时态，又表明地方、处所的名词性词组句。可以一句表时，一句表地，互相对比；也可以用同句中的两词组分别表时态和处所。如：

楚江微雨里，建业暮钟时。（韦应物《赋得暮雨送李胄》）

薄寒灯影外，残漏雨声中。（钱起《宿毕侍御宅》）

松檐半夜雨，风幌满庭秋。（白居易《新秋夜雨》）

独夜三更月，空庭一树花。（李商隐《寒食行次冷泉驿》）

长亭旧别路，落日独行僧。（李频《送僧入天台》）

有时并不涉及时、地，只写出某种情景与所写事物有因果或继承等关系，来引发人思索，又另有一番情趣。如：

楼阁九衢春，车马千门旦。（宋之问《长安路》）

秋声万户竹，寒色五陵松。（李颀《望秦川》）

晓色万家烟，秋声八月树。（白居易《关中好风景二首》之二）

松风半夜雨，帘月满堂霜。（杜牧《旅情》）

灯影秋江寺，篷声夜雨船。（温庭筠《送僧东游》）

这些诗句中的两词组，都是有因果关系的。楼阁繁盛，显见九衢风光；车马喧哗，可见天明时长安入市人之多。秋声来自万户竹，也来自八月树。有秋风带来半夜雨，月光穿帘而入，好似满堂霜，从灯影得知秋江上有寺，有雨打船篷声得知有夜行船，这都更让人体会到更多情景。

还有不少词组句则是诗人作比喻的材料，或者某事物引发诗人想到了什么。如下面这些诗句：

浮云游子意，落日故人情。（李白《送友人》）

浮云一别后，流水十年间。（韦应物《淮上喜会梁州故人》）

霜蹄千里骏，风翮九霄鹏。（杜甫《赠特进汝阳王二十韵》）

梨花千树雪，柳叶万条烟。（岑参《送杨子》）

肝胆一古剑，波涛两浮萍。（韩愈《答张彻》）

病身黄叶晚，诗思碧云秋。（张祜《江南杂题三十首》之十九

以上这些诗句里，作比喻的事物在句中的位置并不一样，用法也各有千秋。杜甫那联诗的上下句和韩愈那联诗的下句，全句都是比喻；韩愈诗的上句、岑参的一联和张祜的一联，都把作比喻的事物置于句末，也较为别致。

也有些词组句可作为判断句来解释，句子后面的词组或者是表语，或者表示某处可有、可存在之物。例如：

今日江南老，他时渭北童。（杜甫《秋日两篇》之二）

侍坐双童子，陪游五老人。（李益《寻纪道士偶会诸叟》）

远景窗中岫，孤烟竹里村。（张祜《禅智寺》）

瘴雨蛮烟朝暮景，平芜野草古今愁。（殷尧藩《九日》）

绕郭荷花三十里，拂城松树一千株。（白居易《余杭形胜》）

上面诸联中，第一联是判断句，易明白。第二联是说：侍坐（的人）

是两个童子,陪游(的人)是五个老人。第三联说:远景是窗外峰岫,孤烟(处)是竹里村落。第四联说:瘴雨云烟就是朝暮(所见)风景,平芜野草是古今人(面对时)都会忧愁的。第五联说:绕郭荷花有三十里(之长),拂城松树有一千株(之多)。这些诗句所包含的意思也可以倒过来说,如末句可说成:绕城三十里都是荷花,有三千株松树拂着城郭。前面一些表地的名词性词组句有一些也可以当作判断句来理解,也有些可以看作省去了介词“于”或“在”,诗力求简洁,通常是尽量不用介词的。

另外还有一种类型的名词性词组句。在这种诗句里,诗人只给我们提供一些关键性的词汇,让我们以这些关键词为线索去理解其含义,这样,就更显得含蓄深刻。杜甫就常用这种手法,其他诗人也有。下面是一些例子:

风尘三尺剑,社稷一戎衣。(杜甫《重经昭陵》)

绝域三冬暮,浮生一病身。(杜甫《奉送十七舅下邵桂》)

身世双蓬鬓,乾坤一草亭。(杜甫《暮春题瀼西新赁草屋五首》之三)

风雨落花夜,山川驱马人。(赵嘏《东行道中二首》之二)

一帆彭蠡月,数雁寒门霜。(李商隐《崇让宅东亭醉后沔然有作》)

归棹洛阳人,残钟广陵树。(韦应物《初发杨子寄元大校书》)

星河秋一雁,砧杵夜千家。(韩翃《酬程延秋夜即事见赠》)

落叶山中路,秋霖马上人。(杜荀鹤《入关历阳道中却寄舍弟》)

这些诗句的词组与词组之间,甚至上句与下句之间,都既无语法上的关联,意义也似乎不甚相干,读者必须根据提供的一些景象,用想象加以补充,才能明白诗人的用意。

总之,所有本节所述的名词性词组句,只有表时、地关系的一些结构,因为古代古文亦往往不用介词,还可于书面语中见到以外,其余名词性结构成句,散文都不用或极其罕见,如勉强用上,也难以索解,甚至还会感到晦涩不通的。再有一种情况就是诗句中的判断句结构与散文相似,但用法和实际意义并不全同。散文中的判断句,作谓语的名词或名词性结构,与主语所指事物其实是同一回事。诗中具判断句形式的诗句,情况却复杂得多,它们大半都是对某事物加以说明或解释,使读诗的人更能想象某事物、某情景而已,这从前文所举诗例就可看出来。

二、省略句

诗讲究简洁、精练。古代的散文即所谓古文何尝又不讲究简洁、精练,省去不必要的词和字呢?所以那些意在表示存在和判断而省去关联词语的名词性词组句,如上文有关处举出的例句,都不宜视为省略句,因为这类句式在古文中只要凭前后文可知就可以用,或在排偶句中,也是一样可以用的。例如杜甫的《秋日两篇》的第二首:“今日江南老,他时渭北童。”(今天是江南老翁,那时是渭北儿童。)它与散文的不同,不过因为是五字句,又对得很工整。如不加关联词语,不作变换,在散文中也同样是通顺的。这只能说是名词性词组句,不能认为是省略了什么的省略句。但杜甫的《九日登梓州城》“伊昔黄花酒,如今白发翁”便不同了。诗人的意思当是:从前与家人或同伴在重阳这样的日子同饮黄花酒的人,而今成了白发老翁了,故下文便云:“追欢筋力异,望远岁时同。”这是忆旧望远的诗,不增加词语就难以明白诗人的用意,这便是省略句,不是普通的名词性词组句了。同理,前文所举出的那些表地表时的诗句,也不必加什么词语即可理解,甚至散文中亦可用,因此也只能说是名词性词组句,而不是什么省略句。因为只要有表方位、表时间的词组存在,古诗文中通常便不必再用“于”“在”和表示存在的词汇来帮助造句。下面这些诗句才真正省略了一些散文中应有的词语:

蓟北三千里,关西二十年。(卢照邻《送幽州陈参军赴任寄呈乡曲父老》)

池水观为政,厨烟觉远庖。(杜甫《题新津北桥楼》)

勋业频看镜,行藏独倚楼。(杜甫《江上》)

万点湘妃泪,三年贾谊心。(李嘉佑《裴侍御见赠斑竹杖》)

涸鱼千丈水,僵燕一声雷。(元稹《酬卢秘书》)

万里江湖梦,千山雨雪行。(释清江《早发陕州途中赠严秘书》)

身心尘外远,岁月坐中忘。(崔峒《题崇福寺禅师院》)

对酒惜余景,问程愁乱山。(戴叔伦《汝南逢董校书》)

荣华今异路,风雨昔同舟。(韩愈《祖席得秋字》)

以上这些诗都有言外意,诗人并没有把他要说的话都说出来。也就是作者有意省去了什么,我们要了解他的用意得根据诗题或前后文去推想,有时还须参照作者的身世才能了解,但只要我们不按照现代语言的语法望文生义,大致还是可明白作者的意图的。这正是诗与散文最不同的地方,这种区别才是本质的,重要的。试就这些诗句举几句来略加说明。

卢照邻的一联诗大意是说:这位陈参军去赴任的地方,距关中有“三千里”之远,而他原曾在关西度过了二十年。下联是“冯唐犹在汉,乐毅不归燕”,既借冯唐、乐毅来赞誉此人,言外又有惋惜之意,但作者却连幽州距关中之远和逗留关西之久都只用“三千里”和“二十年”两个短语来提醒就行了。杜甫的“池水观为政”一联则带有譬喻意义，这池水可能即是眼前景物，借池水之静暗喻县官为政之不扰民，下句厨烟亦是眼前实景，却巧妙地用了《孟子》上“君子远庖厨”的典故，暗示县官之有仁术。诗人“静”“仁”之意都不说出，本应有“凭”池水、“凭”厨烟之类表凭藉的词语也不用，皆因诗句仅五字而省去了。“勋业”一联更广为后世所称道，诗人将事业不成，身已衰老，还在漂泊，处处依人的感慨都深刻而含蓄地表达了出来，而于白发苍颜，行踪难定，无可告语的话却没有明言。元稹的一联上下句均是譬喻，极言涸鱼得水而活和僵燕闻雷而苏，但所喻之事却不说，省去了许多话。戴叔伦“对酒”一联，语言也极其节约，然而旅人面对前程的乱山，对酒的迟暮之感，均已跃然纸上。其余诸联也都寓意深长，而用语省。这类诗句都给读者留下了不少想象的空间，令人回味无穷。昔人常说唐诗以气象、兴味胜，其实也可以说以蕴藉、含蕴胜。本节及上节说到的诗都透露出这一特点。当然，这一类的诗容易引起不同的理解，甚至产生歧义，但大体是不会有很大的偏差的，因为它们总有一些关键性的词语作界限，不容许想到相反的方向去。

三、倒装句

语序在汉语语法中起着很重要的作用，句义和词义常常靠语序来确定。正常的语序总是主语在前，谓语在后，动词或介词在前，目的语（或者说受支配成分）在后。但在否定句、疑问句中却常可把意中要强调的词语放在最前面。我们说：“我不要这本书。”但也可以说：“这本书我不要。”我们问：“你要这本书吗？”但也可以这样问：“这本书你要吗？”后面的说法就是在强调是这本书，而不是那本书。我们问：“你昨天来过没有？”也可以问：“昨天你来过没有？”这又是在强调是昨天,而不是别的什么日子。古代汉语却有所不同。宾语或目的语如果要置于动词或介词之前得有一定条件,一般必须是在否定句或疑问句当中,还必须目的语或宾语是代词。到中古才不那么严格。例如《唐语林》卷一《言语门》载武则天以其侄武承嗣为左丞相,暗中有以武承嗣来继承她之意,李昭德便点醒她说:"父子、母子尚有逼夺,何诸姑所能容使其有便?可乘御宝位其遽安乎?"这里,"诸姑"和"宝位"都可解释为提前的宾语或目的语,就近似后代的用法了。在诗句里,当然更自由些。但即使在诗句里,也必须其用法与散文中的用法不同,才可算得上是真正的倒装句。

下面是一些可认定为倒装句的各种类型的诗句:

奋翼笼中鸟,归心海上鸥。(张九龄《登乐游原春望书怀》)

春日繁鱼鸟,江天足芰荷。(杜甫《暮春陪李尚书李中丞过郑监湖亭泛舟》)

盍簪喧枥马,列炬散林鸦。(杜甫《杜位宅守岁》)

竹喧归浣女,莲动下渔舟。(王维《山居秋暝》)

入院将维鸟,寻梦抱子猿。(于鹄《南溪书斋》)

林下听经秋苑鹿,江边扫叶夕阳僧。(郑谷《慈恩寺偶题》)

宛转数声花外鸟,往来几叶渡头船。(牟融《题寺壁》)

以上都是主语置于句末,按散文句法常规,本应云"笼中鸟奋起,海上鸥归心。""鱼鸟春日繁,江天芰荷足。""竹喧浣女归,莲动渔舟下。""秋苑鹿林下听经,夕阳僧江边扫叶。"余可类推。主语无论在句首或在句中,本应在动词之前,如今均在动词之后了。如果把后置的主语移至动词前可成句,那么前面的结构,就是后文的原因,如第三、第四两例。但如置于句末的主语只是个名词性短语,并不成句，那前面的文字就是倒置的谓语了，第一、第二及五、六、七例都是这样。

还有一种主语在句末的句式也较常见，这种诗句首以形容语开始。所用形容语多半是重言或双声叠韵的貌词，或某些词语并列构成的修饰语。例如：

回回山根水，冉冉松上雨。（杜甫《法镜诗》）

萧瑟论兵地，苍茫斗将辰。（杜甫《寄张十二山人彪三十韵》）

踊跃常人情，惨澹苦士志。（杜甫《送从第亚赴安西判官》）

婵娟罗浮月，摇艳桂水云。（李白《禅房怀友人岑伦》）

纷纷江上雪，草草客中悲。（李白《新林浦阻风寄友人》）

寥落云外山，迢遥舟中赏。（王维《送宇文太守赴宣城》）

悠悠长路人，暧暧远郊日。（王维《和使君五郎西楼望远思归》）

飒飒松上雨，潺潺石中流。（王维《自大散关以往至黄牛岭见黄花川》）

断续古祠鸦，高低远村笛。（长孙佑辅《山居雨霁即事》见《全唐诗》卷八八三补遗二）

高明千嶂月，清爽一岩风。（李益《游栖岩寺》见《全唐诗续拾》卷二五）

这些诗句与上文所举的主语后置倒装句不同。如把这些诗的主语置于句首，句意虽不变，但节奏却是诗中罕见的了。主语置句末，在散文中也可以这么说，所以上举各例，除李益的一联是在五律中以外，其余各例都见于五言古诗中。古体诗句法本与散文无多大区别，区别主要只在于诗句要受到字数的限制，而且还要押韵。这些诗句只要连同上下文可以讲通，我们甚至可以把它们每句都当成一个名词性词组看待。如果连同上下文难以成文,那只是因为这种诗句往往具有描写句性质。

另一类倒装句是宾语(或称受事)目的语前置。于是正规的语序“主—动—宾”,变成了“宾—主—动”,这也比较常见。例如：

风光新柳报,宴赏落花催。(杜审言《宿雨亭侍宴应制》)

楚塞三湘接,荆门九派通。(王维《汉江临泛》)

柳色青山映,梨花夕鸟藏。(王维《春日上方即事》)

神鱼人不见,福地语真传。(杜甫《秦州杂诗》之十四)

彩云萧史驻,文字鲁恭留。(杜甫《玉台观》)

幽岩画屏倚,新月玉钩吐。(柳宗元《再至界围岩水帘遂宿岩下》)

经济几人到,功夫两鬓知。(贯休《览李秀才卷》)

也有些宾语前置倒装句没有主语，后面只是带各种修饰语的动词或谓语,于是句子结构成为“宾语—(修饰)—动”。在这种句式里,主语或者不必说出,或者就是诗人自己,并不是真正没有主语。如：

白发终难变,黄金不可成。(王维《秋夜独坐》)

隐居不可见,高论莫能酬。(孟浩然《梅道士水亭》)

杜酒偏劳劝,张梨不外求。(杜甫《题张氏隐居二首》之二)

茅屋还堪赋,桃源自可寻。(杜甫《春日江村五首》之一)

长葛书难得,江州涕不禁。(杜甫《又示两儿》)

野寺吟诗入,溪桥折笋游。(韩翃《赠长沙何主簿》)

海边山夜上,城外寺秋寻。(释齐己《寄南徐刘员外二首》之一)

又贾岛《送绕州张使君》七律云:“滁上郡斋离今日,鄱阳农事劝今秋。”更别致,可谓全句结构皆倒装,本应说:“今日离滁上郡斋,今秋劝鄱阳农事。”偶然还有与动宾结构相似的介词结构的目的语,也可以前置于句首,如王维《春日上方即事》颔联“鸠形将刻杖,龟壳用支床。”本当云:“将鸠形刻杖,用龟壳支床。”但这样就不像诗句而是散文了。

还有将倒装句的动宾结构用在句中的,如杜甫的《江汉》颔联:“片云天共远,永夜月同孤。”本应云:“片云共天远,永夜同月孤。”方合常语规范。“片云同天远”还能说是以常用的拗救手法在挽救,即第三字拗,第四字救,杜甫本人就常用。可是“永夜同月孤”就成了“仄仄平仄平”,与格律不合了。又如:唐末唐求(一作唐球)《秋寄□江舒公》(题原缺一字,见《全唐诗卷七二曰》)颈联云:“鹤归松上月,僧入竹间云。”这是倒用中心词与修饰语,本应云:“鹤归月上松,僧入云间竹。”但便成凡语,而且不押韵了,这种倒极罕见。

四、紧缩句

诗的篇幅是有限的。律体诗只有二十到五十六字,即使是古体诗和五言排律,也不能太长。唐诗中,七言歌行如白居易《长恨歌》《琵琶引》已算长诗。早期歌行以骆宾王《畴昔篇》最长,比他自己的《帝京篇》长一倍,也不过一千三百余字。中唐元稹、白居易喜唱和,动辄百韵。白居易有《游悟真寺诗》一百三十韵,当是现存唐诗中最长的五言古诗。其他如杜甫等人的五言排律,都不超过百韵。五古如杜诗《北征》实仅七十韵,倒是韩愈的《南山诗》有一百零二韵。《全唐诗补逸》卷十一,载张祜《戊午年感事书怀二百韵》寄献裴令公(按:即裴度)等人一诗,虽称二百韵,然实仅九十八韵,当是误“一”为“二”,又佚失四句,或但举成数,故云百韵。唐诗现存长篇的情况大致就是这样,通常凡是上五十韵的诗已算篇幅较长了。

正因为篇幅不能长，又受一句仅五字或七字的限制（歌行中长句可超过七字，但并非常例），诗人只好力求字句的简洁、精练，往往得让一句中包含多层意思，也就是尽量扩大诗句的容量，尤其是律诗需要如此。这样我们常可看见一句诗中包含两个甚至两个以上的单句或主谓结构。造句因而复杂多变，而一句的几个意思之间也有因果、继承、陪衬、对比、罗列、类举以及时序先后等诸种关系，相当复杂。这种诗句（有时是一联）难以命名，为叙述简便，我们称之为紧缩句。下面试按其结构上的显著区别来分类举例加以说明。

最常见的是五言诗句中两部分都成句的紧缩句，如果是七言，那就会两部分或三部分都成句。这种紧缩句以表因果关系的诗句占的比重较大。先看五言的：

地暖花长发，岩高日易低。（张子容《贬乐域尉作》）

日没鸟飞急，山高云过迟。（岑参《奉陪封大夫宴瀚海亭纳凉》

潮平两岸阔，风正一帆悬。（王湾《次北固山下》）

地远官无法，山深俗岂淳。（刘长卿《送侯侍御赴黔中充判官》）

夜静溪声近，庭寒月色深。（严维《酬普选二上人期相会见寄》）

客久多人识，年高众病归。（耿湋《巴陵逢洛阳邻舍》）

以上是上句是下句所写事物的原因，这种较多；下面几联则是下句是上句所写事物的原因，这种较少。例如：

江静潮初落，林昏瘴不开。（宋之问《题大庾岭北驿》）

鸟惊山果落，龟泛绿萍开。（许浑《南亭偶题》）

苔新禽迹少，泉冷树阴重。（刘得仁《青龙寺僧院》）

萍皱风来后，荷喧雨到时。（温庭筠《卢氏亭上遇雨赠同

游》)

有时,上下句的因果等关系并不一致。例如:

风起春灯乱,江鸣夜雨悬。(杜甫《船下夔州郭宿,雨湿不得上岸,别王十二判官》)

官闲人事少,年长道情多。(张籍《春日李舍人宅见两省诸公唱和因书情即事》)

杜诗上句是说因风起故春灯乱,下句则说有夜雨悬故有江鸣声,上下句词句结构皆成对偶,但句意有所不同。张籍这联上句说人事少故官闲,下句则说因年长故悟道之情多,句意亦不相对应。

另一种类型,是上半句成句,但下半句无主语,一般只是动宾结构。有时上半句是下半句所写事的原因;也可以相反,下半句是上半句所写事的原因。例如:

性拙偶从宦,心闲多掩扉。(钱起《新昌里言怀》)

地静留眠鹿,庭虚下饮猿。(戴叔伦《过友人隐居》)

竹深喧暮鸟,花缺露春山。(岑参《丘中春卧寄王子》)

境空宜入梦,藤古不留春。(武元衡《夏与熊王二秀才同宿僧院》)

路远少来客,山深多过猿。(周贺《春日山居寄友人》)

月上安禅久,苔生出院稀。(严维《赠海明上人》)

院静留僧宿,楼空放妓归。(白居易《时热少客因咏所怀》)

以上前四联都是下半句是上半句所写事之故。后二联则相反,可解释为安禅久故至月上,由于出院少而苔生;留的客人是僧,故院静,因为放妓归而楼遂空,都是下半句所述事是原因。

第三种紧缩句是诗句的下半句成句, 上半句是缺主语的谓语或动宾结构,上下半句的关系与上述两种句型相同。例如:

步檠风吹面,看松露滴身。(杜甫《东屯北崦》)

鸣磬夕阳尽,卷帘秋色来。(韩翃《题僧房》)

看花诗思发,对酒客愁轻。(权德舆《二月二十七日社兼春分端居有怀简所思者》)

未饮心先醉,临风思倍多。(刘禹锡《酬令狐相公杏园花下饮有怀见寄》)

懒拜腰肢硬,慵趋礼乐生。(姚含《闲居遣怀十首》之八)

倚棹冰生浦,登楼雪满山。(许浑《与裴秀才白越西归阻冻登虎丘山寺》)

第四种是诗句的上下半句都无主语,只是述相关两事。例如:

晚凉看洗马,森木乱鸣蝉。(杜甫《与任城许主簿游南池》)

帖石防隤岸,开林出远山。(杜甫《早起》)

水宿知寒早,愁眠觉夜长。(权德舆《江城夜泊寄所思》)

为山低凿牖,容月广开庭。(薛能《冬日送僧归吴中旧居》)

这种全句均缺主语的紧缩句,多半下半段是上半段所述事的目的,或者首两字仅是点明时间或手段,主语或是即未出面的诗人自身,否则亦可让人意会,原用不着主语。

第五种紧缩句的头两个字只是一个名词或名词性词组,后半句可成句或仅是一个动宾结构,句首的名词性词组即是后半句所述事的原因、条件、依据或发生的时、地。它们类似第三种紧缩句而又有所不同。例如:

气色皇居近,金银佛寺开。(杜甫《龙门》)

香雾云鬟湿,清辉玉臂寒。(杜甫《月夜》)

繁霜疑有雪,枯草似无人。(卢纶《过司空曙村居》)

暮钟寒鸟聚，秋雨病僧闲。（白居易《旅次景空寺宿幽上人院》）

晚潮风势急，寒叶雨声多。（张祜《夕次桐庐》）

落叶人何在，寒云路几层。（李商隐《北青萝》）

从以上诸例即可看出，句首的一个单纯的或复合的名词有如一句话或一个结构，它们为后文起了提示和背景作用。

在探讨紧缩句时，我们只举了五言的例子。至于七言紧缩句，如果也能分为前后两个部分或两段，那么它的前后两段的结构也会与五言前后两段的结构相似，前后两段之间的关系也与五言的两部分的关系相似，例如“穷巷无人鸟雀闲，空庭新雨莓苔绿”（刘长卿《客舍喜郑三见寄》）就可分为两段，“穷巷无人 / 鸟雀闲”，“空庭新雨 / 莓苔绿”。既如“骑少马蹄生易蹶，用稀印锁涩难开”（白居易《赠皇甫应子》）亦可分为“骑少 / 马蹄生易蹶”和“用稀 / 印锁涩难开”两段，便也与五言的第三种紧缩句又相同，其余都可以类推。总之，五、七言紧缩句也都是每句由两部分结合而成，两部分也有各种关系，这是它们的共同点。不同之处仅在于七言诗的紧缩句有时可分为三段，这样，它便可以用一句历述有关三事。如杜甫《恨别》云：“思家步月中宵立，忆弟看云白日眠。”又如赵嘏《江上逢许逸人》：“收帆依雁溢浦宿，带雨别僧衡岳回。”都是既历叙数事又多传达了一些情景。这种七言紧缩句与七言名词性词组句在结构上有显著的区别，名词性词组句的各部分都只相当一个词，而紧缩句的几部分或是都成句，或都是动宾结构和无主语的谓语，有时则仅一部分是成句的。它们只有在多叙情事上才有共同之点。

紧缩句在丰富诗篇的内容而又缩短篇幅上最起作用。韩愈的七言古诗就因为多用紧缩句而特别显得刚健有力而简洁。例如他的名篇《山石》便只用了短短二十句，就写出一次游览山寺的全过程，并且连游览引发的感慨都有了。其前半云：

山石荦确行径微，黄昏到寺蝙蝠飞。升堂坐阶新雨足，芭蕉叶大栀子肥。僧言古壁佛画好，以火来照所见稀。铺床拂席置羹饭，疏粝亦足饱我饥。夜深静卧百虫绝，清月出岭光入扉。

仅十句中就用了八句紧缩句，而且其中三句都是用了三个或成句或不成句的结构，然而却写出了一般人用很多话都难以写明白的许多情事，而且颇有诗意。高步瀛《唐宋诗举要》卷二选此诗并引方植之评语云："虽是顺叙，却一句一样，如展图画，触目通层在眼，何等笔力！"这绝非过誉。元好问论诗绝句，以此篇与秦少游"有情芍药含春泪，无力蔷薇卧晓枝"并举，讥秦诗为"女郎诗"，虽排斥女郎诗有偏执之嫌，但推崇韩愈此诗之意却是很有道理的。

五、兼语句

所谓谦语句，是指一个句子中的动宾结构与紧接着的主谓结构套在一起，动宾结构的宾语又是下面主谓结构的主语，身兼二职，故名兼语。这在现代汉语中极为常见。如"主持人请大家坐下"，即是兼语句。在这种句式中，前一个动词通常带有使令或促动意义，古代就多半只用"使""令"等动词，后来才逐渐扩大到有使令意义的"遣""引""呼""唤"等，以及授官迁职时常用的"封""拜""署""举"等动词，因为这些词都有让某人做什么官的意思。在古诗里面，因为受五言句的限制，多直接叙事，这种句式用得很少。曹操的《苦寒行》："悲彼《东山》诗，悠悠使我哀。"曹丕的《杂诗》："适与飘风会，吹我东南行。"曹植的《吁嗟篇》："卒遇回风起，吹我入云间。"虽已具备兼语句的格式，却不得不把一句分作两句，真正的主语"《东山》诗""飘风""回风"是暗藏在上句中的。《木兰辞》中的"愿请明驼千里足，(一本作'愿驰千里足')送儿还故乡"也是同一类型。

到唐诗,这种情况才有所转变,一是可以用作第一动词的,不必一定带有使令意义,而是扩展到其他动词;二是作为全句的主语,常常就出现在当中,而不必出现在上句了。以杜甫的律诗数联为例:

鱼吹细浪摇歌扇,燕蹴飞花落舞筵。(《城西陂泛舟》)

大声吹地转,高浪蹴天浮。(《江涨》)

药许邻人劚,书从稚子擎。(《正月三日归溪上有作简院内诸公》)

座从歌伎密,乐任主人为。(《宴戎州扬使君东楼》)

未将梅蕊惊愁眼,要取楸(一作椒)花媚远天。(《十二月一日三首》之二)

羞将短发还吹帽,笑倩旁人为整冠。(《九日蓝田崔氏庄》)

休怪儿童延俗客,不教鹅鸭恼比邻。(《将赴成都草堂途中有作先寄严郑公五首》之二)

石角钩衣破,藤枝刺眼新。(《奉陪郑驸马韦曲二首》之一)

色侵书帙晚,阴过酒樽凉。(《严郑公宅同咏竹》)

以上各例中,第三、四例是宾语前置,第五例也可以看成有如后世的"把"字句,或所谓处置式,第六、七例都是只有下句是兼语式,第六例的上句是使事用典,语意不显豁,当另行讨论。第七例上句可解释为"儿童延俗客",是以主谓句作"休怪"的宾语,下句才是兼语句。第九例则只有上句才是兼语句,与第二例上下句结构相似,而下句则是"阴过"与"酒樽凉"皆成句,以上半是因,下半是果而结合成一整句。第八例的"刺眼"应看作以动宾结构作"新"的修饰语。许多兼语句和非兼语句成为对杖，说明在诗人的心目中兼语式的概念还未确立，只要字面上各部分可成对偶即可。重要的是事实上的兼语句在唐诗中毕竟已不少。可知唐诗的语言又向前发展了。用这种事实上的兼语句可以表达更多的关系，也是一种语言上的节约，符合律诗的语言应更加精练的要求。再看其他诗人的兼语句：

酒助欢娱洽，风催景气新。（杜审言《泛舟送郑卿入京》）

香畏风吹散，衣愁露沾湿。（王维《早春行》）

张罗依道口，嗾犬上山腰。（刘禹锡《连州腊日观莫徭猎西山》）

雨引苔侵壁，风驱叶拥阶。（刘禹锡《和乐天早寒》）

桥凭川守造，树倩府僚栽。（白居易《题新居呈王尹兼简府中三掾》）

欲送愁离面，须倾酒入肠。（白居易《洛城东花下作》）

钟催归梦断，雁引远愁生。（杨厚《早起》见《全唐诗》卷四七二）

溪浸山光冷，秋凋木叶黄。（释常达《山居八咏》之三）

静引闲机发，凉吹远思醒。（释齐己《新秋雨后》）

涧冰妨鹿饮，山雪阻僧归。（张乔《山中冬夜》）

细柳风吹旋，新荷露压倾。（方千《嘉兴县内池阁》）

这些诗句，除第五例和最后一例，都已是正规的兼语句，它们所用的主要动词都已渐远离使令意义，句意也多种多样。这些比较正规的兼语句大都出现于中、晚唐，从这里也可看出兼语句是在唐后期才趋成熟，诗人也渐运用自如了。

六、其他特殊造句

唐代的诗人是勇于探索，也勇于创新的，在句法句型方面也是如此。上文只从几个最显著、较常见,后世也沿用的几种特殊句法句型作了些探讨,远不足以涵盖唐诗语言上的所有独特之处。诗人,尤其是像杜甫这样的大诗人,总是力求新颖,出人意料。杜诗《江上值水如海势聊短述》云:“为人性僻耽佳句,语不惊人死不休。”这不仅是夫子自道,好多诗人性格虽有异,但在“耽佳句”上却是一致的,杜甫在这方面不过更加突出而已。他的近体诗句好些都难以用常规的语法加以分析,如不知这些诗句的背景和他的身世、交游,往往会难以理解。如下面这几联:

敏捷诗千首,飘零酒一杯。(《不见》)

一病缘明主,三年独此心。(《奉赠王中允维》)

立马千山暮,回舟一水香。(《数陪李梓州泛江有女乐在诸舫戏为艳曲二首赠李》)

翠深开断壁,红远结飞楼。(《晓望白帝城盐山》)。

江虹明远饮,峡雨落余飞。(《晚晴》)

饭抄云子白,瓜嚼水精寒。(《与鄠县源大少府宴渼陂》)

舞剑过人绝,鸣弓射兽能。(《故武卫将军挽歌三首》之二)

第一联就很难说它属于特殊句型中的哪一类。必须知道杜甫对李白的赞美与同情, 想到杜甫这时也许已知道李白因牵涉在永王璘一案中而遭远逐,又不知其下落,才能体会到这一联诗所蕴藏的深厚的感叹之情。第二联更不能按正常的语法关系去解释,必须知道王维曾落在安禄山手里,他服药取痞,不曾忘主,写过“百官何日再朝天”的诗,从而得到唐肃宗的谅解这些事才能懂得。第三联根据题目似乎好理解,但应知道,这不是什么艳曲。诗人虽以“回舟一水香”句夸张地写出船上载有女乐,但“立马千山暮”则暗示一种迟暮之感,令人想到安乐之无常和诗人的寄食飘零在外的心情, 两句配合得恰好。第

四、五联都得由读者根据诗人几个词语所提供的线索，展开想象去理解。第四联大意是：从绝壁断开处可见深深的翠绿溪谷（“翠深开断壁”）；红霞远映处可见好似果实一样结于山顶的高峻的白帝城楼（“红远结飞楼”）。第五联上句是说远处彩虹明亮，好似在江上饮水（“江虹明远饮”）；下句说三峡中未下完的雨还在飞着（“峡雨落余飞”）。两联都错综其词，有些晦涩费解，但如根据作者所在之地的景物去细心体会，还是可以理解的。第六、七两联，词意较显豁，但仍有几处不寻常的倒置，第六联是把宾语倒置于前，而宾语的修饰语又置于宾语之后，修饰语本身又是用他物作比喻，而不明言。整联是说：抄那像碎云母一样白的饭，嚼那水精般寒凉的瓜。第七联则把很少后置的副词和助动词后置了，本应云“舞剑绝过人，鸣弓能射兽”。这里虽然增加了这么些特殊的句法句型，事实上仍难充分阐明杜诗复杂的句法句型，如前人谈诗经常提到的“香稻啄余鹦鹉粒，碧梧栖老凤凰枝。”（见《秋兴》第八首）和“绿垂风抑笋，红绽雨肥梅。”（见《陪郑广文游何将军山林》第五首）我们就不再提及了。

在律体诗已成为一种普遍通行的格式时，诗人为求新颖别致又要迁就格律和韵脚，轶出常规的造句当然不会少，下面再举出杜甫以外的诗人的一些不合常规、与散文句迥异的例子，以见这几乎是一种修辞手段，或者说是诗坛上的一种风气。例如：

诺谓楚人重，诗传谢朓清。（李白《送储邕之武昌》）

书剑身同废，烟霞吏共闲。（刘长卿《偶然作》）

竹药闭深院，琴樽开小轩。（白居易《酬吴七见寄》）

书报九江闻暂喜，路经三峡想还愁。（白居易《得行简书闻欲下峡先以此寄》）

影孤别离月，衣破道路风。（孟郊《叹命》）

蓑唱牧牛儿，篱窥蒨裙女。（杜牧《村行》）

勿谓孤寒弃,深忧讦直妨。(李商隐《赠送前刘五经映三十四韵》)

山色和云暮,湖光共月秋。(许浑《酬报先上人登楼见寄》)

微风窗静展,细雨阁吟登。(喻凫《早秋寺居酬张侍御六韵见寄》)

架书抽读乱,庭果摘尝稀。(李频《过嵩阳隐者》)

这些诗句都得根据诗题,设身处地去细心体会,像上面分析杜诗那样,才能理解其意。有些过于费解,似乎不足为法,但诗人要充分利用汉语的灵活性,要有所创新的努力,仍可以从这些诗窥见,连白居易这样愿老妪能解的人偶然也会写出不合常理的诗句,更可见这确是诗人们所共同追求的一个方向了。

七、诗句的节奏

诗句的语法结构还与诗句中的节奏有密切的关系。诗句节奏的不同来自诗句的意义的不同。但反转过来节奏却可影响乃至改变诗句的语法结构。有些特殊的造句方式,往往即由节奏的变动而来。五言诗与七言诗字数不同,节奏自然也有区别,下面就分别加以简略的探讨。

五言诗句常见的节奏是上二下三,即在吟诵两字后略作停顿,然后再吟诵下三字,许多诗全诗都是如此,如王维的《过香积寺》:

不知/香积寺,数里/入云峯。古木/无人径,深山/何处钟?泉声/咽危石,日色/冷青松。薄暮/空潭曲,安禅/制毒龙。

为简便计,可把这种节奏标记作"二/三式"。然而在唐诗中,有时会出现另外一些节奏句式,有与"二/三"节奏相反的"三/二"节

奏。杜诗里就有,白居易诗尤多。例如:

巴蜀来/多病,荆蛮去/几年。(杜甫《一室》)

把君诗/过日,念此别/伤神。(杜甫《赠别郑炼赴襄阳》)

纸窗明/觉晓,布被暖/知春。(白居易《晓寝》)

白鹿原/东郭,青龙寺/北廊。(白居易《渭北退居诗一百韵》)

琴书中/有得,衣食外/何求。(白居易《履道新居二十韵》)

须勤念/黎庶,莫苦忆/交亲。(白居易《送杨八给事赴常州》)

一指指/应法,一声声/爽神。(常建《听琴秋夜赠寇尊师》)

一千年/际会,三万里/农桑。(杜牧《华清宫三十韵》)

失意时/相识,成名后/独归。(项斯《送欧阳衮归关中》)

明征君/旧宅,陈后主/题诗。(顾况《题歙山栖霞寺》)

还有"一/四式"节奏的,例如:

露/从今夜白,月/是故乡明。(杜甫《月夜忆舍弟》)

进/不厌朝市,退/不恋人寰。……秋/不苦长夜,春/不惜流年。(白居易《赠柯直》

忧/方知酒圣,贫/始觉钱神。(白居易《江南谪居十韵》)

藏/千寻布水,出/十八高僧。(孟郊《怀南岳隐士》)

户/尽悬秦网,家/多事越巫。(李商隐《异俗二首》之二)

老/拟归何处,闲/应过此生。(李频《长安书事寄所知》)

静/少人过院,闲/从草上阶。(崔涂《赠休粮僧》)

还有与"一/四式"相反的是"四/一式"节奏,但较少。例如:

迎送宾客/懒,鞭笞黎庶/难。(白居易《自咏五首》之三)

时倚高窗/望,幽寻小径/行。(姚合《题长安薛员外水阁》)

宅从栽树/贵,家为买书/贫。(许浑《寄殷尧藩》)

这三联中,第一联只能按"四/一"节奏读,第二、三联也可读"一/三/一"节奏,但如读作"二/三"节奏,便无从索解了。有些诗整句有如一个词组,即用双重修饰语来说明时间、方位或人事,可读作"四/一"节奏,也可读成常用的"二/三"节奏,但两种读法含意却有所不同。如杜甫的《寄贺兰铦》首联:"朝野欢娱后,乾坤震荡中。"如读为"朝野/欢娱后,乾坤/震荡中。"则只是说明朝野在某地区或某些人的欢娱之后,乾坤乃处于震荡之中。虽然也可通,但谴责并深感痛心之意大为减弱。如连读"朝野欢娱""乾坤震荡"则意在朝野对天下之震荡难辞其咎,故应视为"四/一"节奏较为妥当。再如杜甫又于《奉寄李十五秘书二首》之二的首联云:"行李千金赠,衣冠八尺身。"亦以读为"四/一"节奏为宜,如果在行李下略作停顿,尚无不可,衣冠下亦停顿,则文理欠通畅了。

下面再看七言诗句的节奏,七言诗句通常是"四/三"节奏,如前四字不必连读,且可分段,那么也可以是"二/二/三"节奏。例如王昌龄的《长信秋词五首》第一首,一般都是这样诵读:

金井梧桐/秋叶黄,珠帘不卷/夜来霜。熏笼/玉枕/无颜色,卧听南宫/清漏长。

还有须读作"三/四"节奏的七言诗句,不过要比五言诗句须读作"三/二"节奏的少得多。例如:

柳吴兴/近无消息,张长公/贫苦寂寥。(李益《九月十

日雨中过张伯佳期柳镇未至以诗招之》)

常骑马 / 在嘶空枥,自作书 / 留别故人。(张籍《哭丘长史》)

无情水 / 任方圆器, 不系舟 / 随去住风。(白居易《偶吟》)

声早鸡 / 先知夜短,色浓柳 / 最占春多。(白居易《早春忆微之》)

还有一种"二 / 五"节奏,则比较常见。例如:

到门 / 不敢题凡鸟,看竹 / 何须问主人?(王维《春回与裴迪过新昌里访吕逸人不遇》)

鸿雁 / 不堪愁里听,云山 / 况是客中过。(李颀《送魏万之京》)

不贪 / 夜识金银气,远害 / 朝看麋鹿游。(杜甫《题张氏隐居二首》之二)

来如 / 雷霆收震怒,罢如 / 江海凝清光。(杜甫《观公孙大娘弟子舞剑器行》)

不堪 / 红叶青苔地,又是 / 凉风暮雨天。(白居易《秋雨中赠元九》)

武略 / 剑锋环相府,诗情 / 锦浪浴仙舟。(章孝标《蜀中上王尚书》)

又有"二 / 三 / 二"式节奏,也在诸大家诗中屡见。例如:

且看 / 欲尽花 / 经眼,莫厌 / 伤多酒 / 入唇。(杜甫《曲江二首》首章)

永夜 / 角声悲 / 自语,中天 / 月色好 / 谁看。(杜甫《宿府》)

曾向 / 先皇边 / 谏事,还应 / 上帝处 / 称臣。(王建《送吴

谏议上饶州》)

独戴/熊须冠/暂出,唯将/鹤尾扇/同行。(张籍《送吴炼师归王屋》)

始觉/琵琶弦/莽卤,方知/吉了舌/参差。(白居易《双鹦鹉》)

暗诵/黄庭经/在口,闲携/青竹杖/随身。(白居易《独行》)

又还有一种"三/一/三"节奏的七言诗句,宋人颇讲究,称之为"折腰句",唐人诗中已屡见,例如:

绿绮琴/弹/白雪引,乌丝绢/勒/黄庭经。(畅当《题沈八斋》)

洛阳城/见/梅迎雪,鱼口桥/逢/雪送梅。(李绅《江南暮春寄家》)

一卷旌/收/千骑虏,万全身/出/百重围。(张祜《从军行》)

芰荷香/绕/垂鞭袖,杨柳风/横/弄笛船。(赵嘏《忆山阳》)

床头枕/是/溪中石,井底泉/通/竹下池。(贾岛《宿村家亭子》)

池中水/是/前秋雨,陌上风/惊/自古尘。(薛能《汉庙祈雨回阳春亭有怀》)

上面举出了五、七言诗句中的一些不那么常用的节奏,但诗句的节奏并不只是这几种,太特殊,仅偶然一见的都未再一一举出。诗句的节奏可能因理解不同而有异,如:"一/四"节奏,可读成"一/三/一"节奏之类。有时五言诗、七言诗都偶见必须全联通读,即合二句才成一个完整句的。五言如白居易的《和答诗十首·和松树》有"尚可以斧斤,伐之为栋梁”。

七言如杨兴义的《题秋风》残句云:“霜风一夜将红叶,换尽江头万木青。”这种诗只能随诗意诵读,不好谈什么节奏了。(杨诗残句见《全唐诗续补遗》卷一五)

简言之,诗句的节奏,不但表明诗句的涵义所在,同时也提示句法句型的改变。读诗时我们往往得先掌握其节奏,才能了解诗人的用意,也才能说明这诗句的句法结构。在读杜诗“且看欲尽花经眼,莫厌伤多酒入唇”和“永夜角声悲自语,中天月色好谁看”两联时就得这样。

(曾经修改,后载于国家图书馆出版社2009年1月第1版《唐诗的解读》之《语言篇》。)

唐诗在对仗上的讲究

出于对世界万物对立统一的朴素认识，也由于汉语以单音词为主，一音一义，在构词和搭配上有很大的回旋余地，很易构成对仗。先民在运用语言文字时很早就喜欢用骈偶的形式，以增强表现力，也为了便于记诵。《诗经》里就屡见对仗，如：

喓喓草虫，趯趯阜螽(《召南·草虫》)

觏闵既多，受侮不少(《邶风·柏舟》)

昔我往矣，杨柳依依；今我来思，雨雪霏霏(《小雅·采薇》)

其实《豳风·七月》里的“一之日觱发，二之日栗烈”，“三之日于耜，四之日举趾”，如果去掉前面的“一之日”等词语，也是各自成对仗的。更常见的是民歌中的反复吟唱，一篇诗中的数章，每章中只变动一二字，而变动的字，仍是互相对照或义同义近的，如《小雅·南山有台》第一、二章：

南山有台(“台”亦草名，与下句“莱”成对仗)，北山有莱。乐只君子，邦家之基。乐只君子，万寿无期。(第一章)

南山有桑，北山有杨。乐只君子，邦家之光。乐只君子，万寿无疆。(第二章)

《国风》里面，像这种格式的诗更多。不仅《诗经》，就是诸子散文中，也常见各种排偶的句子，例如近人常读的两段：

庖丁为文惠君解牛，手之所触，肩之所倚，足之所履，膝

之所踦，砉然响然，奏刀騞然，莫不中音。合于《桑林》之舞，乃中《经首》之会。（庄子《养生主》）

天行有常，不为尧存，不为桀亡。应之以治则吉，应之以乱则凶。强本而节用，则天不能贫；养备而动时，则天不能病；修道而不贰，则天不能祸。故水旱不能使之饥，寒暑不能使之疾，妖怪不能使之凶。（《荀子·天论》）

诸子行文如此，辞赋诗歌以及骈文，欲求引人注意，加深印象，就更须时常用到对仗了。对仗之常用，成为习惯，也成为一种风气，以致古今常用的四字成语，好多都是上两字与下两字成对偶而形成的。例如：无偏无党、不伦不类、良师益友、杯水车薪、千言万语、大惊小怪等等，都仍活在人们的文字里和口语中。逐渐形成一定格式的五、七言诗就更得把对仗作为一种重要的表达方法和修辞手段了。自陆机始，要堆砌词藻，露才显博，特别在对仗上下功夫，于是作诗讲求对仗之风日盛，而且由于音韵声调之说已被人意识到并进入诗歌领域，对仗也就更日益细密工整。齐梁宫体诗对律诗的形成有一定贡献，对对仗之使用也是有一定贡献的。

对仗与声律相结合，便有了传承千余年的律体诗。但是对仗也并不是律体诗所专有，就是律体诗也不是处处非用对仗不可的。这里先从对仗如何使用，用于何处开始做些探讨。

本来，对仗是远在律诗形成、声律被人意识到以前早就有了的，从《古诗十九首》和曹植的诗里，就可以找到些除了音律不合格但句意、词句完全成对的对仗句。初唐人的诗本来是继承齐梁体而来，仅在内容上有了变化，形式上仍与齐梁体相差无几，也没有古体和律体的严格区别，因此那时的五言古诗中常常杂有一些只是平仄上没有完全相对，或不能成律句、律对，而意义用词上却对得相当工整的对仗，如魏征的《述怀》中的数联：

请缨系南越，凭轼下东藩。郁纡陟高岫，出没望平原。古木鸣寒鸟，空山啼夜猿。既伤千里目，还惊九逝魂。

如果说魏征初入唐，其时还是古、律不分的话，那么下面还有：

朔马饮寒冰，行子履胡霜。（乔知之《苦寒行》）

西驰丁零塞，北上单于台……夸愚适增累，矜智道逾昏。（陈子昂《感遇诗》）

风泉夜声杂，月露宵光冷。（陈子昂《酬晖上人秋夜山亭有赠》）

甚至盛唐、中唐仍有不少五古中用对仗的：

雉雊麦苗秀，蚕眠桑叶稀。（王维《渭川田家》）

高柳早莺啼，长廊春雨响。（王维《谒璇上人》）

孤城当瀚海，落日照祁连。（陶翰《出萧关怀古》）

荡胸生层云，决眦入归鸟。（杜甫《望岳》）

山危一径尽，崖绝两壁对。（杜甫《万丈潭》）

引杖试荒泉，解带围新竹。（柳宗元《夏初雨后寻愚溪》）

万物皆及时，一人不觉春。（孟郊《长安羁旅行》）

非求宫律高，不务文字奇。（白居易《寄唐生》）

七言古诗，初唐如卢照邻、骆宾王等人，也承齐梁遗风重在绮丽流畅，虽有其意境，但在气骨上不甚讲求，所以多以对仗为一种修辞手段。如卢照邻的《长安古意》从第二联“玉辇纵横过主第，金鞭络绎向侯家”开始，就不断用对仗排偶句，超过了全部诗句的一半。骆宾王的《帝京篇》亦然，杂用五、七言，一开始就用对仗：“山河千里国，城阙九重门。不睹皇居壮，安知天子尊。”他又善用数字对，篇中即有“秦塞重关一百二，汉家离宫三十六”“小堂绮帐三千户，大道青楼十二重”“且论三万六千是，宁知四十九年非”，被人戏称为“算博士”。但他的对仗句亦颇有发人深省语，如“春去春来苦自驰，争名争利徒尔为”

等。再如当时的名作，刘希夷的《代悲白头翁》："已见松柏化为薪，更闻桑田变成海……年年岁岁花相似，岁岁年年人不同。"稍后张若虚的《春江花月夜》也是此种体裁的变体。

直至李、杜、高、岑诸人出，开合动荡，奔放豪迈，才尽扫齐梁绮靡之风，为歌行开辟出了一片新天地。可在他们歌行中，仍常以对仗来润色或增强气势：

校尉羽书飞瀚海，单于猎火照狼山。（高适《燕歌行》）

野花不省见行人，山鸟何曾识关吏。（岑参《函谷关歌送刘评事使关西》）

鸡聚族以争食，凤孤飞而无邻。蝘蜓嘲龙，鱼目混珍。嫫母衣锦，西施负薪。（李白《鸣皋歌送岑征君》）

抽刀断水水更流，举杯消愁愁更愁。（李白《宣州谢朓楼饯别校书叔云》）

隐士休歌紫芝曲，词人解撰清河颂。（杜甫《洗兵马》）

来如雷霆收震怒，罢如江海凝清光。（杜甫《观公孙大娘弟子舞剑器行》）

断鹤两翅鸣何哀，絷骥四足气空横。（韩愈《寒食日出游》）

宫莺百啭愁厌闻，梁燕双栖老休妒。（白居易《上阳白发人》）

春风桃李花开日，秋雨梧桐叶落时。（白居易《长恨歌》）

古体诗用对仗多少，与诗人之为人和风格有关。王维较近于传统诗风，故用对仗较多。杜甫则但视行文需要，无可无不可。李白洒脱，不拘法度，故用得较少，偶一用之，也与众不同，或似对似不对。韩愈不乐与人同，但求奇崛有气势，故也罕用对仗。白居易叙事欲求情景动人，则须用对仗来增加情趣。各家情况虽不同，但有一点还是一致的:即使是古体诗,有时也得用对仗来点缀。这就说明对仗并不是律体诗所专有。

对仗在五律、七律中的使用也还是有各种不同情况的,并非一定要用于中间两联。甚至还有通篇不用对仗,但因平仄合律,又不失粘,也被承认为律诗的。例如李白的《夜泊牛渚怀古》。而岑参、孟浩然和僧人皎然都有这种完全不用对仗仍平仄合律的诗:

正月今欲半,陆浑花未开。出关见青草,春色正东来。夫子且归去,明时方爱才。还须及秋赋,莫即隐蒿莱。(岑参《送杜佐下第归陆浑别业》)

水国无边际,舟行共使风。羡君从此去,朝夕见乡中。予亦离家久,南归恨不同。音书若有问,江上会相逢。(孟浩然《洛中送奚三还扬州》)

移家虽带郭,野径入桑麻。近种篱边菊,秋来未着花。叩门无犬吠,欲去问西家。报道山中去,归时每日斜。(皎然《寻陆鸿渐不遇》)

还有似乎前半四句都不用对仗,至后半才用的。盛唐诗人杜甫、王维、孟浩然等人均有这样的五律:

西京安稳未,不见一人来。腊日巴江曲,山花已自开。盈盈当雪杏,艳艳待春梅。直苦风尘暗,谁忧客鬓催。(杜甫《早花》)

门前洛阳客,下马拂征衣。不枉故人驾,平生多掩扉。行人返深巷,积雪带余晖。早岁同袍者,高车何处归。(王维《喜祖三至留宿》)

去国似如昨,倏然经杪秋。岘山不可见,风景令人愁。谁采篱下菊,应闲池上楼。宜城多美酒,归与葛强游。(孟浩然《九日怀襄阳》)

木落雁南渡，北风江上寒。我家襄水上，遥隔楚云端。乡泪客中尽，孤帆天际看。迷津欲有问，平海夕漫漫。（孟浩然《早寒江上有怀》）

纤纤折杨柳，持此寄情人。一枝何足贵，怜是故园春。迟景那能久，流芳不及新。更愁征戍客，鬓老边城尘。（张九龄《折杨柳》）

清晨入古寺，初日照高林。曲径通幽处，禅房花木深。山光悦鸟性，潭影空人心。万籁此俱寂，惟闻钟磬音。（常建《题山寺后禅院》）

五月天山雪，无花只有寒。笛中闻折柳，春色未曾看。晓战随金鼓，宵眠抱玉鞍。愿将腰下剑，直为斩楼兰。（李白《塞下曲之一》）

这些诗里面，杜甫那一首最为奇特，他是颈联、尾联都全用对仗的。孟浩然诗录了两首，因为他的对仗很多都不工稳，尤其是颔联，很多都不成对仗，这在他的诗中占得比重较他人为大。我们在引录前还说，“似乎前面四句都不用对仗”，用了“似乎”二字，那是因为首联一般是不必用对仗的。在唐诗中，还有可以不用对仗的，主要是颔联。杜甫颔联不用对仗的诗就还有一些，只因他讲究声律，也善用对仗，所以占得比重很小而已。他的名作《月夜》就是颔联不用对仗的：

今夜鄜州月，闺中只独看。遥怜小儿女，未解忆长安。香雾云鬟湿，清辉玉臂寒。何时倚虚幌，双照泪痕干。

为什么那时的诗人往往颔联不用对仗？自然有其原因：一是那时于对仗要求还不甚严，为了仿古，显得不同于流俗。二是颔联不用对仗，就容易与首联连成一片，一气直下，更有气势，也更流畅一些。上面举的李白的《塞下曲》和杜甫的《月夜》都得力于此。再如，孟浩然的《与诸子登岘山》前四句：“人事有代谢，往来成古今。江山留胜迹，我辈复登临。”之为时人传诵,道理也在这里。

首联一般是不用对仗的,但如首句不入韵,特别是七律,诗人才往往用对仗。五律如果首联用了对仗,颔联就有理由可以不用对仗了。这还有个名目,前人多称之为“偷春格”。下面是几个例子:

青山横北郭,白水绕东城。此地一为别,孤蓬万里征。浮云游子意,落日故人情。挥手向兹去,萧萧班马鸣。(李白《送友人》)

言从石菌阁,新下穆陵关。独向池阳去,白云留故山。绽衣秋日里,洗钵古松间。一施传心法,唯将戒定还。(王维《同崔兴宗送衡岳瑗公南归》)

弱水应无地,阳关已近天。今君渡沙碛,累月断人烟。好武宁论命,封侯不计年。马寒防失道,雪没锦鞍鞯。(杜甫《送人从军》)

我行穷水国,君使入京华。相去日千里,孤帆天一涯。卧闻海潮至,起视江月斜。借问同舟客,何时到永嘉。(孟浩然《宿永嘉江寄山阴崔少府国辅》)

首句不入韵时,七律首联用对仗很常见。五律、七律尾联用对仗却很少见,那是因为用对仗结束好像收不住全诗似的。但也有例外,如杜甫的五律《悲秋》尾联:“始欲投三峡,何由见两京。”七律《闻官军收河南河北》的尾联:“即从巴峡穿巫峡,便向襄阳下洛阳。”都恰好传达出了急欲回乡和终于得以回乡的心情。至于首句入韵的五、七言律诗,诗的首联,也偶有用对仗的。如五律如陈子昂《春夜别友人》的首联:“银烛吐青烟,金樽对绮筵。”七律如白居易的《杭州春望》:“望海楼明照曙霞,护江堤白踏晴沙。”

五律有全篇散行,不用对仗的,七律却没有。这大约是七律如果也完全不用对仗,就有似七言短古或歌行了。但七律却有通篇都用对

仗的,正如五律也有通篇用对仗的。例如:

风急天高猿啸哀,渚清沙白鸟飞回。无边落木萧萧下,不尽长江滚滚来。万里悲秋常作客,百年多病独登台。艰难苦恨繁霜鬓,潦倒新停浊酒杯。(杜甫《登高》)

闻道皇华使,方随皂盖臣。封章通左语,冠冕化文身。树色分扬子,潮声满富春。遥知辨璧吏,恩到泣珠人。(王维《送李判官赴东江》)

还有一种用对仗比较别致的手法,那就是让第一句与第三句成对仗,第二句与第四句作对仗,也就是一二句与三四句作对仗。故有个名目叫作"扇对",亦称"隔句对",名家往往有之:

得罪台州去,时危弃硕儒。移官蓬阁后,谷贵殁潜夫。(见杜甫排律《哭台州郑司户苏少监》末段。)

朗朗闻街鼓,晨起似朝时。翻翻走驿马,春尽是归期。(韩愈五律《奉使常山,早次太原,呈副使吴郎中》前四句。)

秋馆清凉日,书因解闷看。夜窗幽独处,琴不为人弹。(白居易六韵排律《洛下京居》首四句)

也有用这种隔句对于七言古诗中的,如李白《梦游天姥吟留别》的首四句:

海客谈瀛洲,烟涛微茫信难求。越人语天姥,云霞明灭或可睹。

白居易用扇对有数篇,还于七古《送张山人归嵩阳》中段有四句仿效李白:

朝游九城陌,肥马轻车欺杀客;暮宿五侯门,残茶冷酒愁杀人。

李诗用以写梦游,白诗用以叹世态,各有千秋。总之,这种扇对对于铺陈和叙事都有一定作用,不是诗人的故意搬弄文字之作。明谢榛

《四溟诗话》卷四引江淹《贻袁常侍》诗:“昔我别秋水,秋月丽秋云。今君客吴坂,春日媚春泉。”谓与杜子美“得罪台州去”四句之隔句对,皆视于《诗经·采薇》诗:“昔我往矣,杨柳依依。今我来思,雨雪霏霏。”按江淹善仿前人或者真有意仿效,主要在文字上取巧。李、杜、韩、白诸家则不过借此体以另写他事,与江淹是大不相同的。

对仗作为古典诗歌的一种重要的修辞手法,不但表现在全篇诗中对仗的使用,对仗也常用于诗句当中,这就是句中对。这种句中对使诗具备两个以上形象,也常使一句话含有几重意思。七言诗因字数多,用句中对,自然更方便,但五言诗也不是不能用的。在盛唐,最善于用句中对的还是杜甫:

高江急峡雷霆斗,翠木苍藤日月昏。(《白帝》)

枫林橘树丹青合,复道重楼锦绣悬。(《夔州歌十绝句》之四)

风急天高猿啸哀,渚清沙白鸟飞回。(《登高》)

竹寒沙碧浣花溪,橘刺藤梢咫尺迷。(《将赴成都草堂,途中有作先寄严郑公五首》之三。)

画省香炉违伏枕,山楼粉堞隐悲笳。(《秋兴八首》之二)

细草微风岸,危樯独夜舟。(《旅夜书怀》)

白狗黄牛峡,朝云暮雨祠。(《奉使崔都水翁下峡》)

这几联诗都大大扩充了诗句的容量,提供了更多的可让读者想象的情景,有的还构成了鲜明的对比,使人能更好地理解诗人的感慨。如“画省香炉”之喻京华,“山楼粉堞”之指夔州。

李白豪放不拘,律诗较少,但他对平仄和对仗还是相当讲究,诗句中句中对也不少。例如:

明妆丽服夺光辉,扬眉转袖若雪飞。(《白纻辞三首》之三)

名公绎思挥彩笔，驱山走海置眼前……心摇目断兴难尽，几时可到三山巅……东崖合沓蔽轻雾，深林杂树空芊绵。……(《当涂赵炎少府粉图山水歌》)

回山转海不作难，倾情倒意无所惜。(《忆旧游寄谯郡元参军》)

银鞍紫鞚照云日，左顾右盼生光辉。(《走笔赠独孤驸马》)

杜甫以沉郁深婉胜，李白则以雄奇豪迈胜，而气势则旗鼓相当。另如韩愈，亦屡用句中对于七言古诗中，构思奇、语亦奇：

去寒就暖识所依，天长地阔栖息稀……草长沙软无网罗，闲飞静集鸣相和。(《鸣雁》)

天昏地黑蛟龙移，雷惊电激雄雌随。(《龙移》)

鸾飘凤泊拏虎螭，事严迹秘鬼莫窥。(《岣嵝山》)

李商隐用句中对，多师法杜甫，气势略逊，而凄婉过之：

江鱼朔雁长相忆，秦树嵩云自不知。(《及第东归次灞上却寄同年》)

离思羁愁日欲晡，东周西雍此分途。(《次陕州先寄源从事》)

枫树夜猿愁自断，女萝山鬼语相邀。(《楚宫》)

句中对通常都用于句首，刘禹锡和李商隐却都有用于句子中段的，较为别致：

空怀济世安人略，不见男婚女嫁时。(刘禹锡《哭吕衡州，时予方谪居》)

迎忧急鼓疏钟断，分隔休灯灭烛时。(李商隐《曲池》)

白居易则以晓畅胜，以句中对传情述事，使情景更为动人，仅就其乐府中的几小段即可见：

莺归燕去常悄然，春往秋来不记年。唯向深宫望明月，东西四五百回圆(《上阳白发人》)

松门柏城幽闭深，闻蝉听燕感光阴。(《陵园妾》)

上面所举各例大都是上下句头四字，各自两两相对，然后上下句又成为对仗，都很工整，显见诗人掌握的汉语词汇之丰富，同时又为读者多提供一些意象，是诗中很常见的一种修辞手法。但还有另一种句中用对仗的手法，那就是上半句与下半句在句意上成对仗，虽然上半与下半字数不相等，却另有一种风味：因为较少见，更特别引人注目。先看白居易的两联诗和王涯的一联诗：

孤山寺北贾亭西，水面初平云脚低。(白居易《钱塘湖春行》)

山吐晴岚水放光，辛夷花白柳梢黄。(白居易《代春赠》)

三戍渔阳再渡辽，骍弓在臂剑横腰。(王涯《塞下曲》)

在这三联诗里，“孤山寺北”与“贾亭西”，“水面初平”与“云脚低”，“山吐晴岚”与“水放光”，“辛夷花白”与“柳梢黄”，还有“三戍渔阳”与“再渡辽”，“骍弓在臂”与“剑横腰”，虽然字数不同，却都对得十分工稳，而且自然。杜甫还有一联：“黄牛峡静滩声转，白马江寒树影稀。”(《送韩十四江东觐省》)也是上下句的上半句和下半句成对照，虽不那么工稳，但上句“黄牛峡”对下句的“白马江”，“滩声”对“树影”都恰好成对，整联诗意境亦好，故也算得是一种上半句与下半句对应的当句对。

较常见的是仅下句用这种当句对，上句仍用一般的句中对，与下句并不成对仗，但上下句相辅相成，语意却既完整又精美。如下面三例：

升堂坐阶新雨足，芭蕉叶大支子(即栀子)肥。(韩愈《山石》)

态浓意远淑且真，肌理细腻骨肉匀。（杜甫《丽人行》）

露浓烟重草萋萋，树映栏干柳拂堤（温庭筠《经李征君故居》）

这些写法，都能使一联诗中传达更多的意象，而句子也整齐匀称，便于吟诵和玩味，是修辞的一种诀窍。

还有一种重要的对仗手法，这就是所谓“流水对”。这种对仗上下句意义贯串在一起，一气直下，不能颠倒也不能分割开来，每一句如独立起来，就会显得语意不完整，好似话还没有说完，有如流水，故名流水对。这种对仗能使诗中的对句活起来，不致板滞单调，故诗家常用，诗论家也十分重视，如沈德潜选张九龄《旅宿淮阳亭口号》一诗，其颔联云：“故乡临桂水，今夜渺星河。”沈氏便于诗后注云：“故乡临韶州之桂水，旅中念及渺星河，此种活对，度人无限金针。”张九龄是韶州曲江人，不过旅途思乡之语，但用这种倒装句的流水对写来，便耐人寻味，句法也别致了，沈氏之意就是想让人学张曲江这种活对。实则这种顺叙或倒叙以写各种思念之情的流水对，唐诗里可屡见：

何是云霞里，今成枕席前。（王维《投道一师兰若宿》）

欲寻芳草去，情与故人违。（孟浩然《留别王侍御维》）

至今残破胆，犹有未招魂。（杜甫《自金光门出有悲往事》）

烽火连三月，家书抵万金。（杜甫《春望》）

还将两袖泪，同向一窗灯。（李商隐《别薛岩宾》）

至于以流水对叙事，可更顺畅，更常见：

一从归白社，不复到青门。时倚檐前树，远看原上村。（王维《辋川闲居》）

欲穷千里目，更上一层楼。（王之涣《登鹳雀楼》）

泊舟浔阳郭，始见香炉峰。（孟浩然《晚泊浔阳望庐山》）

坐开桑落酒,来把菊花枝。(杜甫《九日杨奉先会白水崔明府》)

为耽泉石趣,不惮薜萝寒。(戎昱《送王明府入边》)

始至若有得,稍深遂亡疲。(柳宗元《南涧中题》)

一夜风欺竹,连江雨送秋。(杜牧《忆齐安郡》)

秋风吹渭水,落叶满长安。(贾岛《忆江上吴处士》)

天下已归汉,山中犹避秦。(李频《过四皓庙》)

玉玺不缘归日角,锦帆应是到天涯。(李商隐《隋宫》)

以上诸例上下句有继承关系,或因果关系,或上下句本叙一事,就自然形成了流水对。这种流水对,改变了全诗的节奏和气氛,既能使全诗活跃一些,也有助于表达诗意诗情,与上述的句中对等都是对仗的灵活运用。

还有两种特殊的对仗:借对与错综对。借对亦称假对,错综对亦称错对或参差对,它们只是偶然使用,基本上属于技术问题,就不像句中对和流水对那样对表意传情有那么大的作用了。

借对有两种:一是借义,也就是按那词语在诗中使用的意义来说,本不能与对句中另一句的同一地位的词语成对仗,必须按那词语的本义来对应才成。例如:

酒债寻常行处有,人生七十古来稀。(杜甫《曲江二首》之二)

行李淹吾舅,诛茅问老翁。(杜甫《巫峡敝庐奉赠侍御四舅》)

“寻常”本不与“七十”为对偶,但八尺曰寻,倍寻曰常,便可以与“七十”成对仗了。“行李”本不能与“诛茅”为对偶,但取行走之行义,桃李之李义,就恰好与诛茅成对仗了。

另一种是借音,即不取其字本义,但取其字之音:

峣关险路今虚远，禹凿寒江正稳流。（杜甫《喜观取妻子到江陵》）

次第寻书札，呼儿检赠篇。（杜甫《哭李常侍二首》之二）

这是借“峣”之音“尧”，与禹作对仗，借“第”之音为“弟”，即可与儿成对仗，都是使不能成对仗的词语成了对仗，以济对仗之穷，与表达情意关系不大，虽见诗人巧思，其实只是技术问题。

错综对或参差对是上下句成对仗的词语不在相应的位置上，而是错开的，故亦名错对。例如：

众水会涪万，瞿塘争一门。（杜甫《长江二首》之一）

裙拖六幅湘江水，鬓耸巫山一段云。（李群玉《杜丞相筵中赠美人》）

在这两例中，杜甫是以“众水”对“一门”，“涪万”对“瞿塘”，这就是造成上句“仄仄仄平仄”对下句“平平平仄平”，恰好上下句平仄声相反，上句拗，下句救。李群玉诗，则因上句是“平平仄仄平平仄”，下句必须“仄仄平平仄仄平”，“巫山”是平声，就只好放到“一段”前面去，形成错对。杜甫那联诗仍文从字顺，对仗虽不合常规，但用于首联本也可以，诗人可能是无意，李群玉则是有意的。这都是格律上的技巧问题，与诗意诗情的表达并无多大关系，但唐诗中既然有这种变例，为理解唐诗，知道有此变例还是必要的。

形式是为内容服务的，更重要的还是应看对仗在诗的表意传情上究竟能起什么作用。

诗当以意境为先。何谓意境？如果是写景物的，本也是我们见过的，或可以想象得到的，但一经诗人写出来，我们似乎被点醒了，仿佛身临其境，也感受到诗人所感受到的，使人眼界一亮，胸襟开阔，得到一种美好的享受，也体会到了什么，但又无法说出来。这就是一联对仗，把某些景象集中在一起所起的效果。例如：

潮平两岸阔(一作“失”),风正一帆悬。(王湾《次北固山下》)

大漠孤烟直,长河落日圆。(王维《使至塞上》)

砌冷虫喧座,帘疏月到床。(岑参《赵少尹南亭送郑侍御归东台》)

寒风疏落木,旭日散鸡豚。(杜甫《刈稻了咏怀》)

漠漠帆来重,冥冥鸟去迟。(韦应物《赋得暮雨送李胄》)

客寻朝磬至,僧背夕阳归。(李嘉佑《蒋山开善寺》)

路遥云共水,砧迥月如霜(刘长卿《酬皇甫侍御见寄》)

立马望云秋塞静,射雕临水晚天晴。(杨巨源《和侯大夫秋原山观征人回》)

月落乌啼霜满天,江枫渔火对愁眠。(张继《枫桥夜泊》)

最后一联是七绝首联,不必全联成对仗,但诗人以“月落乌啼”与“江枫渔火”两个句中对相配于上下句首,却使夜泊景象跃然纸上了。

还有一些对仗,不专言景物,使景物与人情构成对比,于是更增加了感染力,而诗人的情怀也似呼之欲出:

愁窥高鸟过,老逐众人行。(杜甫《悲秋》)

白发悲花落,青云羡鸟飞。(岑参《寄左省杜拾遗》)

旧路青山在,余生白首归。(刘长卿《北归次秋浦界清溪馆》)

雪声偏傍竹,寒梦不离家。(戎昱《桂州腊夜》)

露下天高秋气清,空山独夜旅魂惊。(杜甫《夜》)

江客不堪频北顾,塞鸿何事复南飞?(皇甫冉《同温丹徒登万岁楼》)

总之,一动一静,一古一今,一此地一彼地……凡可对应之景象,皆便于在对仗中形成强烈对比,传达诗人情怀:

星垂平野阔,月涌大江流。(杜甫《旅夜书怀》)

盘云双鹤下,隔水一蝉鸣。(祖咏(一作李端诗)《赠苗发员外》)

旧馆逢花发,他山值鸟啼。(赵冬曦《奉答燕公》)

桂岭瘴来云似墨,洞庭春尽水如天。(柳宗元《别舍弟宗一》)

官舍已空秋草没,女墙犹在夜乌啼。(刘长卿《登余干古城》)

马嘶古道行人歇,麦秀空城野雉飞。(刘禹锡《荆州道怀古》)

第一联是一静一动,第二联是一动一静,第三联是旧地与他乡对比。第四联是柳州与洞庭对比,因为其弟宗一之楚,而宗元仍留那时还是瘴疠之地的柳州。第五、六联都是当句中使古今对比,这是怀古诗中常见的。

正由于对仗句便于对比,所以其概括性往往很强,诗人的目光有如照耀于神州大地和古往今来。从这里最能看出诗人的胸襟气魄和他深远的感慨。例如:

天地军麾满,山河战角悲。(杜甫《遣兴》)

山随平野尽,江入大荒流。(李白《渡荆门送别》)

远近水声至,东西山色多。(皇甫冉《清明日青龙寺上方赋得“多”字》)

林园穷胜事,钟鼓乐清明。(韩愈《奉和仆射裴相公感恩言志》)

五更鼓角声悲壮,三峡星河影动摇。(杜甫《阁夜》)

暮云空碛时驱马,秋日平原好射雕。(王维《出塞作》)

江对楚山千里月,郭连渔浦万家灯。(李绅《过钟陵》)

天垂大野雕盘草，月落孤城角啸风。（许棠《成纪书事二首》之二）

有对比，涵盖面广，再加上诗人的胸襟气魄，面对壮丽迈阔的山川大地，就会出现许多富有气势的对句：

檐飞宛溪水，窗落敬亭云。（李白《过崔八丈水亭》）

三峡传何处，双崖壮此门。（杜甫《瞿塘两崖》）

出门看落日，驱马向秋天。（高适《河西送李十七》）

独立三边静，轻生一剑知。（刘长卿《送李中丞之归汉阳别业》）

锦江春色来天地，玉垒浮云变古今。（杜甫《登楼》）

朝登剑阁云随马，夜渡巴江雨洗兵。（岑参《奉和杜相公发益昌》）

寒树依微远天外，夕阳明灭乱流中。（韦应物《自巩洛舟行入黄河即事寄府县僚友》）

山上乱云随手变，浙东飞雨过江来。（殷尧藩《喜雨》）

永忆江湖归白发，欲回天地入扁舟。（李商隐《安定城楼》）

由上述可见，对仗对旧体诗的创作无论在修辞上，表情达意上都起过很大作用。但当然不能滥用，更不能以辞害意。

物必有偶，对仗是利用汉语的有利条件，必然产生的一种现象。这道理古人很早就懂得，《文心雕龙·丽辞》云：

造化赋形，支体必双；神理为用，事不孤立。夫心生文辞，运裁百虑，高下相须，自然成对。

又云：

丽辞之体，凡有四对：言对为易，事对为难。反对为优，正对为劣。言对者，双比空辞者也；事对者，并举人验者也；

反对者，理殊趣合者也；正对者，事异义同者也。

刘勰在此文中还举出司马相如、宋玉、王粲、张载四人的诗句来说明他所谓的“四对”。如果以唐诗为例，李峤咏月诗：“皎洁临疏牖，玲珑鉴薄帷。”（《全唐诗》卷五九）苏颋《奉和圣制春台望应制》：“壮丽天之府，神明王者宅。”（《全唐诗》卷七三）就是言对。杜甫《奉赠韦左丞丈二十二韵》：“赋料扬雄敌，诗看子建亲。李邕求识面，王翰愿卜邻。”是事对。而同诗首联“纨袴不饿死，儒冠多误身”则是反对。至于事异义同的正对，唐人诗里也有。例如：

庐岳高僧留偈别，茅山道士寄书来。（皇甫冉《秋日东郭作》）

鹤遣院中童子养，鹿凭山下老人看。（王建《赠王屋道士赴诏》）

乳鹊眄巢花巷静，鸣鸠鼓翼竹园深。（李端《题元注林园》）

第一联无非写谢绝世事，只与僧道往来，第二联有讽道士离山赴诏之意，第三联也不过写元注居处之幽静，都是上下句意思相同，用的事也相近，这种对仗还有名目，叫作“合掌”。“合掌”之病，历来为诗家所诟病，清冒春荣《葚园诗话》卷一言合掌之病甚详，虽然其说过严，把不必算作“合掌”的对句也算作“合掌”，如贾岛的“流星透疏木，走月逆行云”之类，但他说“对句宜工，亦不宜太切，如清风明月，绿水青山，黄莺紫燕，桃红柳绿，便是蒙馆句法”，却是很有道理的。

诗，尤其是律诗，就那么几十个字，是不得不要求极端精炼的。因此，两句一意，如事异义同的“合掌”，或是只是更换词语，仍只是同义的“言对”，都是语言的浪费，于诗意诗情无补，反而令人生厌。据说秦观曾把他的《水龙吟》“小楼连苑横空，下窥绣毂雕鞍聚”诵给苏东坡听，苏东坡便说：“十三个字，只说得一个人骑马楼前过。”（见张宗橚

《词林纪事》卷六引《高斋诗话》)苏东坡也许不知道秦观这首词是赠给营妓娄婉的,巧妙地把娄婉二字嵌在首句中,故语带嘲笑,但苏东坡这话却可发人深思,无论诗或词,都是不容许费许多字而只说一件事或一个意思的。

自从律诗要讲求对仗以来,后世的人往往按对仗的规范,力求用同类的词对同类的词,还要平仄相反,力求工整,循规蹈矩,不敢越雷池一步。于是往往犯"合掌"和"言对"之病,不但于诗意无补,反陷于恶俗之中。当然,也有少数极有才情的诗人造些工巧的对仗,但大多也使人只欣赏他的巧思而忽略其意,显然不应该是作诗所必须刻意追求的。

不容讳言,对仗于诗有益,但也是一种束缚,不善驾驭或才力不足者,即使不犯"合掌""言对"之病,往往也会因凑句凑韵而使诗歌减色,这连大家诗人也难免。(凑韵留到读唐诗之用韵时再说,这里只谈凑句。)因为诗人往往是先得一上句或下句,然后才寻得一句去完成的。李商隐《李长吉小传》曾说,李贺"恒从小奚奴,骑距驉,背一古破锦囊,遇有所得,即书投囊中。及暮归……上灯,与食。长吉从婢取书,研墨叠纸足成之……"说的大概就是这种情况。又据《能改斋漫录》卷十载晏元献(即晏殊)赴杭州,道过维扬,赏王琪壁间诗板,同游池上,时已有落花。晏云:"每得句书墙壁间,弥年未尝强对,且如'无可奈何花落去',至今未能也。"王琪应声曰:"似曾相识燕归来。"从此晏殊就把他荐为馆职,然后就做了晏殊的侍从。夏承焘《二晏年谱》考证,王琪得官,并非由于晏殊的荐举,而且晏殊其时官京师,也无杭、扬行迹,认为这故事是臆谈,但晏殊是先得上句,后始得下句,只怕却是事实,因为一首诗或一联诗不是一时即成,这是很常见的。所以,凑句如凑得天衣无缝,或能与先得原句相配,并无不可,问题出在上下句并不相称,而露出拼凑痕迹,这就难登大雅之堂了。例如:

独立千峰晚，频来一叶秋。（许浑《留题李侍御书斋》（亦作杜牧诗）

远近高低树，东西南北云。（姚合《题刑部马员外修行里南街新居》）

啼莺偶坐身藏叶，饷妇归来鬓有花。（陆龟蒙《奉和夏初袭美见访留题小斋次韵》）

许诗首句佳，下句一叶秋大约由“一叶落而知天下秋”而来，实不成词，显系凑合。姚合诗似巧，然宅第里岂得言“东西南北云”，亦是强对。陆诗下句是即景好句，上句“啼莺偶坐”费解，与下句写农家景象亦不协调。

这种强对凑对的诗，在盛唐便很罕见，盛唐诗人如王、孟、李、杜、高、岑等大家是宁可不成对仗也不肯不合情理，损害诗情诗意的。杜诗如：

晚凉看洗马，森木乱鸣蝉。菱熟经时（一作“旬”）雨，蒲荒八月天。（《与任城许主簿游南池》）

好雨知时节，当春乃发生。随风潜入夜，润物细无声。（《春夜喜雨》）

今夜鄜州月，闺中只独看。遥怜小儿女，未解忆长安。（《月夜》）

凉风起天末，君子意如何？鸿雁几时到，江湖秋水多。（《天末怀李白》）

第一例是五律中两联，规矩是该用对仗的，但都对得很不工稳，“晚凉”难与“森木”为对仗，“经时雨”与“八月天”更难成对。但这诗无论言所见所闻，写时序物候都很有诗意。另二、三、四例，都是首联不用对仗，颔联也不用对仗，或对得很勉强（如《春夜喜雨》），但是都一意贯串，备见诗人的思绪、心情。像杜甫这样很讲究诗律对仗的人也常不顾对仗格律的要求，直抒胸怀，这正是后来拘守格律的诗人难以企及之处。

（曾经修改，后载于国家图书馆出版社2009年1月第1版《唐诗的解读》之《语言篇》。）

诗如其人
——试谈唐代诗人的修养

前人常言文如其人。苏东坡的《答张文潜书》,感叹张文潜的文章很像他的兄弟苏辙,在说“甚矣,君之似子由也”之后,接着说:“子由之文实胜仆,而世俗之人不知,乃以为不如。其为人(指子由)深不愿人知之,其文如其为人,故汪洋澹泊,有一唱三叹之声,而其秀杰之气终不可没。”这是借其弟之为人来说明其文章之风格。古人其实大都这么看,如《文心雕龙·体性篇》,就是为说明文章的体貌内容与作者的素养和情性的关系而写的,故一开始就说:“夫情动而言形,理发而文见,盖沿隐以至显,因内而符外者也。故才有庸俊,气有刚柔,学有浅深,习有雅郑,并情性所铄,陶染所凝,是以笔区云谲,文苑波诡者矣。”韩愈《答李翊书》云:“根之茂者其实遂,膏之沃者其光晔,仁义之人,其言蔼如也。”也是这个意思。诗文所表述的事理志趣决定于作者的内在修养和为人,这是古今的共识,也是实情如此。诗主要是述志抒情的,说诗如其人,或许更加中肯。唐诗之所以有那么丰富的内容,是与唐代诗人的修养有关的。下面就从几个方面来探讨这个问题。

一、诗人的胸襟与气质

人们常说诗人的气质。什么是诗人的气质?回答一般都是诗人必须敏感,感情丰富,善于体察人情和自然之美等,然而更重要的是诗人必须有开阔博大的胸襟,悲天悯人的精神,而且必须是真诚的,正如《论衡·超奇》所言，必须“实诚在胸臆”，才能“文墨著竹帛”。清人叶燮曾把胸襟对诗人之作诗，比作起一大宅，必“有所托基”那么重要，他说：

> 我谓作诗者，亦必先有诗之基焉。诗之基，其人之胸襟是也。有胸襟，然后能载性情智慧聪明才辨以出，随遇发生，随生即盛。”（《原诗》内篇上）

为此，叶燮特别推崇杜甫，因为杜甫正是有开阔博大的胸襟为之基，才能够无论遇到何境、何事、何物，都能触发他丰富的感情，如他所谓“触类而起，因遇得题，因题达情，因情敷句”，写出许多不朽的诗篇。叶燮还举杜甫早年的《乐游园歌》“独立苍茫自咏诗”为例。（以上引文均见前引其书之《内篇上》）

按杜甫胸襟之所以能如此感人，绝不是他常自悲身世，伤白发，哀时光之不再，世事之难料，能引人共鸣。如果只从这方面去效法他，而又不问实际情况如何，那就成了不是可悲而是可笑的无病呻吟了。杜甫最为可贵的是他真是心中充满爱，有悲天悯人，民胞物与的气概，不只是局限在个人的小圈子里。即使在叙写他那些不幸的遭遇时，也会经常想到国家的灾难。按在旧时代君主是国家的代表来说，就是苏轼所谓虽“流落饥寒，终身不用，而一饭未尝忘君。”（蔡梦弼《草堂诗话》卷一引）至于民生疾苦更随时随处在诗人忧念中，这不仅表现在他前后各时期的许多名作，如《兵车行》《哀江头》《哀王孙》《北征》“三吏”“三别”和《诸将五首》《收京三首》《有感五首》等举世公认的名作中，就从下面这些由似乎是小事引发的诗中亦可看出：

> 堂前扑枣任西邻，无食无儿一妇人。不为困穷宁有此，只缘恐惧转须亲。即防远客虽多事，便插疏篱却甚真。已诉征求贫到骨，正思戎马泪盈巾。（《又呈吴郎》）

> 小奴缚鸡向市卖，鸡被缚急相喧争。家中厌鸡食虫蚁，

不知鸡卖还遭烹。虫鸡于人何厚薄，吾叱奴人解其缚。鸡虫得失无了时，注目寒江倚山阁。(《缚鸡行》)

这与《暂往白帝复还东屯》诗中所云"筑场怜穴蚁，拾穗许村童"同一意趣。再如杜甫对家中妻子儿女的关怀和挚爱，时常反映在诗中，这也是他至性所发。联想到他所处的时代，他那飘零潦倒，常为饥寒所迫，得处处求助于人的度日光景，读起来更令人感动。下面仅是一鳞半爪而已：

今夜鄜州月，闺中只独看。遥怜小儿女，未解忆长安。香雾云鬟湿，清辉玉臂寒。何时倚虚幌，双照泪痕干。(《月夜》)

……痴女饥咬我，啼畏虎狼闻。怀中掩其口，转侧声愈嗔。小儿强解事，故索苦李餐……故人有孙宰，高义薄层云。延客已曛黑，张灯启重门……从此出妻孥，相视涕阑干。众雏烂熳睡，唤起沾盘飧……(《彭衙行》)

骥子好男儿，前年学语时。问知人客姓，诵得老夫诗。世乱怜渠小，家贫仰母慈。鹿门携不遂，雁足系难期。天地军麾满，山河战角悲。傥归免相失，见日敢辞迟。(《遣兴》)

当家人聚居，暂得安定，他也有似乎欢乐的时候，如《进艇》云："昼引老妻乘小艇，晴看稚子浴清江。"《江村》云："老妻画纸为棋局，稚子敲针作钓钩。"但比起那些豪门贵宅，锦衣玉食，婢仆成群，一呼百诺的人家来说，就只觉可悲了。

如果认为杜甫只是善为愁苦之音，多写国事人事的烦恼，那当然也是片面的，早年的杜甫也曾有豪放不羁的一面。他不但写《饮中八仙歌》，把纵性豪饮、不顾世俗礼仪的狂士尊为八仙，还于《醉时歌》中自云："但觉高歌有鬼神，焉知饿死填沟壑。"《遣兴》诗中有一首开头便云："蛰龙三冬卧，老鹤万里心。"而那首《今夕行》更写出过除夕的豪情壮志：

今夕何夕岁云徂，更长烛明不可孤。咸阳客舍一事无，相与博塞为欢娱。冯陵大叫呼五白，袒跣不肯成枭卢。英雄有时亦如此，邂逅岂即非良图。君莫笑刘毅从来布衣愿，家无儋石输百万。

这在除夕诗中别具一格。再如那首《送孔巢父谢病归游江东兼呈李白》篇首便云："巢父掉头不肯住，东将入海随烟雾。诗卷长留天地间，钓竿欲拂珊瑚树。"飘逸潇洒，亦何减李白？大约像杜甫这样的大诗人，胸襟开阔，至性过人，能容纳万事万物，自然就无施不可。乃至寻常景物，一经诗人慧眼，看出其中奥妙，写出来便会富有韵味。如"细雨鱼儿出，微风燕子斜"，"穿花蛱蝶深深见，点水蜻蜓款款飞"之类，已屡为后人称道，就不必词费了。

其实，凡是真正的诗人，能有所建树、独自成家的诗人，总是胸襟开阔，比较达观，不那么只局限在个人的小圈子里，不那么斤斤计较名利得失。随着诗人气质有所不同，其表现必然也有所不同，或表现为飘逸潇洒，或表现为忧思深沉，或表现为耿直方正，或表现如闲云野鹤，不一而足。李白、王维、孟浩然、韦应物、韩愈、柳宗元、白居易、李商隐等人就是各有其胸襟气量的诗人。杜甫则胸怀足可包罗万象，他的"诗之基"更为广阔，他的伟大和难以企及就在这里。

唐宋以来的诗人和诗论家都特别尊崇陶渊明，其故也正在陶渊明有那难以企及、没有一点人为造作痕迹的旷达的胸襟上。宋、元、明、清人的诗话，多喜谈陶渊明，甚至有整卷说陶渊明者，如许学夷的《诗源辩体》第六卷。王船山《姜斋诗话》下曾云："'日暮天无云，春风扇微和'，想见陶令当时胸次，岂夹杂铅汞人能作此语。"这正是指出陶诗大多真朴自然，出自胸臆，自然不是勉强为诗者所能写出的。唐人如王维、孟浩然、储光羲、韦应物等人都是从陶渊明那里有所得而写出了自己那些类似陶渊明的诗，他们都或多或少也有点陶渊明那样的胸襟和气度。

二、诗人的学识

除了要有开阔博大的胸襟之外,诗人还需要什么？前人多认为还有很重要的一个不可缺少的环节,那就是“识”。《沧浪诗话·诗辨》就曾说:“夫学诗者以识为主,入门须正,立志须高。”(《诗人玉屑》引此书以此言为《诗辨》第一条)许学夷《诗源辩体》卷三十四亦反复强调“学者以识为主”。叶燮《原诗》内篇下,在谈到作诗的“才”“胆”“识”“力”四方面时亦强调“识”的重要性,说:“识为体而才为用……因无识,故无胆,便笔墨不能自由。”又云:“惟有识则是非明,是非明则取舍定,不但不随世人脚跟,并亦不随古人脚跟。”沈德潜宗其师,亦概括叶燮之言,于《说诗晬语》中云:“有第一等襟抱,第一等学识,斯有第一等真诗。”前人之强调“识”的重要是举不胜举的。

识从哪里来？只怕还是应该说从学来。故沈云“学识”。前人亦多以学识连文。其实不但要学,而且应该是“博学”。因为唯有兼收并蓄,才能成其大。古人早就说过:“博学之,审问之,慎思之,明辨之,笃行之。”(《礼记·中庸》)这读过《四书》的人都能成诵,但做起来却不那么容易。只有博学而又能慎思,才能明辨。博学是前提。这个学应该是广义的,不是读死书,成为所谓“两脚书橱”,应该是书为我用,而不是我为书用。所谓“尽信书则不如无书”,就是这个意思。善读书,善用书的还是杜甫。杜甫善读书,才有自己的面貌,自己的风格,才能创造出那么多优秀的诗篇,令后人受用不穷。正如诗人自己所言:“读书破万卷,下笔如有神。”(见《奉赠韦左丞丈二十二韵》)

再看杜甫《戏为六绝句》中的两首:

不薄今人爱古人,清词丽句必为邻,窃攀屈宋宜方驾,恐与齐梁作后尘。(第五首)

未及前贤更勿疑，递相祖述复先谁？别裁伪体亲风雅，转益多师是吾师。（第六首）

如果仅仅是“攀屈宋”，不与“齐梁作后尘”，那么杜甫也只能到“苏（颋）李（峤）大手笔”，或顶多到陈子昂、张九龄的地步，不会成为后世景仰，甚至奉为“诗圣”的大诗人。他不是简单地仅“不随世人脚跟，并亦不随古人脚跟”，而是真心“不薄今人爱古人”，既“攀屈宋”“亲风雅”，而又“转益多师”，有善即取的，正如河海不择细流，故能成其大。他在《偶题》诗中说：“前辈飞腾入，余波绮丽为。后贤兼旧制，历代各清规。”他明白，诗歌总是在发展的，总要因“旧制”又“各有清规”，即使偶有回旋，也不会停步不前，清词丽句，皆可相伴为用。所以他既赞美“庾信文章老更成，凌云健笔意纵横”。又痛斥“王杨卢骆当时体，轻薄为文哂未休”。（均见《戏为六绝句》）他把庾信与鲍照并举，“清新庾开府，俊逸鲍参军。”（《春日忆李白》）并以此来形容他所见的李白诗才。或以为这有杜甫对李白有其微词，故末联文云：“何时一樽酒，重与细论文。”是否真是如此，姑且不论，但杜甫对六朝文字并不一笔抹杀，则是可以肯定的。因此，他在《宗武生日》一诗里，要求他的儿子要“熟精《文选》理”。他不但对“凌云健笔意纵横”“暮年诗赋动江关”的庾信深加赞美，也赞鲍照的“俊逸”。他虽恐与齐梁作后尘，但不仅连二谢，乃到连阴（铿）何（逊）都有所取法：

陶冶性灵在（一作“存”）底物，新诗改罢自长吟。孰（熟）知二谢将能事，颇学阴何苦用心。（《解闷十二首》之七）

杜甫有时虽也很自负，如《奉赠韦左丞丈二十二韵》中曾云：“赋料杨雄敌，诗看子建亲。李邕求识面，王翰愿卜邻。”历来文人想得到世人的重视，大多数都得自我标榜，有些自负，杜甫亦然。但从上引诸诗看来，他不像李白《古风五十九首》首章所言“自从建安来，绮丽不足珍”那样，只简单地把六朝全都否定，他显然更能认识到创新与继承的关系,是更有气度和识见一些的。

前人论诗,大都强调"识"对作诗的重要,原因还在于人的识见是勉强不来的,只能从长期的阅历和好学深思中逐渐取得。唐诸大家的诗集,如果是按写作的时间顺序编成的,读来最能使人明白诗的成长即是识见的成长,反之亦然。杜少陵集即可为证。有时诗人亦自言之。如陆游下面这两首诗:

> 我昔学诗未有得,残余未免从人乞。力孱气馁心自知,妄取虚名有惭色。四十从戎驻南郑,酣宴军中夜连日……琵琶弦急冰雹乱,羯鼓手匀风雨疾。诗家三味忽见前,屈贾在眼元历历。天机云锦用在我,剪裁妙处非刀尺。……(《九月一日夜读诗稿有感走笔作歌》)

> 我初学诗日,但求工藻绘。中年始少悟,渐若窥宏大。怪奇亦间出,如石漱湍濑。数仞李杜墙,常恨欠领会。元白才倚门,温李真自郐。正令笔扛鼎,亦未造三昧。诗为六艺一,岂用资狡狯。汝果欲学诗,工夫在诗外。(《示子遹》)

赵翼《瓯北诗话》论陆游卷,正是根据这两首诗来说明陆游的创作道路的。学诗最初总是欲工藻绘,学前人为诗,次则渐能自立,知"天机云锦用在我",于是诗境为之一变,再后则求工见好之意亦皆消除,遂趋于平淡。诗人的能有造就大都如此。这是认识提高、修养更见功夫所致,不是想达到这地步就能达到这地步的。陆游可作为一个典型的例子,杜甫也应该是这样。只可惜他三十以前所写的诗,现已不存。安史之乱前的诗现存的也很少,他的传世之作大都是安史之乱后写的,属于他的中期或晚年的作品了,因此我们已难以了解杜甫早年的创作道路。诗人成名以后往往毁掉早年不成熟之作,这基本上已成诗家惯例。

三、儒、释、道思想对诗人的影响

自汉武帝“罢黜百家,独尊儒术”以来,儒家之道一直被公认为朝廷和士大夫的正统思想。帝王即使杂以霸道和法家的权术来统治,也得表面上尊崇孔孟和儒家思想。士大夫也是如此,即使在玄学盛行、佛学成为风尚时,儒家的道德伦常思想的地位也是不可动摇的。儒家之道虽然常常是统治阶级控制人心、维护统治的法宝,帝王自己却常常不会心甘情愿地去受礼教的束缚,常常还会露出庐山真面目。武则天岂是守儒家妇道的人,然而她何尝说过一句反对孔孟之道的话?其他要争帝位、夺帝位的野心家哪个不是这样?他们可以利用儒家之道,但实际上并不真心遵从,那些只顾个人行乐享受,无所不为的昏君就更不必说了。

读书人或曰士人当然与统治阶级不同,他们当中真心尊崇孔孟之道,而且谨守勿失的人大有人在。因为儒家本有许多好道理,值得人信奉。唐代思想文化上的统治较宽松,不像宋以后道学盛行,伪君子、迂夫子到处都是,朝廷为维护其统治,上层人物和父辈一代为维护家长式的权威,便处处用旧礼教来要求人。唐时这股力量相对不那么强大,不那么霸道,因而唐代的读书人思想也比较活跃。但那时还是“学而优则仕”,读书成名、应试做官在绝大多数人心目中仍然是正途。例如被视为隐逸诗人的孟浩然,不但说“坐观垂钓者,徒有善鱼情”(《临洞庭湖上张丞相》),有求仕之情;而“不才明主弃,多病故人疎”(《归终南山》)的诗句,又有怨望之意,为后世所常举以为证。他还有《晚春卧病寄张八》云:“常恐填沟壑,无由振羽仪。”亦可知此公并非安于恬退,另有首《田园作》诗的后半讲得更明白:

……粤余任推迁,三十犹未遇。书剑时将晚,丘园日已暮。晨兴自多怀,昼坐常寡语。冲元羡鸿鹄,争食羞鸡鹜。望断金马门,劳歌采樵路。乡曲无知己,朝端乏亲故。谁能为扬雄,一献甘泉赋。

所以,李白《赠孟浩然》说他“红颜弃轩冕,白首卧松云”,其实恐怕是不得已。再看李白本人,他早年应当也是不甘寂寞,非无用世之意的人,故《送蔡山人》诗的首联即云:“我本不弃世,世人自弃我。”在皇权至高无上、君主关系列为五伦关系的首条的时代,思君、爱君成为儒家正统思想的重要组成部分时,李白何尝不思君、不想报君呢?《观胡人吹笛》诗云:“却望长安道,空怀恋主情。”又《驾去温泉后赠杨山人》诗中云:“一朝君主垂拂拭,剖心输丹雪胸臆……待吾尽节报明主,然后相携卧白云。”还有一篇《赠何七判官昌浩》,更能说明李白并不是不关心世事,只是个崇仙慕道,常思高举的“谪仙”:

有时忽惆怅,匡坐至夜分。平明空啸咤,思欲解世纷。心随长风去,吹散万里云。羞作济南生,九十诵古文。不然拂剑起,沙漠收奇勋。老死阡陌间,何因杨清芬?夫子今管乐,英才冠三军。终与同出处,岂将沮溺群。

正因为李白也有儒家正统思想的某些成分,才使他虽放纵而又有所收敛,虽崇仙慕道、豪饮大言而仍时露济世之心。他作诗虽若不乐拘守格律,但用韵仍严。一旦作起近体的五律七绝来,不管如何潇洒飘逸,还是地道的五律七绝,声调优美,易于吟诵,显出他特有的风格。只是七律不大合后世律诗的规范,因为当时七律本来还不十分流行。但是,他那寥寥数首也自有特色。

至于韩愈,后世儒家,大都目为醇儒,史称“其《原道》《原性》《师说》等数十篇,皆奥衍闳深,与孟轲、杨雄相表里,而佐佑六经。”(《新唐书》本传)苏轼《潮州韩文公庙碑》甚至赞为“匹夫而为百世师,一言而为天下法。”可是这位排佛老护正统的大儒,在教育自己的儿子时,仍不过用荣华富贵来勉励其读书,与慕荣贵的俗儒似又无甚区别。下面是他的《符读书城南》诗中的一段：

……人之能为人，由腹有诗书。诗书勤乃有，不勤腹空虚。欲知学之力，贤愚同一初。由其不能学，所入遂异闾。两家各生子，提孩巧相如。少长聚嬉戏，不殊同队鱼。年至十二三，头角稍相疏。二十渐乖张，清沟映污渠。三十骨骼成，乃一龙一猪。飞黄腾踏去，不能顾蟾蜍。一为马前卒，鞭背生虫蛆。一为公与相，潭潭府中居。问之何因尔，学与不学欤。金璧虽重宝，费用难贮储。学问藏之身，身在则有余。君子与小人，不系父母且。不见公与相，起身自犁锄。不见三公后，寒饥出无驴。……

以刚正著称的大儒也会这样教育子女，足见在当时士庶的心目中，读书有成，然后为高官显宦，从此再不居人下受苦，这是人生正道，也是人生理想的实现，合乎儒家“学而优则仕”的原则。韩愈并不能摆脱这条正道，这种风气。

只有一些诗人气质浓厚的人，有轻举远扬之志，看淡名利，才时而可以轶出这正轨。在朝廷并不是真心尊崇孔孟，行孔孟之道时，他们看出“学而优则仕”难以实现，就会发些牢骚，或说出些对儒家不敬的话。李白虽如前文所述，既有过不忘功名进取、思君报君的诗，但也有下面这样的诗：

鲁叟谈五经，白发死章句。问以经济策，茫如坠烟雾。足著远游履，头戴方山巾。缓步从直道，未行先起尘。秦家丞相府，不重褒衣人。君非叔孙通，与我本殊伦。时事且未达，归耕汶水滨。（《嘲鲁儒》）

李白本是个豪放不拘的人，有这样的诗或不足奇。杜甫可是个要“致君尧舜上，再使风俗淳”（《奉赠韦左丞丈二十二韵》）的比较尊崇儒家之道的人，但在同诗中一开始就慨叹“纨袴不饿死，儒冠多误身”。在《醉时歌》中更说:“先生早赋归去来,石田茅屋荒苍苔。儒术于我何有哉,孔丘盗跖俱尘埃。不须闻此意惨怆,生前相遇且衔杯。”虽说是醉中愤语,但其心情可知。再如还在武后朝曾为郎的杨炯云:“守为百夫长,胜作一书生。”(《从军行》)玄宗朝后的岑参曾云:“丈夫三十未富贵,安能终日守笔砚。”(《银山碛西馆》)曾为西川节度使、刑部侍郎的高适,在诗人中应是比较显达的,也曾云:“自从别京华,我心乃萧索。十年守章句,万事空寥落。”(《淇上酬薛三据兼寄郭少府微》或作王昌龄诗,恐非。)初唐、盛唐如此,到安史之乱后,社会动荡加剧,人很难遵守礼法,儒家之道更行不通了。诗人也是这样。所以,唐人虽然仍大体上尊崇孔孟,但并不像后代的儒生,尤其是不像道学家那样遵守儒道和所谓礼教。他们的生活较自由,也较放纵。这就从他们对妇女,对男女之情的态度也可以看得出来。唐时本有官伎,稍有地位和家业的人家都有家伎、家乐,宴会常有伎乐,诗人多得参与,往往为之赋诗。李白、杜牧这样的诗人不必说了。杜甫也曾多次参与这样的宴会。有诗如《陪诸贵公子丈八沟携妓纳凉晚际遇雨二首》《数陪李梓州泛江有女乐在诸舫戏为艳曲二首赠李》等诗。孟浩然也有《崔明府宅夜观妓》(四韵)《宴崔明府宅夜观伎》(六韵)两首,另外还写过《春意》《闺情》《美人分香》等诗。甚至韩愈也写过“银烛未消窗送曙,金钗半醉座添春”(《酒中留上襄阳李相公》)这样的诗句。这种宴乐作诗是唐人常事,醇儒如此,他人可知。

总之,唐诗人与儒家思想和礼教的关系就如上述。那么,唐人对佛家和道家的态度又是如何呢?这得先从最高统治者说起。

唐代诸帝大都不是信佛就是崇道,太宗李世民是历史上有名的英主,大家都知道遣玄奘自长安西行求法的就是他。其实这位英主晚年亦好道术,他的死,或疑亦与服药有关。贞观二十二年,曾使方士那罗迩娑婆于金飙门造延年之药(见《旧唐书·本纪》)。高士廉卒,太宗将临其丧，房玄龄曾上疏切谏，谓帝饵药石，不宜临丧（见《高士廉传》）。可见他真服过这类药。又据《宪宗本纪》李藩曾向宪宗说："文皇帝（即太宗）服胡僧药，遂致暴疾不救。"其后高宗亦欲服胡僧卢伽阿逸多之药，武后即位后也曾两度令人合长生药。宪宗欲平藩镇，重振唐朝，几乎成为中兴之主，但后来也信山人柳泌、僧人大通之说，令其往天台采药以合金丹，服后更加燥渴，性益暴烈，数严责左右，以致被害暴死。穆宗即位，虽处死了柳泌、大通，可自己又听信僧惟贤、道士赵归真之术，亦饵金石，不久亦死。敬宗虽流放惟贤、归真等于岭南，自己却又信道士刘从政的长生久视之术，令人往湖南、江南及天台采药。武宗还未即位前，在藩邸就好道修炼；即位后，召回赵归真等八十一人于禁中，修符箓，炼丹药，并日服丹药，说可以不死。药发燥甚，喜怒无常，旬日不能言，宰相不得见，未几亦死。宣宗亲见武宗为药所误，他自己又因服太医李元伯所制长年药，病渴中燥，因疽发背而死。古诗云："服食求神仙，多为药所误"，竟成唐代这几位皇帝的通例。

成了皇帝是尤其贪生怕死的，总想永远保有帝位，永远享有帝王才能享有的一切。所以即使不服药，这些皇帝也大都信神仙、方术，崇信道家，屡为道士和方士所骗，仍屡屡不悟。他们还认为自己是老子的子孙，所以高宗乾封元年幸亳州，至老君庙，特追尊老子为玄元皇帝。玄宗开元二十九年又诏令两京诸州，各置玄元皇帝庙。老子的《道德经》不但被尊为经，与儒家尊奉的六经享有同等地位，甚至几度被定为考试科目（见《新唐书·选举志》）。与奉道同时，奉佛也盛行，只是随帝王的偏好，互有消长而已。武宗就偏好道术，曾取缔佛教，勒令大量僧尼还俗，毁掉大批寺庙。可他一死，佛教很快就又盛行于世。其他诸帝则都是信佛的，可谓源远流长，长盛不衰。从高宗、武后至中宗，从皇帝、皇后到公主，都争贡财物营建佛寺，武后造大佛像，更是当时大事。德宗曾迎佛骨至禁中，并送诸寺展示，后宪宗又大迎佛骨，盛况空前。韩愈谏劝,因而被贬为潮州刺史。后懿宗之佞佛更加奢靡,再迎佛骨,盛况又超过元和时。盖直至唐末,唐诸帝未有不佞佛信佛者。

帝、后如此,奉佛、奉道之风遂盛行天下。不过帝王之奉佛奉道与老百姓之奉佛奉道,其目的还是有所不同。帝王是为了祈福祈寿,希望能永保基业,老百姓则但求神佛保佑他们能避祸免灾,能安度余生就行了。他们的共同点则都是一种迷信,都不求懂得佛家和道家的道理。在世人还无真知,也不能掌握自己的命运之时,遇到什么不幸,或想长生不老,自然只能求助于神佛。他们的愿望其实是不可能实现的,有点识见的人都懂得这点。故李邕于中宗宠信术士郑普思等人之时,曾上疏谏劝说:"若有神仙能令人不死,则秦始皇汉武帝得之矣;佛能为人福利,梁武帝得之矣;尧舜所以为帝王首者,亦修人事而已,尊宠此属,何补于国!"

唐代诗人大多也信佛或崇道,或两者兼而有之,然而他们与世俗(包括从皇家到庶民)之拜佛求神实有本质上的不同。毋庸讳言,他们中有人在观念中也掺杂着迷信,或有功利的目的,但其中却不乏有真知灼见者。他们之所以信佛崇道,在很大程度上是为了修身养性,懂得些儒家以外的道理,以求得精神上的解脱,提高并丰富自己的思想境界。

李白是在当时就被贺知章赞为"谪仙人",近代又被世人看作积极浪漫主义的诗人。杜甫也常称许、怀念李白,曾作《寄李十二白二十韵》,亦云:"昔年有狂客,号称谪仙人。笔落惊风雨,诗成泣鬼神。"诗僧齐己《读李白集》云:"人间物象不供求,饱饮游神向玄圃。"欧阳修《读李集效其体》谓"忽然乘兴登名山,龙咆虎啸松风寒。山头婆娑弄明月,九域尘土悲人寰。"李白既好道求仙,曾自云"五岳寻仙不辞远,一生好入名山游。"(《庐山谣寄卢侍御虚舟》)也写过许多咏神仙之事的所谓"游仙诗"。然而他并不真是个完全超凡脱俗、不食人间烟火的人。早年他也有过入仕济世的抱负，并不忘情于功名富贵，已如前文所述。他也曾在玄宗的宫禁中暂时得意过，但一生主要还是浪迹江湖，流连山林，纵酒高歌，所谓“百年三万六千日，一日须倾三百杯……清风明月不用一钱买，玉山自倒非人推。舒州杓，力士铛，李白与尔同死生。”(《襄阳歌》)他那种“安能摧眉折腰事权贵，使我不得开心颜”(《梦游天姥吟留别》)的气概，就见于他那些游山玩水，访仙寻古的诗中。他对人生的感悟，对时世的叹惋，也就反映在他那些貌似写神仙灵怪事的豪放不拘的诗中，如《鸣皋歌送岑征君》中就有这样一段：

虎啸谷而生风，龙藏溪而吐云。寡鹤清唳，饥鼯嚬呻。魂独处此幽默兮，愀空山而愁人。鸡聚族以争食，凤孤飞而无邻。蝘蜓嘲龙，鱼目混珍。嫫母衣锦，西施负薪。若使巢由桎梏于轩冕兮，亦奚异夫夔龙蹩于风尘。

这首诗不掩愤慨之情，用意是相当明显的。再如《日出入行》：

日出东方隈，似从地底来。历天又入海，六龙所舍安在哉？其始与终古不息，人非元气安得与之久徘徊？草不谢荣于春风，木不怨落于秋天。谁挥鞭策驱四运，万物兴歇皆自然。羲和，羲和，汝奚汩没于荒淫之波？鲁阳何德，驻景挥戈？逆道违天，矫诬实多。吾将囊括大块，浩然与溟涬同科。

这首来自神话的诗，既表明诗人对自然规律之不可违反、人只能顺应自然的感悟，也有对人生之不可逆转的叹息，有似消极，其实也是对那些妄想逆天行事者的批判，也等于否定了求仙、求长生不老的道术，至今仍是有积极意义的。当然，李白还有不少讲神仙谈奉道的诗，很难看出有什么用意。即使如此，这类诗如从另一角度来看，也反映出李白对浑浊的世间生活的厌恶和反感。总之，李白的求仙学道同那些帝王贵人之求仙学道是两回事。

许多诗人所受老庄思想的影响,主要是在清静无为,不为外物所累方面,从下面这些诗的片断即可看出:

美服患人指,高明逼神恶。今我游冥冥,弋者何所慕。(张九龄《感遇十二首》之第四首)

众情累外物,恕已忘内修。(同上之第六首)

市人矜巧智,于道若童蒙。倾夺相夸侈,不知身所终。(陈子昂《感遇诗三十八首》之五)

物情趋势利,吾道贵闲寂。(孟浩然《山中逢道士云公》)

得心自虚妙,外物空颓靡。身世如两忘,从君老烟水。(李白《金门答苏秀才》)

灭除昏疑尽,领略入精要。澄虑观此身,因得通寂照。(李白《与元丹丘方城寺谈玄作》)

贫贱虽异等,出门皆有营。独无外物牵,遂此幽居情。(韦应物《幽居》)

一凶乃一吉,一是复一非。孰能逃斯理,亮在识其微。(韦应物《答令狐侍郎》)

养拙干戈际,全生麋鹿群。(杜甫《暮春题瀼西新赁草屋五首》之二)

逍遥不外求,尘虑从兹泯。(钱起《自终南山晚归》)

死生俱是梦,哀乐讵关身。(耿湋《春日游慈恩寺寄畅当》)

器满自当欹,物盈终有缺。(李德裕《怀山居邀松阳子同作》)

鹏鷃喻中消日月,沧浪歌里放心神。(李群玉《送人隐居》)

自扣玄门齐宠辱,从他荣路用机关。(郑谷《朝直》)

这类思想可以见于许多诗人的诗中。不仅李白等人,大约不少诗人都在不同程度上受到老庄思想的影响。潜在的或明显的老庄思想常与正统的儒家思想并行而不悖,事实上已成为文化传统的一部分,往往也就是诗人修养的一个组成部分,它与佛家的思想是相通的。有的诗人受佛家思想的影响也许还更深些。但不管这些诗的思想有多少道家或佛家的成分,也只是作为修身养性的哲理,并不是为了求长生不老,更不是迷信。许多诗人都是反迷信的,白居易的新乐府《海漫漫》戒求仙,即可作为代表。

诗人当中最信佛的人自然是王维，他的名和字连起来就是佛经《维摩诘》。《旧唐书》本传说他与弟兄俱奉佛,居常蔬食,不茹荤血,晚年长斋,不衣文采。妻亡不再娶,三十年孤居一室,屏绝尘累。他的母亲师事大照禅师三十余岁,褐衣蔬食,持戒安禅,乐住山林,志求寂静。所以其母卒后,他特上表,“伏乞施此庄为一小寺,兼望抽诸寺名行僧七人,精勤禅诵,斋戒住持,上报圣恩,下酬慈爱。”(见本集卷十七“请施庄为寺表”)就是这位如此笃志奉佛的人,于其诗《秋夜独坐》之后半说:

白发终南变,黄金不可成。欲知除老病,惟有学无生。

他奉佛不是为求长生不老,更不是求富贵,而是参透生死关,从根本上得到解脱。还值得注意的是,他虽真心奉佛,然而却很少在诗中直接宣传禅理,而是把禅理化入诗中,把安禅事佛也诗化了。如:

流水如有意,暮禽相与还。(《归嵩山作》)
古木无人径,深山何处钟。(《过香积寺》)
软草承趺坐,长松响梵声。(《登辨觉寺》)
绽衣秋日里,洗钵古松间。(《同崔兴宗送瑗公》)
江流天地外,山色有无中。(《汉江临泛》)
行到水穷处,坐看云起时。(《终南别业》)

此外,可举者尚多。这都提高了、深化了诗的境界,后来的山林诗是难以企及的。

咏禅理在许多诗人的诗中都常可见到,不必一一再举。王维以外,还有个也很奉佛,应该单独提出来谈论的是白居易。白居易信佛虽未达到皈依的地步,但也时间很长,而且越来越虔诚。远在贞元二十年,他就在其作《八渐偈》序中自言,他曾向东都圣善寺凝公大师求"八渐"心要,这年他才三十三岁,到元和十年,他在《赠杓直》诗中说:

已年四十四,又为五品官。况兹知足外,别有所安焉。早年以身代,(唐讳世字,即身世。)直赴逍遥篇。近岁将心地,回向南宗禅。外顺世间法,内脱区中缘。进不厌朝市,退不恋人寰。自吾得此心,投足无不安。

这段话,不但说明他如何外儒而内道与佛,把儒、释、道揉合在一起,以求得外能顺世,内又能心安,也说明他在向往佛学中又前进了一步。到大和元年,他罢苏州刺史任回到洛阳后,更奉行了净土宗,开始持起长斋来,向往西方极乐净土了。刘禹锡曾有诗《乐天少傅五月长斋广延缁徒谢绝文友坐成睽间因以戏之》云:

五月长斋戒,深居绝送迎。不离通德里,便是法王城。举目皆僧事,全家少俗情。精修无上道,结念未来生。宾阁缁衣占,书堂信鼓鸣……暗网笼歌扇,流尘晦酒铛。不知何次道,作佛几时成。

严格持律的苦修苦行,对惯于诗酒宴乐的士大夫来说,毕竟是有些勉强。故白居易有《斋戒满夜戏招梦得》诗云:

纱笼灯下道场前,白日持斋夜坐禅。无复更思身外事,未经全尽世间缘。明朝又拟亲杯酒,今夕先闻理管弦。方丈若能来问疾,不妨兼有散花天。

这显然又以斋戒得满,重归世间享乐为喜。不过这种修行对诗人的修养毕竟是很有些好处的。在那朝廷仍党争不断时,可以使他不致陷入其漩涡,能脱离人世钩心斗角、尔虞我诈的苦境和灾祸,能心平气和,自得其乐。这可以从下面这首《咏怀》中看到些消息:

随缘逐处便安闲,不入朝廷不住山。心似虚舟浮水上,身同宿鸟寄林间。尚平婚嫁了无累,冯翊符章封却还。处分贫家残活计,匹如身后莫相关。

这种渗入了禅悟的修养对于白居易的作诗也是有一定好处的,起码对他那种平易近人,委曲详尽,平静淡雅,从容不迫的诗歌风格就颇有帮助。这可从他的长诗《游悟真寺诗》一百三十韵可以见到,甚至像下面这两首短诗中也可表露出来:

绿蚁新醅酒,红泥小火炉。晚来天欲雪,能饮一杯无。(《问刘十九》)

邯郸驿里逢冬至,抱膝灯前影伴身。想得家中夜深坐。还应说着远游人。(《邯郸冬至夜思亲》)

王维和白居易之外,醉心于佛家之道的人还很有一些。翻阅《全唐诗》《唐诗纪事》诸书即可见。诗人们往往把禅悟和学禅写入其诗作,皇甫冉《题昭上人房》云:"虑尽朝昏磬,禅随坐卧心。"戴叔伦《晖上人独坐亭》云:"性空长入定,心悟自通玄。"而罗隐的《寄元相禅师》所云"有缘有相应非佛,无我无人始是僧",则似乎总结了他们的学佛所得。能无私心杂念,看透一切,尽去牵绊,四大皆空,是僧侣所向往,也是不得志或处乱世的士大夫所向往的境界,可以看作修养的一部分,因为诗人多半是不得志,经常生活在苦难中的。

四、唐诗人修养的消极面

人都希望脱离纷扰,逍遥自在,这本无可厚非。但凡事皆有正反两面,如诗人的乐道避世或栖隐即是一例,我们在唐诗中经常可以读到诗人因种种原因——或因应举落第，或历久不迁升和其他什么不如意的事,或性爱清静而写的要归田园去隐居山林的诗句。从正面来看,这样可以脱离那浑浊的社会环境,不与那些贪官污吏、势利小人和庸俗市侩同流合污，这当然是好事。独善其身总比伙同去为非作歹、仗势欺人,或为达官贵人去捧场要好。可是如果从另一面来看,有一定能力和志气而只是独善其身,不想到兼济天下,做点有益于世的事,那就不值得鼓励了。故虽李白亦云:“苟无济代心,独善亦何益。”(《赠韦秘书子春二首》之二)白居易则晚年免去河南尹再授宾客分司,定居东都后,少年志气渐已消磨,有《秋日与张宾客舒著作同游龙门,醉中狂歌凡二百三十八字》诗,末云:

> 丈夫一生有二志,兼济独善难得并。不能救疗生民病,即须先濯尘土缨。况吾头白眼已暗,终日戚促何所成?不如展眉开口笑,龙门醉卧香山行。

诗中明言兼济与独善的矛盾,也有但欲退休之意,这还是可以理解的。在浑浊的乱世,不得已而远祸避难,也可不必深责,因为这样仍可保全自己的立身为人之道。陈子昂《感遇三十八首》之三十一云:“朅来豪游子,势利祸之门……众趋明所避,时弃道犹存。”又《夏日晖上人房别李参军崇嗣》云:“是非纷妄作,宠辱坐相惊。”不过但知避让,毕竟是消极的。曾两次上疏于武则天,有心用世的陈子昂在《感遇诗》第十九首又云:“圣人不利己,忧济在元元。”足见他的心态仍是矛盾的。还有些诗人则是因为对求仕不得而失望,从而想到归隐的。这连韩愈也有之,如他在贞元十七年写的《赠侯喜》诗后半有云:

> 半世遑遑就举选,一名始得红颜衰。人间事势岂不见,徒自辛苦终何为?便当提携妻与子,南入箕颍无还时。

当年韩愈三十回京,仕途不甚得意,以其为人,自然只是说说而已,不会实行的。至若无外在原因,只是自求不受羁束,得旷达自适,也就是出于人生观和本性而乐于不求进取，自然也是有的。如沈千运《山中作》云："栖隐非别事，所愿离风尘。不辞(《唐才子传》引作'来')城邑游，礼乐拘束人。迩来归山林，庶事皆吾身。"其诗仅见元结《箧中集》中，按其性情，当是真心话。生活于隋末唐初的王绩则说得更大胆些，其《赠程处士》云："礼乐囚姬旦，诗书缚孔丘。不如高枕枕，时取醉消愁。"其实前人盛赞的弃官归隐的那些韵事，如张翰的故事，也未必不是环境使然。故陆龟蒙有《松江秋书》诗云："张翰深心怕祸机，不缘莼脆与鲈肥。"(见《全唐诗续补遗》卷九)大约不由外因，而自欲退隐的人毕竟较少。至若达官贵人偶动山林田园之兴，也赋归隐，那犹如近世豪富，亦每于乡间置别墅，就更当别论了。

与歌颂隐逸，并以之作为修养的一部分相近似的，是把谦退忍让作为一种德行来赞美。娄师德唾面自干的故事，今人只怕难以接受，刘肃《大唐新语》乃列之于"容怒"条目下。如今虽未见诗人去直接赞美娄师德的，但意中咏叹与世无争、与物无忤精神的唐诗却可屡见。如：

劳生共乾坤，何处异风俗。冉冉自趋竞，行行见羁束。(杜甫《写怀二首》之二)

卑静身后老，高动物先摧。方圆水任器，刚劲木成灰。(孟郊《大隐咏》)

自静其心延寿命，无求于物长精神。(白居易《不出门》)

群动心有营，孤云本无著。(刘长卿《题王少府尧山隐处简陆鄱阳》)

泛然无所系，心与孤云同。(李颀《赠苏明府》)

不欲如世人那样劳生，自然就该少趋竞。安于卑静，随物任器，对养精神延寿命都有好处。孤云飘然来往，不系于世，也远离世事，便为诗人所仰慕。这些心理和情怀都是相通的。

在好些诗人看来，更具体、更切近生活一些的，则是人当知止知足。白居易早年颇有济世之心，欲以诗来晓谕世人，且有谏劝朝廷之意。但在历官中外，看清世故人情和朝廷作为，其时又多党争，屡出事故（如“甘露之变”）之后，他幸而得以安然退居，便只求闲适，乐于身心无事了。他晚年写的诗很多，因而“居易以俟命”，乐天听命，知止知足的思想在诗中表现得最为充分。其后集卷三《永兴五首》之前有序云：

七年（按即太和七年）四月，予罢河南府，归履道第。庐舍自给，衣储自充，无欲无营，或歌或舞，颓然自适，盖河洛间一幸人也。

这几首诗的内容都可见他这种知止知足的乐天精神，约举如下：

家僮十余人，枥马三四匹。慵发经旬卧，兴来连日出……身闲自为贵，何必居荣秩。心足即非贫，岂唯金满室。（第二首《出府归吾庐》）

池上有小舟，舟中有胡床。床前有新酒，独酌还独尝。熏若春日气，皎如秋水光。可洗机巧心，可荡尘垢肠……身闲心无事，白日为我长。（第三首《池上有小舟》）

人鱼虽异族，其乐归于一。且与尔为徒，逍遥同过日。尔无羡沧海，蒲藻可委质。吾亦忘青云，衡茅足容膝。（第四首《四月池水满》）

总之，白居易这时是：“我年日已老，我身日已闲。”（《重归香山寺因咏所怀》）“我心既知足，我身自安止。”他只求安闲度日了，故他晚年的诗十首有九首言“闲”，许多诗即以“闲居”“闲坐”“闲吟”等为题。在为人处世上他奉行的其实是一种“中庸”的哲学。如下面这首诗中就讲得很明白：

上无皋陶伯益廊庙材，的不能匡君辅国活生民；下无巢父许由箕颖操，又不能食薇饮水自苦辛。君不见南山悠悠多白云，又不见西京浩浩唯红尘。红尘闹热白云冷，好于冷热中间安置身。三年侥幸忝洛尹，两任优稳为商宾。非贤非愚非智慧，不富不贵不贱贫。（《雪中晏起偶咏所怀兼呈张常侍韦庶子皇甫郎中》）

又《遇物感怀因示子弟》云：

吾观器用中，剑锐锋多伤。吾观形骸内，骨劲齿先亡。寄言处世者，不可苦刚强。龟性愚且善，鸠心钝无恶。人贱拾支床，鹘欺擒暖脚。寄言立身者，不得全柔弱。彼固罹祸乱，此未免忧患。于何保终吉，强弱刚柔间。上遵周孔训，旁鉴老庄言。

这种思想当然不是白居易独有，不过他喜欢讲得通俗详明，又反复阐述，所以易取以为证而已。在人常处于忧患之中的旧时代，许多诗人也往往用不同的格式和语言表露出这种思想。下面略举数例，以见虽偏重有所不同，其思想则相通：

生死既由命，兴衰还付天。（元稹《楚歌十首》之末章）

天令设四时，荣衰有常期。荣合随时荣，衰合随时衰。（孟郊《罪松》）

以闲为自在，将寿补蹉跎。（刘禹锡《岁夜咏怀》）

尔不见波中鸥鸟闲无营，何必汲汲劳其生。（卢纶《赋得白鸥歌送李伯康归使》）

九州有路休为客，百岁无愁即是仙。（杜荀鹤《乱后山居》）

十载名兼利，人皆与命争。青春留不住，白发自然生。（杜牧《送友人》）

浮生自得长高枕，不向人间与命争。（刘得仁《晏起》）

多无百年命，长有万般愁。世事应难尽，营生卒未休。（许浑《不寝》）

名利到身无了日，不知今古旋成空。（薛逢《六街尘》）

有是有非还有虑，无心无迹亦无情。（司空图《狂歌十八首》之十六）

但居平易俟天命，便是长生不死乡。（李咸用《吴处士寄香兼劝入道》）

暂时胯下何须耻，自有苍苍鉴赤诚。（韩偓《息兵》）

例子可以举出很多，世乱后尤其常见。这一类思想如无对社会民生的关心加以遏制，而听其滋生繁衍，显然对国家社会的发展进步都是不利的。知止知足顺命安贫的思想滑落下去，就会不知抗争，得过且过，甚至是追求享乐安闲。中庸之道的哲学滑落下去就会成为乡愿，甚至不问是非曲直，纵容为非作歹。中国在堕落为半封建半殖民地地步的过程中，为此曾付出过沉重的代价。得亏有仁人志士出来，不使前面说的那种心态成为主流，我们才又恢复生气。应该是力求有所进取，有所创新的时候了。

人的内心究竟如何，是很难永远掩盖下去的。诗是心声，尤其是这样。人的修养如何，常常能在他所作的诗里表现出来，除非他只是在应酬，在做游戏，并不是表达他的内在的思想情操。但即使在酬答、在应付差事（如封建时期的所谓“应制”“应教”），我们仍可以从他的写作风格中约略窥见出他的为人和性格。前人常强调诗如其人是很有道理的。徐增的《而庵诗话》好大言欺人，但他强调诗如其人的话，则是可取的。如其第十则云：“诗乃清华之府，众妙之门，非鄙秽人可得而学。”第二十一则又云：“诗乃人之行略，人高则诗亦高，人俗则诗亦俗，一字不可掩饰，见其诗如见其人。”施润章《蠖斋诗话》亦云：“诗如其人，不可不慎。浮华者浪子，叫嚎者粗人，窘瘠者浅，痴肥者俗。”

提高人的修养,即提高人的鉴识力,这对读诗、写诗都是重要的。

(曾经修改,后载于国家图书馆出版社 2009 年 1 月第 1 版《唐诗的解读》之《风格篇》。)

初盛唐诗的风格

我们说“诗如其人”，主要是从诗作的思想内容方面来看。但还有另一方面，这就是诗人如何写，即作者的情和志如何表达的问题，这两方面可以互相配合，互相补充。诗的写作手法和艺术特色——也就是通常所说的风格，基本上又是诗人的个性、情操和爱好的反映。反过来说，诗人的个性、情操和爱好常常就从他的诗作中透露出来。法国18世纪写出《自然史》三十六卷的博物学家、作家兼思想家布封，在他于法兰西学院作的讲演中提出过一个著名的论点“风格即人”，也正是这个意思。这里并不是说诗人所处的时代，他的民族特点，他的社会地位就对他的作品没有影响，但这些外在的影响总还是通过他的个性表现出来，普遍性即寓于特殊性之中。外在影响对某些诗人来说是相同的，但这并不妨碍这些诗人仍各有其特点，各有其风格。

人各有其个性，越是有成就的诗人会越有个性，越有自己的面貌。唐代在多年的战乱之后，在多年的民族大迁徙，民族分裂之后，实现了统一。社会经济和文化空前繁荣了，人的思想活跃了，人的个性在一定程度上得到了解放。诗的内容和风格也就更加多样而各放异彩了。清人诗话《师友诗传录》载张萧亭曾历数开元、天宝至大历间的诗风，就已有“李翰林之飘逸，杜工部之沉郁，孟襄阳之清雅，王右丞之精致，储光羲之真率，王昌龄之神骏，高适、岑参之悲壮，李颀、常建之超凡，韦苏州之雅淡，刘随州之闲旷，钱、郎之清赡，皇甫之神秀，……”

前人论诗,往往喜用一个形容语来概括某一诗人的风格,这不一定准确,可能或浮泛,或虚而不实,很难具体说明那位诗人的风格。但从上面所引诸语也可以看出唐人的诗如何齐备各种风格,这比有些存门户之见的评论家,只标榜一种风格而忽视、甚至排斥别的风格,却是值得注意的。唐人的诗不但思想内容丰富多彩,题材各式各样,咏及各种事物,各种情景,在写作风格上也真是百花齐放的,使后人很难出其范围,这正是唐诗的可贵之处。

下面就落实在具体作品上,对一些有显著成就,并能独立成家的诗人的风格做些初步的分析,并试探讨其源流。

一、初唐诗人的风格

这该先从王绩说起。王绩是大儒文中子王通之弟,生于隋文帝开皇五年(公元585年),其时陈尚未灭。他卒于唐太宗贞观十八年(644年),活到六十岁,在隋朝生活了三十余年,在唐朝生活了二十余年,是不折不扣的隋唐间人。他在隋唐都做过小官,不甚得意,两朝都不怎么受重视。他嗜酒放诞,不乐仕进,不久就托病归隐了。《全唐诗》存他的诗一卷,凡五十六首,《全唐诗续拾》卷一、卷二补了六十七首,可以大致看出他的诗风。前人对他的诗似乎都不十分重视,很少专门提及。《唐才子传》也只言其为人之隐居肆志,未举证他的诗,加以评介,仅说他"高情胜气,独步当时"而已。选家也仅选取其五律《野望》("东皋薄暮望")一首。其实是应该还王绩一个文学史上的适当地位,这个诗人是不能忽视的。

首先,他的诗已没有陈隋间文人迎合宫廷的那种浮华淫靡的内容,他的诗咏酒叹人生,也迥然与陈隋诗风不同。他虽也有"清词丽句",追求属对工稳,但清新爽朗,不是那种唯求绮靡的文人。他还比较敢于露出对世道不满、与俗儒立异之意,从下面的两首诗中即可以看出他的特点：

百年长扰扰，万事悉悠悠。日光随意落，河水任情流。礼乐囚姬旦，诗书缚孔丘。不如高枕枕，时取醉消愁。（《赠程处士》）

仲尼初返鲁，藏史欲辞周。脱落四方事，栖遑万里游。影来徒自责，心尽更何求？礼乐存三代，烟霞主一丘。长歌明月在，独坐白云浮。物情劳倚伏，生涯任去留。百年一如此，世事方悠悠。（《山夜》此诗见《全唐诗续拾》卷一）

诗里都暗含听命任运，但求能安乐之意，有消极的一面，但情调仍与陈隋文人不同。想到王绩正处于改朝换代，战祸不断之际，他自己又无可如何，有这种情绪，不难理解。他曾自言，他是“昔岁寻周孔，今春访老庄”（见《续拾》卷一《赠薛学士方士》），原非醇儒，这种傲兀直率的语言对扫荡当时颓靡的文风是颇有帮助的。他的山水田园诗也颇有些佳句，有如带来一日清风，如后来为许多选家所选中的《野望》中的“树树皆秋色，山山唯落晖。牧人驱犊返，猎马带禽归。”《山家夏日九首》之“密藤成斗帐，疏树即檐栊”。（《续拾》卷一）《山中独坐自赠》之“空山斜照落，古树寒烟生”。（《续拾》卷二）都对开启王、孟的诗风有功。当然他的诗有时流于浅易，不够委婉含蓄，有时还上下句意思相似，有“合掌”之嫌，都还需后人加以改进。

尤其应该表彰的，是他在完成律体诗上的努力。他隐居避世有许多闲暇，这就有助于他在声律上加以琢磨。他有五言四韵诗共三十六首，其中竟有二十首完全含律，有五言两韵小诗二十首，其中也有十二首含律。既然连王维的诗也有失粘之处或偶有不规范的对句，如果我们不严格要求，王绩合格的五律、五绝的数目一定会更多。他还有不少长于四韵的五言诗，大都属对工整，是合格的律对，仅偶有失粘之处，或首联不怎么含律。如也不严格要求，他是还有不少五言排律的。可是他不在朝，不是高官，在当时也无甚名望，因而很少有人注意。

初唐最重要的诗人当然还是王、杨、卢、骆四杰，四位诗人各有其特点，然而又有共同之处。杜甫正因为看出他们的共同之处，所以才说“王、杨、卢、骆当时体”，把他们概括为“当时体”。他们共同之处就是，都在某些方面继承了齐梁体，而又有所突破和创新，成为从齐梁体过渡到唐诗的诗人。说创新，这不仅因为他们都或多或少地写出了一些完全合乎后代格律规范的律体诗，而且还因为他们也扩大了诗的题材，在属辞比事上虽还可看到齐梁的痕迹，但又力求清新流畅，有新的意境。

我们先从四杰中的后两位的卢、骆来看。王、杨、卢、骆的次序也许是当时的人按成名的先后，还参照地位的高低来排列的。若按出生次序即年龄来排列，骆宾王出生在武德末年，比其他人都早。卢照邻约出生于贞观中期，王、杨均出生在高宗即位前后，比起卢、骆来当属晚辈了。几个人都属于中下层士人，浮沉下僚很不得意。其中骆宾王的遭遇更与众不同。他曾从军西域，在边塞生活过，又曾因事下狱；暮年从徐敬业起事讨武则天，为起义军写过有名的声讨这位女皇的檄文，后来起义兵败，他不知所终。以其不平凡的一生，故所为诗较有刚健英武之气，如他在幽燕时写的《于易水送人》绝句：

此地别燕丹，壮士发冲冠。昔时人已没，今日水犹寒。

虽然很简单，却一气呵成，颇能传达古代英雄豪迈的气概。他还写过几首长篇歌行，其中《畴昔篇》长达一千三百余字，另外还有《帝京篇》《从军中行路难二首》等，以《帝京篇》最为时人所称许，其结尾段云：

已矣哉！归去来。马卿辞蜀多文藻，杨雄仕汉乏良媒。三冬自矜诚足用，十年不调几邅回。汲黯薪逾积，孙弘阁未开。

谁惜长沙傅，独负洛阳才。

其愤愤不平之气如见。当然，其中也有鲍照的七言歌行的影响，但如此富于愤慨之情，也是齐梁缺乏气魄的文人写不出来的。他的长篇歌行中也不乏类似游戏之作，如《艳情代郭氏答卢照邻》《代女道士王灵妃赠道士李荣》等，虽说雕绘满眼，但委婉陈情，对后世言情之作也未尝没有影响。

他也有堆砌词藻之处，如《帝京篇》首段即云："山河千里园，城阙九重门……五纬连影集星躔，八水分流横地轴。秦塞重关一百二，汉家离宫三十六。……三条九陌丽城隈，万户千门平旦开。"叠用了许多数字对，以致被唐人戏呼之为"算博士"，这正是齐梁雕琢词句的余习使然。时代的风尚是一时不能扫除尽的，虽唐太宗也于万机之暇要作齐梁体诗，文士就更难免了。

四杰中，卢照邻的身世最为悲惨，他早年亦颇有豪情，故有《结客少年场》《咏史》等诗，可见并非甘于隐退的人。壮年为新都尉时即染恶疾，乃去官，后居阳翟县茨山下，疾更甚，足挛，一手又废（按，即患麻风病），不堪其苦，自沉颍水而死，年仅四十余。其晚年之诗多幽忧之音，所著书三卷，亦名《幽忧子》。他的《羁卧山中》首联即云："卧壑迷时代，行歌任死生。"又有《释疾文三歌》，首章云：

岁将暮兮欢不再，时已晚兮忧来多。东郊绝此麒麟笔，西山秘此凤凰柯。死去死去今如此，生兮生兮奈汝何？

疾亟时直抒胸臆，不暇词章，自然与六朝诗风不类。他的诗中最出名的还是那首七言歌行《长安古意》，这篇诗和骆宾王的《帝京篇》都是写当时长安的情景的。两篇诗有相似的地方，但也有不同之处。相似处是：两诗都极力铺张夸饰，堆砌词藻，同具汉赋的某些特点，又具六朝人喜藻绘的余习，两诗又都以感慨语作结。不同处在于骆诗先言长安地理形势，兼及权贵的豪奢，卢诗则偏重描写豪富在长安的生活情景，暗藏对骄奢淫逸的不满，骆诗结尾颇有愤懑之情，而卢诗则有感伤之音：

> 节物风光不相待，桑田碧海须臾改。昔日金阶白玉堂，即今唯见青松在。寂寂寥寥杨子居，年年岁岁一床书。独有南山桂花发，飞来飞去袭人裾。

两篇歌行的不同，自然是由于两人身世性格的不同，而都与六朝异趣。与这两篇诗同时或略后出现的还有刘希夷的《代悲白头翁》和《公子行》，李峤的《汾阳行》，宋之问的《明河篇》，乃至稍后的张若虚的《春江花月夜》，风格皆有相似之处，可知当时流行此体。它既有六朝绮丽余波，然而在情惆上又有别，是下启盛唐歌行的一种承先启后的"当时体"。

王、杨略晚于卢、骆，王勃少负才名，未冠即应举及第，他是文中子王通之孙，往交趾省父，路过南昌，为新修滕王阁成作序有"落霞与孤鹜齐飞，秋水共长天一色"之句，因而闻名于世。后至南海，溺水死，年仅二十六岁。这是个不羁才子型的人物，为诗露才扬己，欲突破前人藩篱，虽清新而不免华美，仍有六朝习气。如《秋夜长》《采莲曲》《临高台》等篇皆然。而《杜少府之任蜀州》诗中两联"与君离别意，同是宦游人。海内存知己，天涯若比邻"则言简意深，已有盛唐人风骨，诸家皆入选，成为常语。杨炯曾为武则天看中，与宋之问分值习艺馆，也是个恃才傲物的人。他的《从军行》首联云："烽火照西京，心中自不平。"结句云："宁为百夫长，胜作一书生。"又《骢马》诗云："骢马铁连钱，长安侠少年。帝畿平若水，官路直如弦。夜玉妆车轴，秋金铸马鞭。风霜但自保，穷达任皇天。"也颇有豪情壮志，与六朝诗有所不同。不过他也喜欢堆砌词藻，骆宾王有"算博士"之名，他则有"点鬼簿"之号。因为他好以古人姓名连用为对句，如"张平子之略谈，陆士衡之所记""潘安仁宜其陋矣，仲长统何足知之"等，这也是雕绘的余习，但见于骈文，诗中却少见。

关于四杰的作诗，还有一事应该提到，这就是他们都在讲求声律了。骆宾王有完全合乎规范的律体诗二十首，卢照邻有七首，王勃有十首，而杨炯现存五言四韵诗十四首，竟全都合律，可见四杰都在力图总结前人的诗歌技巧，想建立一种有章可循的新体。这对以后近体诗的发展当然是有好处的，最少有筚路蓝缕之功。另外，四杰及其前后诸家的七言歌行，婉丽流畅，颇为人传诵，也对后世有一定影响。明代何景明仿其意调，作《明月篇》，序中称"四子者虽工富丽，去古远甚，至其音节，往往可歌"，意谓尚有风人之义。曹雪芹为林黛玉作《葬花诗》《桃花行》时，只怕也会想到《长安古意》之类歌行的。

与四杰同时或稍后，在上层社会中享有诗名，作诗较多者，则是杜审言、沈佺期、宋之问、李峤等人。这些人的诗多应制、应酬之作，内容较单调、贫乏而词句却更加工整讲究，虽是追求新体，仍未完全摆脱注重形式的旧习。这几个人中，宋之问曾求媚于武后，谄附张易之兄弟，后附武三思，最后又谄事太平公主，人品最不可问。然其人实尚有才华，诗中时见巧思新语，故选家亦不废其言，如以结句"不愁明月尽，自有夜珠来"胜沈佺期末联"微臣雕朽质，羞睹豫章材"，故而在昆明池应制诗中得为魁首。又如《奉和立春日侍宴内出剪彩花应制》诗中云："人间都未识，天上忽先开。"也可算得既工于造语，又善于颂扬了。再如五古短诗《长安路》云："秦地平如掌，层城出云汉。楼阁九衢春，车马千门旦。绿柳开复合，红尘聚还散。日晚斗鸡场，经过狭斜看。"除末联较弱不相称，余亦言简而能传长安路景象。或以为此诗乃沈佺期作，似亦当归之于宋较妥。

一般来说，这类为宫廷、馆阁而作和应酬的诗本少有真情实景在。仍以宋之问为例，这位昔日幸臣，也是直到迁谪以后，方写出一些透露出真情的诗，如下面两短章：

阳月南飞雁,传闻至此回。我行殊未已,何日复归来?江静潮初落,林昏瘴不开。明朝望乡处,应见陇头梅。(《题大庾岭北驿》)

岭外音书断,经冬复历春。近乡情更怯,不敢问来人。(《渡汉江》)

这两首诗正因为发自作者真情,故能感人。这有如虽非落魄的帝王,也能为李后主的那些词所感动,是同一道理。人还是处在不幸的时候多,也总能同情落难的人,常忘却这人曾经如何。

沈佺期与宋之问同时,又皆讲求声律,致力律体,时称"沈宋",故二人诗每有彼此集中互见者,盖二人诗风实有相似处。唯沈多得力于乐府古诗,集中每用乐府旧题,就题目为诗,因而时有六朝乐府遗风,然多无甚新意。传世如《古意》"卢家少妇",选家多入选,略见真性情,疑亦是贬谪中所作。再如《夜宿七盘岭》:

独游千里外,高卧七盘西。晓月临窗近,天河入户低。芳春平仲绿,清夜子规啼。浮客空留听,褒城闻曙鸡。

余则多应制奉和之作,大都只在词句上用心,就很难见真情了。达官大臣的诗往往如此。

李峤的诗就是这种达官大臣诗的一个典型。他在上举诸臣中,最贵显,诗却也平庸空洞。他的《汾阳行》末云:"山川满目泪沾衣,富贵荣华能几时。不见只今汾水上,唯有年年秋雁飞。"曾使唐明皇大为感动,叹为"真才子"。这种歌行末的感叹,实是当时的风气使然。诗前半颇富廊庙气息,说明此诗殆亦如当时宫廷才子之作,难与盛唐诸大家相比。但他写诗的确是很勤奋的,曾以天文、气象、山河、林木、人文、器具、兵刃、乐器乃至禽兽各物,一物作一首五律,成诗一百二十首,可谓洋洋大观,却都算不上佳作。但首首合律,字句上很难找出什么毛病,当是为应制应试赋诗做准备,也是一种写诗的练习。这犹如明清以八股文取士时的“窗课”。《全唐诗》录他的诗前有小传云：“峤富于才思，初与王、杨接踵，中与崔、苏齐名，晚诸人没，独为文章宿老，一时学者取法焉。”大约取法的也就是这些诗。这样硬写出来的诗与那些应制奉酬的诗一样，必然不可能有什么好诗。又据《唐诗纪事》卷十李峤条下云：“峤有二戾：性好荣迁，憎人升进；性好文章，憎人才华；性贪浊，憎人受赂。”这段话出自张鷟《朝野佥载》，如张说不失实，李峤本来算不得什么正人，这样的人自然不会写出什么真出自性情的诗来的。

杜审言亦以结交张易之兄弟之故，后被谴逐，与沈、宋同。其人又极自负，尝谓“吾之文章合得屈宋作衙官，吾之书翰合得王羲之北面。”病甚时，宋之问等往看之，他竟然说：“吾在，久压公等，今且死，但恨不见替人也。”然其诗实与沈、宋辈相伯仲，都追逐声律，讲求字句之工。他也有些名句为后人所称道，如“酒中堪累月，身外即浮云”。既活用词字，意亦深厚。（见《秋夜宴临津郑明府宅》）又如《和晋陵陆丞早春游望》云：“云霞出海曙，梅柳渡江春。”亦已似盛唐人口吻。同样，他也是在贬谪中始有见出真性情的好诗，如：

迟日园林悲昔游，今春花鸟作边愁。独怜京国人南窜，不似湘江水北流。（《渡湘江》）

总之，唐初的诗人，包括“四杰”和太宗、高宗、武后朝的诸臣在内，大体上仍然在不同程度上受到六朝诗文的影响，虽然律体诗的格式逐渐建立起来，也时有新意和新的句法句式，但还不能说已是真正的唐音，也还不能说已具有与前代大为不同的体貌和风格。

二、改变诗风从陈子昂开始

应该说，有意识地、自觉地提出要改变六朝以来那种只注重形式、词藻，不关心诗歌内容，甚至脱离现实，但求迎合宫廷爱好的诗歌风格，是从陈子昂开始的，他在《与东方左史虬修竹篇》的序中明确指出：

> 文章道弊五百年矣。汉、魏风骨，晋、宋莫传，然而文献有可征者。仆尝暇时观齐、梁间诗，彩丽竞繁，而兴寄都绝，每以永叹，思古人，常恐逶迤颓靡，风雅不作，以耿耿也。

这就是说，他希望仍有魏晋风骨，言之有物，而不是追求华美的形式。为此他思念古人，常恐后代就这么一直颓靡下去，所以他心中耿耿。他有感于东方虬的诗《咏孤桐篇》(按，此诗今已不传。)“骨气端翔，音情顿挫……不图正始之音，复睹于兹，可使建安作者，相视而笑。”(均引序中语)所以他才写了这首《修竹诗》，愿“当有知音以传示之”。在这首诗中，他说修竹是“岁寒霜雪苦，含彩独青青。岂不厌凝冽，羞比春木荣。春木有荣歇，此节无凋零。始愿与金石，终古保坚贞。”说实话，这首《修竹诗》若比起李、杜等人的名篇来，并不见得高明，但它确是中有“兴寄”，与只是“彩丽竞繁”的诗是完全大异其趣的。正因为颓靡的诗风不能再听任其滋长蔓延下去，所以陈子昂要抵制“彩丽竞繁”，要求言之有物，重见汉魏风骨，重归风雅的主张，才很快得到其后诗人的响应和肯定。卢藏用《右拾遗陈子昂文集序》云：“宋、齐以来，盖憔悴逶迤，凌颓流靡，至于徐、庾，天之将丧斯文也，后进之士，若上官仪者，继踵而生。于是风雅之道扫地尽矣。……道丧五百岁而得陈君，君讳子昂，字伯玉，蜀人也。崛起江汉，虎视函夏，卓立千古，横制颓波，天下翕然，质文一变……至于感激顿挫，微显阐幽，庶几见变化之朕，以接夫天人之际者，则感遇之篇存焉。”这段话把庾信与徐陵并举，一概否定，显然有失公允，但充分肯定陈子昂在“横制颓波”上的功绩是正确的，虽褒扬未免过火一些，这是为人“诗文集”作序常有的弊病，也可以不必苛责。我们从这里即可见陈子昂对当时人的影响。

陈子昂的《感遇诗三十八首》当然也不必夸耀为“接天人之际”，但谓“见变化之朕”则是中肯的。因为这些感遇诗，一首一意，感物起兴，大半确有感激顿挫、微显阐幽的作用，每可给人启迪，即使偶露消极情绪，显出受佛家道家思想的影响，可比起那些萎靡之音和颂圣应酬之作，却另是一种刚健清新的风格，不能不令人折服。下面这三首即可见一斑：

林居病时久，水木澹孤清。闲卧观物化，悠悠念无生。青春始萌达，朱火已满盈。徂落方自此，感叹何时平。（第十三首）

圣人不利己，忧济在元元。黄屋非尧意，瑶台安可论。吾闻西方化，清净道弥敦。奈何穷金玉，雕刻以为尊。云构山林尽，瑶图珠翠烦。鬼工尚未可，人力安能存？夸愚适增累，矜智道逾昏。（第十九首）

本为贵公子，平生实爱才。感时思报国，拔剑起蒿莱。西驰丁零塞，北上单于台。登山见千里，怀古心悠哉。谁言未忘祸，磨灭成尘埃。（第三十五首）

陈子昂本来有仁人志士的胸怀，武后时，他曾两次上疏论政，也曾从武攸宜北征。观其初入京时，曾市千缗琴而碎之，散其文百轴以取名。早年还颇有豪侠之气，可是最后竟为家乡一县令所辱，收系狱中，忧愤而死。他一生的遭际自然会使他写出这许多《感遇诗》来，虽说有人曾以为他这些诗源出阮籍《咏怀》，实则其涉及面之广，感愤之深，已另辟一领域，影响也很深远。张九龄写《感遇诗十二首》，李白写《古风五十九首》，显然都受他的影响，即张说的《杂诗四首》也有其遗意。此后作者也不绝如缕，因为这种诗可长可短，不必一时写成，有所感触，即成一篇，是极便于抒发胸中所欲言的。除《感遇诗》享盛名外，陈子昂还有几十首五律和一些短五言排律都已成熟入律，而且其中不少诗的境界都较沈、宋等人开阔。如“川原迷旧国，道路入边城。野戍荒烟断，深山古木平”(《晚次乐乡县》)，“山川乱云日，楼榭入烟霄。鹤舞千年树，虹飞百尺桥”(《春日登金华观》)等，置诸盛唐人集中，也当是上乘之作。他的诗，实已可为盛唐人先导，只不过七言歌行和七言近体诗他还没有去写而已。因为七言在那时还不甚流行，而汉魏风骨也还仅见于五言诗。

正因为他已取得相当高的成就，自有其风格，所以后于他的诗人对他都推崇备至。李白《古风》第一首言：“圣代复元古，垂衣贵清真。群才属休明，乘运共跃鳞。文质相炳焕，众星罗秋旻。”虽未明言，意中是必有陈子昂在的。杜甫在蜀中，至陈子昂的家乡射洪，曾写过一首《陈拾遗故宅》诗云：“位下曷足伤，所贵者圣贤。有才继骚雅，哲匠不比肩。公生扬马后，名与日月悬。”杜甫是很难把一个人称赞到这个地步的。其后有韩愈，在其《荐士》诗中曾云：“国朝盛文章，子昂始高蹈。”再后，元好问的《论诗绝句》有一首说：“沈宋横驰翰墨场，风流初不废齐梁。论功若准平吴例，合著黄金铸子昂。”在提到沈、宋初还不废齐梁之后，特别提到陈子昂，用《吴越春秋》上越王于平吴后，范蠡既去，越王乃使良工铸金，像“范蠡之形，置之坐侧”的故事，来赞扬陈子昂之有功于开辟唐诗的新天地，正如范蠡之有功于平吴。有些诗人之言不免有些夸张，但可见陈子昂之有功于唐诗，是后世都公认的。

总之，陈子昂最重要的影响正是在他力求作诗应言之有物，有所寄托，反对那种只追求词句的华美，内容贫乏，甚至颓靡秽亵的诗风上，这对扫荡六朝余习，振兴唐诗确有功绩。就近来说，他的影响主要表现在张九龄、张说等诗人身上。前面提到的张九龄的《感遇诗》就明显是在陈子昂的影响下写成的，不但题目相同，连写作手法也相似，不同之处是在于张九龄是大臣，是继姚崇、宋璟之后有名的贤相，而陈子昂却是有志不遂的下层官吏，屡遭冤抑，所以口吻先就不同。张九龄的感叹主要在为人、为臣的节操上，偶有轻举之意，但也是居高位而尚正直人之言。如：

兰叶春葳蕤，桂华秋皎洁。欣欣此生意，自尔为佳节。谁知林栖者，闻风坐相悦。草木有本心，何求美人折。（《感遇十二首》之第一首）

孤鸿海上来，池潢不敢顾。侧见双翠鸟，巢在三珠树。矫矫珍木颠，得无金丸惧。美服患人指，高明逼神恶。今我游冥冥，弋者何所慕。（同上第四首）

下面《杂诗五首》中第一首，把上面那种居高位者的忧谗畏讥的心情写得更明白：

孤桐亦胡为，百尺傍无枝。疏阴不自覆，修干欲何施。高冈地复迥，弱植风屡吹。凡鸟已相噪，凤凰安得知。

这是侥幸得入仕的封建士大夫的忧虑和愿望，可悲亦复可悯，但与浮沉下僚屡受欺辱的下层士大夫的悲愤显然有别。陈子昂的诗似乎更真切，也更深入地表达出了他对人生和世道的感悟，所以更值得人同情。

张说诗，后来亦略有子昂《感遇诗》风范。睿宗景云二年太平公主之变，张说首建以太子监国之策，故玄宗即位后，张说即得重用。其前期诗多应制奉酬之作及其他应景诗，文学价值不大，南迁岳州后，其诗始渐有意境，述志抒情，也渐有盛唐风格。如《岳州宴别潭州王熊二首》首章云：

丝管清且哀，一曲倾一杯。气将然诺重，心向友朋开。古木无生意，寒云若死灰。赠君芳杜草，为植建章台。

又如《杂诗四首》之第二首云：

山闲苦积雨，木落悲时遽。赏心凡几人，良辰在何处。触石满堂侈，洒我终夕虑。客鸟怀主人，衔花未能去。剖珠贵分明，琢玉思坚贞。要君意如此，终始莫相轻。

其他后期诗作也大都脱离追求绮靡词句旧习，颇为后人重视了。

前面已提到的李白《古风五十九首》，虽然是继踵陈子昂《感遇》而作，但李白以其过人的才气和豪情，气魄更大，内容涉及面更广。奔放而飘逸，自然更越来越远离追求绮靡的诗风了。陈子昂求言必有物，诗中当有寄托的主张，影响实远及于后代，即如孟云卿、元结，及其《箧中集》中的沈千远、赵征明等七人的诗，都可谓言中有物，一归雅正，关心民瘼的，而且确有不少语重心长、令人深思的诗篇和诗句，尤其是元结的《系乐府十二首》《春陵行》《贼退示官吏》等诗，更受人敬重。杜甫读元结《春陵行》和《贼退示官吏》诗后，曾写了一首《同元使君春陵行》一诗，有序云："今盗贼未息，知民疾苦，得结辈十数公，落落然参错天下为邦伯，万物吐气，天下少安可待矣。"诗中云："观乎春陵作，欻见俊哲情。复览贼退篇，结也实邦桢……道州忧黎庶，词气浩纵横。两章对秋月，一字偕华星。"可见二诗感动这位一辈子忧国忧民的诗人之深。总之天地间是不可无元结这样的诗章的。再如孟云卿的诗《悲哉行》中的"飘飘万余里，贫贱多是非"等，也确有不少语重心长令人深思的诗篇和诗句。还有元结的《系乐府》中的《贱士吟》《贫妇词》，赵征明的《回军跛者》中的"去时日一百，来时月一程。常恐道路旁，掩弃狐兔茔。所愿死乡里，到日不愿生"等语，以及沈千远的《感怀弟妹》诸诗，皆足以感动世人，是只知吟风弄月、玩弄词藻的对立面，这样的诗都是不可不有的。可惜的是元结的诗，除一些隐居后及宿洄溪诸诗外，大都过于朴素无文，《箧中集》中的许多诗尤其是这样。按这样的路线去发展，只怕又会走到另一极端，恐亦非诗艺发展应走的道路。

应言之有物是对的，有所寄托也无可厚非，但这寄托必须是自然产生的，所言之"物"也不该是外加的。唐人诗中往往有咏物以寄干求之意的。刘长卿的《杂咏八首上礼部李侍郎》即可为一例。这虽也可说是贫士的悲哀,但未必可取,更不必去效法。陶渊明曾有《乞食》和《咏贫士》诗,直言其情其事,只见胸襟之旷达,与写诗去干求是不同的两回事。片面去追求言之有物、有寓意的诗,也见于说诗论文中。明明只是写景咏物,于中以见自然之崇高、生活之美好,体会作者的审美眼光和体物观察之细,可以提高人的修养和生活情趣,这也就可以了。可是有些评论家却偏要牵强附会地去求取深意, 或硬与某些时事相联系,窃以为不必把这看作研究工作的深入,这正如研究《红楼梦》曾有过的"索隐派",恐怕只能说是研究之歧途了。

三、李白与杜甫的对比

唐诗是中国诗歌的高峰,盛唐则是唐诗的极盛时期,而李白与杜甫又是许多高峰中最巍峨、至今仍难以超越的两座并峙的高峰。前人对这两位大诗人的议论已车载斗量,够写好多卷大书,再去议论似乎已是多余的。但在这保护、弘扬灿烂的古代文化,以抵制文化虚无主义和外来的不良影响之时,重新再特别认识一下也还是有必要的。

李白与杜甫的诗歌风格迥然不同,但也有其共同点。首先,他们都生活在唐代由盛而衰,社会由治而乱的大转折时期,只是杜甫晚生于李白十一年,时间略有先后而已。他们的创作活动时期还是约略相当的。他们在这大转折时期都各有其感悟,敢于抒发自己的感情,有自己的反应;在创作上都敢于在吸收前人的成果的基础上不主故常,有自己的风格,都能各自发挥自己之所长,用自己的声音发言。凡是大诗人都必有自己的特色,自己的风格,两人在这方面都表现得最为充分。杜甫称赞李白"笔落惊风雨,诗成泣鬼神。"(见《寄李十二白二十韵》)其实他本人对这两句赞叹也可以当之而无愧。两人诗固各有所长,各有千秋,但从总体来看,两人的笔力和气魄则势均力敌。

或谓二人之不同,由性格使然。性格不完全是天生的,后天的处境也会起很大的作用,而且其作用会随人之成长而愈来愈大。关于李白的家世,众说纷纭,只可肯定他的先世是因什么事曾移居西域,后来遁回蜀中,家于绵州之彰明(今江油)。至于李白是否为李广的后裔,凉武昭王李暠的九世孙,都只能存疑。杜甫是杜审言之孙,家世比较清楚。而李白什么时候出蜀,也已难考定,反正应在苏颋罢政事,出为益州长史,他得以见过苏颋之后。出蜀后,他曾游襄汉、洞庭,又曾东游金陵、维扬及汝淮等地。他在《与韩荆州书》中自云:“十五好剑术,遍干诸侯。三十成文章,历抵卿相。”又《上安州裴长史书》云:“以为士生则桑弧蓬矢,射乎四方,故知士大夫必有四方之志。乃仗剑去国,辞亲远游。南穷苍梧,东涉溟海,见乡人相如大夸云梦之事,云楚有七泽,故来观焉。而许相公家见招,妻以孙女,便憩于此,至移三霜焉。”此后他便在安陆住了十年,然后才游太原,游山东,新、旧唐书均载李白曾与孔巢父等隐于徂徕山,号“竹溪六逸”,当即在此时。至四十二岁时游会稽,与道士吴筠共居剡中,恰好这时吴筠应召赴阙,因荐李白于朝。玄宗下诏征之,于是李白乃得玄宗赏识,供奉翰林。因此,李白曾在长安辉煌过一时,与贺知章等往来,多次入禁中赋诗,侍宴饮,有许多故事。后被谗,李白亦乞归,因得放回。计在长安不过三年,而名更重,诗更多。出长安后,浪迹四方,多在江南各地,所至之处,均得厚遇。总之,李白大半生诗酒纵游,过得十分潇洒,在大变故前一直是比较顺遂的。安禄山反,京洛各地均受其害,但李白辗转于宿松、匡庐间,又往来江浙,均在江南一带,并未受兵连祸结之苦。至德元载,永王璘为江陵府都督、四道节度使,重其才名,辟为府僚佐。永王璘乘乱有异图,兵败,李白逃还彭泽,被擒后系浔阳狱,次年长流夜郎,未至夜郎即因遇赦得释。即在流夜郎途中,仍赋诗饮酒,与人往来如故,也未受多少苦。还至江复,又至金陵、宣城时,族人李阳冰为当涂令，李白往依之，宝应元年十一月以疾卒。世传李白游采石江，因醉入江中捉月而溺死。《唐摭言》亦采之，当然不足信。这是因为李白本是一个传奇式的人物，所以有这种传说，实无足怪。总之李白一生除因污于永王璘事，一度入狱，曾流往夜郎、行至巫山外，他一生都是过得相当惬意的。即使在他刚出蜀时，据他在《长安州裴长史书》中说："曩昔东游维杨，不逾一年，散金三十余万，有落魄公子，悉皆济之。此则是白之轻财好施也。"这也许会有些夸张，但足见他不是那种出外求知求仕的穷士，倒像个豪侠的贵公子。

而杜甫的情况就不一样了。他虽出生于一个小官僚家庭，并不是平头老百姓，其祖审言得罪，大约至其父杜闲时，已家道中落，故甫兄弟皆流寓四方。《新唐书》本传谓甫不自振，大概是事实。开元末，甫应京兆贡举，不中第，困居长安，也相当穷乏。其时有《投简咸华两县诸子诗》云："长安苦寒谁独悲，杜陵野老骨欲折……自然弃掷与时异，况乃疏顽临事拙。饥卧动即向一旬，敝裘何啻联百结。君不见空墙日色晚，此老无声泪垂血。"这该是困居长安时写的诗，"咸"指咸阳，"华"指华阴，正可与《进雕赋表》所言"惟臣衣不盖体，尝寄食于人，奔走不暇，只恐转死沟壑，安敢望仕进乎？伏惟明主哀怜之。倘使执先祖之故事，拔泥涂之久辱"等语相印证，足见虽在安史之乱前，流寓长安、东都时，他过的日子也很困穷而不得意。一本误"咸"为"成"，遂以为"成"即成都，"华"即华阳，因定此诗为在成都时所作，实与居成都时景况全然不符。杜甫献《三大礼赋》后，仅得召试文章，参列选序。又三年后，才得个"右卫率府胄曹参军"的小官，而安禄山之兵旋即入长安，京师大乱。此后他的颠沛流离都备见于诗中，曾遭受"入门闻号咷，稚子饥已卒"(《自京赴奉先县咏怀五百字》)的痛苦，而这还是在丧乱之初。陷身被安禄山军攻占的京师后，他虽得脱身西走，"麻鞋见天子，衣袖露两肘"，而又与家相失："寄书问三川，不知家在否？比闻同罹祸,杀戮到鸡狗。山中漏茅屋,谁复依户牖……自寄一封书,今已十月后。反畏消息来,寸心亦何有?”(上引诗句均见《述怀一首》)其携家奔走道路时,“既无御雨备,径滑衣又寒……野果充糇粮,卑枝成屋椽。”(《彭衙行》)而《北征》述至家得见妻女等情事,虽琐屑,若自慰,而实更可悲。“麻鞋见天子”之后,得授左拾遗,又扈从还京后,宜有转机了。可不久为疏救房管,终被黜为华州司功参军。计在京师不足二年,旋即因关辅饥荒,卑官无以自存,弃官西去。至秦州仍难以安顿,未几即弃之南下,这就是《发秦州》诗所谓“我衰更懒拙,生事不自谋。无食问乐土,无衣思南州。”在同谷,甚至到了“岁拾橡栗随狙公,天寒日暮山谷里。”“黄精无苗山雪盛,短衣数挽不掩胫。此时与子空归来,男呻女吟四壁静”(见《干元中寓居同谷县作歌七首》)的地步,真是艰苦备尝。正如《发同谷县》诗所言:“奈何迫物累,一岁四行役。忡忡去绝境,杳杳更远适。”直至好容易到了成都依严武,经营草堂于浣花溪,才真暂得安居。可是他在成都安居只两年多,到宝应元年,严武还朝,兵马使徐知道反,他就只好避乱往梓州,辗转川东北梓州、通泉各地近两年。至广德二年暮春,严武再镇蜀,他才得回到成都草堂。这一次他得安居的时间更短,到次年即永泰六年四月,严武病卒,五月杜甫就只好离开成都南下,由戎州、渝州、忠州至云安。直至次年(大历元年)春,才得在夔州又暂时安居下来,到大历三年始得出峡,由江陵、岳州,而南入湖南,仍处处仰给于人,备尝艰苦,最后流寓衡湘而卒。他的后半生除在成都两依严武,及寓夔州略得安静以外,都是在颠沛流离中度过的。

总之,李白和杜甫两人一生的遭遇和生活状况都是如此之不同。不但遭遇不同,处境不同,所见所闻也不同。杜甫常得以与生活在底层的庶民老百姓接近,得以深知他们的疾苦,亲眼见到并体会到贫富差距之悬殊,因此有“朱门酒肉臭,路有冻死骨。”(《自京赴奉先县咏怀五百字》)“北里富熏天，高楼夜吹笛。焉知南邻客，九月犹絺绤”(《遗兴五首》首章,疑当在秦州所写)等语。像“三吏”、“三别”这样的诗,如果不是亲身见到,也是写不出来的。而李白这些时候,恐怕都在云游天下,到处高歌纵酒,即使在往夜郎途中,也不会像杜甫在同谷一带时那样。

生活道路的不同,决定了写作道路的不同。这不仅是指所取题材不同,也会使写作风格有别。处境不一样,人的心情不一样,会影响到人的性情。李白虽然偶尔也会感时伤事,甚至有过报君的念头,如前文所述,但他的思想基本上是出世的,是倾向于道家的。杜甫有时也会有离世栖隐的念头,甚至有“纨袴不饿死,儒冠多误身”的怨言,但他基本上仍是儒家。叹世伤时,悲天悯人,主要仍是儒家的蔼然仁者之言。因此,李白在他那种境遇中,写起诗来,就常会有那种豪放不拘、飘逸绝俗,如天马行空的风格;而杜甫则沉郁、含蓄,有痛快淋漓处,又有高妙峻洁处,真所谓包罗万象而集大成,能使人一唱三叹,咀嚼不尽。李白诗,以其豪放或有时流于粗豪越理;杜甫诗,以其细密、沉稳或至于琐屑晦涩。然而如高山之不择木植,仍不能掩其高,河海之不择溪流,仍不能害其深,两人仍然是各有千秋的。

如果用两人一些似写同样题材的诗来对比，也许更能看出其风格之迥异。例如,两人皆极嗜酒,写饮酒的诗李白有很多,杜甫也不算少。李白的《襄阳歌》中云:“鸬鹚杓,鹦鹉杯,百年三万六千日,一日须倾三百杯……舒州杓,力士铛,李白与尔同死生。”又《把酒问月》云:“青天有月来几时,我今停杯一问之……今人不见古时月,今月曾经照古人。古人今人若流水,共看明月皆如此。唯愿当歌对酒时,月光长照金樽里。”前一首写饮酒的豪情,后一首则把酒望月而想到古今,想到时光流逝,唯月如旧,思绪翩翩,备见胸次之超脱。杜甫的《醉时歌》则云:“得钱即相觅,沽酒不复疑。忘形到尔汝,痛饮真吾师。清夜沉沉动春酌,灯前细雨檐花落。但觉高歌有鬼神,焉知饿死填沟壑。”当他得游曲江时,则有“且看欲尽花经眼,莫厌伤多酒入唇。”(《曲江二首》之一)又有“朝回日日典春衣,每日江头尽醉归。酒债寻常行处有,人生七十古来稀。”看来杜甫的诗似有寒酸相,其实《醉时歌》是悲壮的,是愤激语,而在曲江的诗则是故为旷达语,是救房管后,不得志的无可奈何的叹惋。这种与李白的不同,是处境不同使然,也是其入世的性格使然,从而显出悲愤的风格来。

再从同样写征夫、思妇的诗上做比较。李白的《子夜吴歌·秋歌》云:“长安一片月,万户捣衣声。秋风吹不尽,总是玉关情。何日平胡虏,良人罢远征。”又《春思》云:“燕草如碧丝,秦桑低绿枝。当君怀归日,是妾断肠时。春风不相识,何事入罗帏?”这都是从诗意的景象落笔,完全是太白平时的风格。杜甫就不然了,借用现代的术语来说,作为现实主义的大诗人,他不但在“三吏”、“三别”等诗中以史家笔法直书其事,直述其情,而且在凡是涉及征夫、思妇时,都顺便写出普通百姓的愿望和他本人的观点。如《洗兵马》篇末云:“淇上健儿归莫懒,城南思妇愁多梦。安得壮士挽天河,净洗甲兵长不用。”或不明写征夫、思妇,但写遭战乱之人,即可见其悲天悯人的心情。如在夔州所写《阁夜》颈联云:“野哭几家闻战伐,夷歌数处起渔樵。”又《白帝》云:“戎马不如归马逸,千家今有百家存。哀哀寡妇诛求尽,恸哭秋原何处村?”一个富于诗情画意,一个是语重心长,出发点不同,旁观与设身处地不同,于是写出的诗也就不一样。

即使就诗人都常有的写景、咏自然风光的诗来看,两人风格的不同也很明显。下面是两首写大江上风光的五律,写的又都是刚入夜时之景:

渡远荆门外,来从楚国游。山随平野尽,江入大荒流。月下飞天镜,云生结海楼。仍怜故乡水,万里送行舟。(李白《渡

荆门送别》)

细草微风岸,危樯独夜舟。星垂平野阔,月涌大江流。名岂文章著,官应老病休。飘飘何所似?天地一沙鸥。(杜甫《旅夜书怀》)

杜甫这首诗,旧本一般都编在离忠州后再东下未至云安时诗中,但从忠州至云安,两岸仍多山,虽非如入峡后那种高山,但仍丘陵浅山不断,并无“星垂平野阔”之景。疑此诗乃是出峡后未至公安时夜泊时所写。两人这两首诗的颔联所写的景物相似,气势亦可相敌。或谓李联不如杜联,因为平野阔方见星如垂。平野阔,自然山已尽,而且所写景象也更丰富。杜诗下句的“涌”字也很生动,“大江流”更有气势,而李下句意与上句意实有些重复。首联杜诗写到的事物也较李诗为多。杜诗至下半即转入身世之感,李却一直写下去,以“飞天镜”补出月落,“结海楼”写出云起,结句想到长江水乃自蜀中故乡来,首尾一气。这就表明两人身世性格之不同,如何使得处理题材的手法也不同了。李白富想象,杜甫多感触,都于此可见。再如李白写出峡的《下江陵》绝句:“朝辞白帝彩云间,千里江陵一日还。两岸猿声啼不住,轻舟已过万重山。”写得如此轻快,气韵兼至,使后世一读即可成诵。杜甫于大历三年离夔州出峡,他前途未卜,仍处处依人,心情是沉重的,自然写不出李白这样的诗来。在峡中旅途,除几首应酬诗外,重要的就是那首《将适江陵漂泊有诗凡四十韵》。在这篇诗的第二联,他就说“入舟翻不乐,解缆独长吁”;过险滩时,他是“恶滩宁变色,高卧负微躯”。后文又发“此生遭圣代,谁分哭穷途”的感慨。这固然是体裁之别,但也是性格、爱好之别。杜甫是喜欢做对仗的,他严守格律,晚年尤甚,故有“晚节渐于诗律细”之句;而李白则不喜拘守格律,不甚勉强合律的七律诗仅有寥寥数首,连五律也不多。他的诗大多是古风、歌行,近体诗中的绝句,可以飘然而来,飘然而去,最适于他抒发才情,所以他的七绝较多,也很成功。杜甫的绝句诗喜用对仗,虽也有其诗意,有其与众不同之处,但不那么流畅,韵味也不如李白,这是最能显示两人才情不同的一个方面。

两人风格和写作手法之不同,多得难以列举。从整体来看,大致可以这样说,杜甫有较强也较明显的现实倾向,李白则有较强也较明显的唯美倾向。从个人修养及其特点看,则可以这样说,杜甫的长处在"识",而李白的长处在"才"。从所写内容方面来看,杜甫多倾诉自己的遭遇和愁苦,同时又与忧国忧民的意识结合起来,他的诗好多在篇末归结到思乡愁乱上,有时使人有雷同之感。李白则经常表现他的超凡脱俗,多写慕道求仙事,也常写到酒与妇人,不免引起一些议论。但是在强调两人这些不同时, 我们不应忘记两人还有一个极重要的相似之处,这就是他们都敢于有自己的风格,用自己的声音说话,从不蹈袭别人,正因为这样,他们在诗歌创作上,才开辟了一个五彩缤纷的时代。

四、从王、孟到韦、柳

盛唐时期,诗人辈出,诗坛诗才之盛,真不愧为盛唐。要逐一评估这么多诗人的风格及其对后世的影响,显然不可能。我们只能就有共同之处的诗人中选出几位有代表性的人物来粗略加以评述。这首先就是王维、孟浩然、储光羲和韦应物等人。因后世常韦、柳并举,柳虽已入中唐,但其诗与上述诸人颇有类似之处,所以也附带一谈。

王、孟两人的风格确有相似之处,然二人实又有所不同。王维早年有风流才子的风度,又多与上层贵人往来,故除以写山林田园风光见长外,又有富丽高华的一面。他是个画家,又颇有音乐修养,因此更善于看出并传达大自然之美,被称为"诗中有画,画中有诗"。殷璠的《河岳英灵集》选他的诗最多。在李、杜未享盛名,未受充分重视之前,他事实上是诗坛的正宗，故许彦周诗话以为“孟浩然、王摩诘诗自李、杜而下，当为第一”。以王摩诘为李、杜后第一，也许可以得到前代许多评论家认可。把孟浩然置于王摩诘之上，也是继李、杜之后的第一，只怕就会令读诗者难以同意。因为事实上孟的才情固逊于王维，所写景物情事的广度和深度也逊王维一筹。孟浩然的诗从幽寂闲远取胜，而精致清深则不如王维。因为王维时而还有典重凝练、流畅华美的一面，赵松谷所注王集末附《丛说》引《史鉴类编》云：

> 王维之作，如上林春晓，芳树微烘，百啭流莺，宫商迭奏。黄山紫塞，汉馆秦宫，芊绵伟丽，于氤氲杳渺之间，真所谓有声画也。非妙于丹青者，其孰能之？矧乃辞情闲畅，音调雅驯，至今人师之诵之为楷式焉。

这也可算善于形容了，虽有些溢美，尚不算太过火。可惜还忘了一点，即王维晚年颇精于禅理，还往往把禅理融入其诗中，这就使他的诗又别有一番风味。

孟浩然不像王维那样早年曾出入宫廷贵人家，后来又奉佛甚谨，精于禅理，所以他的措辞造语，亦不如王维那样工稳精致。“兴阑啼鸟换，坐久落花多。径转回银烛，林开散玉珂。”（《从岐王过杨氏别业应教》）“窗外鸟声闲，阶前虎心善。徒然万象多，澹尔太虚缅。”（《戏赠张五弟三首》之一）“日落江湖白，潮来天地青。”（《送邢桂州》）“江流天地外，山色有无中。”（《汉江临泛》）一读即可知必是王维之作，而非孟浩然所写。而孟浩然的诗，如“松月生夜凉，风泉满清听”（《宿来公山房期丁大不至》），“荷风送香气，竹露滴清响”（《夏日南亭怀辛大》）等，既传景传情，特富幽寂之趣，又别树一帜，可与王摩诘争胜。后人王、孟常并称，是有一定道理的，因为两人都能识山林田园之美，而风格也有相近之处，因为他们都基本上排除了六朝的繁缛，给诗坛上增加了一股清新幽美的气息，影响后之诗人朝韵味方面发展，而在构词造句上也力求更近于自然。

储光羲的诗，风格有与王、孟相近处，但他才情不如王、孟，文采亦不如，写景咏物也不如王、孟那样工稳而又有韵味，所以他的诗往往为选家所忽略。但他的诗之真率朴直，又有王、孟所不及处，故有人认为他颇得陶渊明之真朴，如沈德潜《唐诗别裁》简介储光羲时所言。其实储诗尚多刻意为诗，不像陶渊明大多无意为诗，只是适与景遇，诗自胸臆间自然流出。储光羲个别诗篇，如《泊舟贻潘少府》前半云：

行子苦风潮，维舟未能发。宵分卷前幔，卧视清秋月。四泽蒹葭深，中洲烟火绝。苍苍水雾起，落落疏星没。所遇尽渔商，与言多楚越。

始见有陶诗风味。尤其是他咏田家的诗，能写出田家生活和愿望，也比其他诗人但从隐逸角度出发，较得田家真实情景。如：

野老本贫贱，冒暑锄瓜田。一畦未及终，树下高枕眠。荷蓧者谁子？皤皤来息肩。不复问乡墟，相见但依然。腹中无一物，高话羲皇年。（《同王十三维偶然作十首》之三）

满园植葵藿，绕屋树桑榆。禽雀知我闲，翔集依我庐。所愿在优游，州县莫相呼。日与南山老，兀然倾一壶。（《田家杂兴八首》之二）

又如《田家杂兴》中尚有“既念生子孙，方思广田圃。闲时相顾笑，喜悦好禾黍”（第一首）和“筑室既相邻，向田复同道。糗糒常共饭，儿孙每更抱”（第六首）都是家家本色语，比较真切。不过储诗大都很少提到农家之辛苦及不幸遭遇，仍有诗人但作壁上观之嫌。

还有一点也很值得注意：王、孟、储三人的诗作中，都是以五言诗为主。七言诗写得最多的是王维，也仅有七古二十二首，七律二十首，一半七律皆失粘，七绝二十二首，内三首亦失粘，所有七言诗还不到他全部诗歌的六分之一。孟浩然则仅有七古六首，七律四首，比起他现存五言诗来,更微不足道。至于储光羲,亦仅有七古六首,七律更少,只有一首,甚至连五律也只有三十余首,远较五古为少。这都表明,在那时候,五言诗仍占优势,七律更是才开始流行。清人诗话谈诗,已有人注意到,这几位诗人不如后代那样谨守律体诗的格律。王维七律多失粘,即屡为人指出。即使是五律,也间有不甚合律的。孟浩然的五律首联就有好几首不合规范,后人从宽,只好把这样的首联当作有拗救的特殊句式。孟浩然和储光羲的五律还都有颔联不用对仗的,或似对仗又不全合对仗要求的。孟浩然还有全诗散行的五律,这是律体诗初流行时必然会有的情况, 也可说是隐逸诗人每有不肯拘守格律的特点。因为他们是“高人”,自然应该少从俗一些。

至于王、孟之别,清人也有注意到的。例如贺裳《载酒园诗话又编》言诸家之效陶是“摩诘太秀,多以绮思伤其朴趣”;又谓孟浩然“诗忌闹,孟独静”,说孟浩然写景、叙事、述情,令读者躁心欲平,但瑰奇、磊落,实所不足,故不甚作七言,是所谓“智者善藏其短也”。他的评论略偏于孟,只能说大体上是中肯的。因为孟浩然有时也会徒有“羡鱼”之情(见《临洞庭上张丞相》),并不都是那么可令人“躁心欲平”的。

至于韦应物,清代论诗诸家,大半都很看重。例如施补华《岘佣说诗》就以不少篇幅说到韦应物,指出韦应物诗清秀幽雅,有极似王摩诘、孟浩然者,并举“乔木生夏凉,流云吐华月”(《同德寺雨后寄元侍御李博士》),“南亭草心绿, 春塘泉脉动”(《春游南亭》),“绿阴生昼静,孤花表春余”(《游开元精舍》),“日落群山阴,天秋石泉响”(《蓝岭精舍》)为例。施氏又谓韦诗古澹处,胜于王、孟,近似陶渊明,但施氏所举例似过简,不足以说明其所谓“若无意中冲口而出,真率如出陶公之口”。下面试再多录数语,以见韦诗风采:

田家已耕作,井屋起晨烟。园林鸣好鸟,闲居犹独眠。不觉朝已晏,起来望青天。四体一舒散,情性亦欣然……(《园

林晏起寄昭应韩明府卢主簿》)

贵贱虽异等，出门皆有营。独无外物牵，遂此幽居情。微雨夜来过，不知春草生。青山忽已曙，鸟雀绕舍鸣。(《幽居》)

从这些诗句似乎更能看出韦应物学陶而又有唐人的风格。他学陶慕陶曾屡屡自言，如《东郊》诗后半云："微雨霭芳原，春鸠鸣何处？乐幽心屡止，遵事迹犹遽。终罢斯结庐，慕陶真可庶。"有时还直接把效陶作为题目，在宋王钦臣序本《韦苏州集》第一卷中，即有《与友生野饮效陶体》和《效陶彭泽》两诗。

可以说，在效法陶渊明的唐代诗人中，韦应物是最成功的一位。不过，韦应物并不是仅仅追随陶渊明，他有自己的风格，也有自己的特点。试看下面的两首短诗：

今朝郡斋冷，忽念山中客。涧底束荆薪，归来煮白石。欲持一瓢酒，远慰风雨夕。落叶满空山，何处寻行迹。(《寄全椒山中道士》)

心绝去来缘，迹顺(一作"断")人间事。独寻秋草径，夜宿寒山寺。今日郡斋闲，思问楞枷字。(《寄恒璨》)

第一首尤其有名，翻宋本《韦苏州集》卷三，此诗上有洪迈批云："此篇高妙超诣，不容谬说，而结句非语言思索可得。东坡依韵，迄不及。"《唐诗别裁》选此诗，后云："化工笔，与渊明'采菊东篱下，悠然见南山'妙处，不关语言意思。"又《唐诗别裁》选韦应物五古多至四十四首，仅次于杜甫，足见沈氏对韦应物五古倾倒之至。韦应物的为人，有如《国史补》所言，"性高洁，鲜食寡欲，所居焚香扫地而坐。"多与道士僧人往来，悟道通禅，故其诗风格遂与人不同。

尤可贵者，一般所谓高人，多遗落世事，不甚关心民生疾苦，而韦应物则不然。他在《郡斋雨中与诸文士燕集》诗中说："自惭居处崇，未睹斯民康。"在《寄李儋元锡》诗中说："身多疾病思田里，邑有流亡愧俸钱。”都是蔼然仁者之言。又《采玉行》云:“官府征白丁,言采兰溪玉。绝岭夜无家,深榛雨中宿。独妇饷粮还,哀哀舍南哭。”以简淡语写出采玉人苦况,令人动容。这种关心庶民的心胸,岂是但知自己悠闲,与世无争,或有意逃世的所谓高人所能达到的?

昔人论诗,常韦、柳连称,柳宗元本是中唐诗人,在同王叔文等与宦官的斗争中失败后,与刘禹锡等八人同时被斥逐往南方,他从此就再未北归,卒于柳州。他的诗作大都成于南贬之后,其诗歌风格,不与同时的韩、孟和元、白等人相似,倒与受陶渊明影响的王、孟、储、韦等人有共通之处,所以在韦应物之后来谈他的诗较为恰当。

韦、柳并称,始于苏轼,其《书黄子思诗集后》云:“李、杜之后,诗人继作,虽间有远韵,而才不逮意。独韦应物、柳宗元发纤秾于简古,寄至味于澹泊,非余子所及也。”(《苏东坡集·后集》卷九)。或疑东坡对二人评价过高,又时或扬柳宗元于韦应物之上,这大约当是因其处境有与柳宗元相似之处,故更同情柳宗元之故。但指出二人有相同之处,并且倡导简古澹泊的风格,这却是东坡的见识高明的地方。

韦应物和柳宗元的风格当然也有不同。韦应物以真率见长,柳宗元则以幽邃见长;韦用词较平易,而柳则有时用一些比较生僻的词语。这正是两人在性格与遭遇上的差异使然。他们共同之处则在于语言之“洁”,即都不繁文缛词,少用雕饰。不过就这“洁”而言,也有不同。韦是一种“高洁”,韦应物所长,在他能使人于平心静气中去寻味;而柳是一种“峻洁”,柳则善于使人警觉,在清雅幽深中发人深省,措语有时如斩钉截铁般刚健,这从他的一些有名的短章中最易看出:

渔翁夜傍西岩宿,晓汲清湘燃楚竹。烟消日出不见人,欸乃一声山水绿。回看天际下中流,岩上无心云相逐。(《渔翁》)

千山鸟飞绝,万径人踪灭。孤舟蓑立翁,独钓寒江雪。

(《江雪》)

柳宗元长诗并不见佳,却善于用短,就从上引两诗也可看出。据说苏东坡还认为上引第一首诗如删去末二语更余情不尽,沈德潜于此诗后评语中以为信然。苏东坡固然有其道理,但这诗本是一首短古,短古应有短古的风韵,如删去二句,就成仄韵七绝了。总之,这种写法是柳宗元所长,韦应物是写不出来,也不会这样写的。柳宗元这类诗用语造句虽然与王、孟等人都不大相同,但意境仍与王、孟和韦应物的诗风有共同之处。下面的两段五古便与韦应物十分相似:

道人庭宇静,苔色连深竹。日出雾露余,青松如膏沐。澹然离言说,悟悦心自足。(《晨诣超师院读禅经》)

杪秋霜露重,晨起行幽谷。黄叶覆溪桥,荒村唯古木。寒花疏寂历,幽泉微断续。机心久已忘,何事惊麋鹿?(《秋晓行南谷经荒村》)

这是因为二人所去之处相似,心情亦相似,故写出来的诗也就相似,在柳集中像这样的五古还可以找到一些。至于近体,柳宗元则可能受到时风影响,又因久处那时所谓瘴疠之地,就多露出一些凄厉之情,用语也不同了。如《登柳州城楼寄漳、汀、封、连四州》的颈联:"岭树重遮千里目,江流曲似九回肠。"又如《与浩初上人同看山寄京华亲故》:"海畔千山似剑铓,秋来处处割愁肠。"当然这是柳州一带的山水本来是这样,可是韩愈也是到过岭南,了解桂、柳一带的山水的,他在《送桂州严大夫同用南字》诗中却云:"江作青罗带,山如碧玉篸。"而在柳宗元的诗中,同是那一带的江却似"九回肠",同是那一带的山,却似割愁肠的"剑铓"了。心情不同,处境不同,同样的景物经不同的诗人写出来就完全不一样了。

五、高适、岑参与李颀、王昌龄

历来论诗又常高、岑并举，因为两人开辟并丰富了边塞诗这一题材，皆苍凉而又有慷慨悲歌的风味，但两人风格实亦有所不同。高适在诗人中较显达，一生皆较顺遂。他在政治上、军事上都没有什么大的建树，但少壮时还是颇有点豪侠气概。如《酬裴员外以诗代书》中自云："脱略身外事，交游天下才。单车入燕然，独立心悠哉。宁知戎马间，得展平生怀。"所以他赞赏"胡骑虽凭陵，汉兵不顾身。"(《蓟门行五首》末章)也称赞"骏马每借人，黄金每留客。"(《巨鹿赠李少府》)他作《三君咏》歌颂魏征、郭元振、狄仁杰三名臣。又《邯郸少年行》云："未知肝胆向谁是，令人却忆平原君。"从这些诗作中都可以看出他的为人和志趣。他的边塞诗多以慷慨激昂的语言写出，间或则又杂以怀古伤时的情调，如：

> 陇(原作"垅"，下同)头远行客，陇上分流水。流水无尽期，行人未云已。浅才登一命，孤剑通万里。岂不思故乡，从来感知己。(《登陇》)

或杂以议论，如《蓟中作》："边城何萧条，白日黄云昏。"或杂以议论，如《燕歌行》："山川萧条极边土，胡骑凭陵杂风雨。战士军前半死生，美人帐下犹歌舞。大漠穷秋塞草腓，孤城落日斗兵稀。身当恩遇恒轻敌，力尽关山未解围。"又如《塞上》："亭堠列千里，汉兵犹备胡。边尘涨北冥，虏骑正南驱。转斗岂长策，和亲非远图。"这些地方都可看出诗人对国事、边事的关心，也表明他少年时的壮志豪情仍在。

也许正因为高适年五十始学为诗，他虽有悲壮的气势，毕竟语言修养稍差，词汇也较贫乏，不善于生动描写各种情景和边境风光。其质朴真率处比较适合于古体，而不宜用于近体，故他的律体诗不那么工稳，仅不多几首绝句却较为出色，自抒怀抱，不愧为盛唐之音。

岑参则不然，他虽然是岑文本之后，但早年孤贫力学，曾参戎幕十余年，往来西域北庭各地。他的边塞诗，气势与高适相当，而更能传边庭风光及严寒中征战情景，又较工于词翰，练字造句均有独到之处。《河岳英灵集》称他“语奇体峻”，大体上是中肯的。他的五古大多能明白如话，使事用典不多，有的篇章类似后来的白居易和张、王乐府。由于他本是一个不得意的贫士，辗转戎马间多年，最后不过入蜀为嘉州刺史，那时的嘉州仍是接近南方边庭的偏僻之地。所以他晚年诗中颇有一种悲凉的怨望之情，如《西蜀客舍春叹寄朝中故人呈狄评事》前半云：

春与人相乖，柳青头转白。生平未得意，览镜私自惜。四海犹未安，一身无所适。自从兵戈动，渐觉天地窄。功业悲后时，光阴叹虚掷。却为文章累，幸有开济策。何负当途人，无心矜窘厄。

其实就在边庭，他何尝是满意的，他在《北庭贻宗学士道别》中说：“读书破万卷，何事来从戎……两度皆破胡，朝廷轻战功。十年只一命，万里如飘蓬。容鬓老胡尘，衣裘脆边风。”这样的诗，高适是不会写的。

岑参写边庭的风光和战士的苦楚及其心情皆精警传神，多前人所未曾言及。如《走马川行奉送封大夫出师征西》《白雪歌送武判官归京》等篇，都已成后世传诵的名作，这里仅以三首短诗为例，即可见其大概：

银山碛口风似箭，铁门关西月如练。双双愁泪沾马毛，飒飒胡沙迸人面。丈夫三十未富贵，安能终日守笔砚。（《银山碛西馆》）

一身从远使，万里向安西。汉月垂乡泪，胡沙费马蹄。寻河愁地尽，过碛觉天低。送子军中饮，家书醉里题。（《碛西头

送李判官入京》)

走马西来欲到天,辞家见月几回圆。今夜不知何处宿,平沙万里绝人烟。(《碛中作》)

如果我们想到岑参在《初授官题高冠草堂》中所言"三十始一命,宦情多欲阑。自怜无旧业,不敢耻微官",他的心情和用语之所以与高适很不相同,则是很易理解的。他不仅写边庭,就是写一般情景的一些诗句也往往既确切而又带有一种凄楚的情调。如"穷巷独闭门,寒灯静深屋。"(《送王大昌龄赴江宁》)"夜宿月近人,朝行云满车。"(《酬成少尹骆谷行见呈》)"沙碛人愁月,山城犬吠云。"(《岁暮碛外寄元㧑》)"秋来唯有雁,秋尽不闻蝉。"(《首秋轮台》)"草生公府静,花落讼庭闲。"(《初至犍为作》)都是这样,这都是出身、性格和生活遭遇使然。人的风格常是诗人自身素养的反映,是不可强求的。

李颀生活年代比高、岑略早,也喜作边塞诗。他长于七言,也较豪放,故其风格实与二人相近。不同之处在于,李颀格局较小,而语言则较为流畅。他有七律七首,其《送魏万之京》云:

朝闻游子唱骊歌,昨夜微霜初度河。鸿雁不堪愁里听,云山况是客中过。关城曙色催寒近,御苑砧声向晚多。莫是长安行乐处,空令岁月易蹉跎。

那时的七言律诗还不十分成熟,然而此诗颔联已能用"不堪"与"况是"这样的词语作对仗,使这联诗既灵动又委婉,增加了韵味。末联寓劝勉之意,也很得体。

他的七言歌行也写得不错,有时还暗含深意,并非即兴而为,如下面这首《古从军行》:

白日登山望烽火,黄昏饮马傍交河。行人刁斗风沙暗,公主琵琶幽怨多。野云万里无城郭,雨雪纷纷连大漠。胡雁哀鸣夜夜飞,胡儿眼泪双双落。闻道玉门犹被遮,应将性命逐轻车。年年战骨埋荒外,空见蒲桃入汉家。

这首诗就有对穷兵黩武的反感,并非仅咏边塞风光。《行路难》言“世人逐势争奔走,沥胆堕肝惟恐后。当时一顾登青云,自谓生死长随君。一朝谢病归乡里,穷巷苍苔绝知己。”又《别梁锽》末段云:“莫言贫贱长可欺,覆篑成山自有时。莫言富贵长可托,木槿朝看暮还落。不见古时塞上翁,倚伏由来任天作。去去沧波勿复陈,五湖三江愁杀人。”都于世道人心之浅薄,世俗之无远识再三致意,说明李颀是个有心人,言语虽涉浅薄,但意思却在劝世讽世,这也是高、岑二人诗中所未见的。

王昌龄于开元十五年即进士及第,亦应略早于高、岑、李、杜,《新唐书·孟浩然传》附《王昌龄传》说他“不护细行”,观其诗多豪侠气,可见他当是一位风流倜傥型的人物。正因为这样,他善于用短,也喜写关于边塞和宫苑闺阁的诗。唐前期诸大家的近体诗都是五、七言律多于绝句,王昌龄则相反,仅《全唐诗》所存七绝即有七十余首之多,而七律仅有两首,即便是五律也只有十四首。大约因七绝最宜有远韵,要求能传神,最宜于王昌龄的才情,而这也正是他的特点。他写边塞的七绝,如“秦时明月汉时关”“大漠风尘日色昏”“青海长云暗雪山”诸篇,写宫女的诗如“奉帚平明金殿开”“西宫夜静百花香”“昨夜风开露井桃”诸篇,几乎所有选诗本皆入选,后世传诵不衰,上面只需标出首句即可。另如:

寒雨连江夜入吴,平明送客楚山孤。洛阳亲友如相问,一片冰心在玉壶。(《芙蓉楼送辛渐》)

荷叶罗裙一色裁,芙蓉向脸两边开。乱入池中看不见,闻歌始觉有人来。(《采莲曲》之二)

或含蓄有深意或轻或快如民歌,都具有诗人独有的风格。

王昌龄的五古也颇有佳作,如写边塞风光的《塞下曲四首》之四

(或题作《望临洮》)云:

饮马渡秋水,水寒风似刀。平沙日未没,黯黯见临洮。昔日长城战,咸言意气高。黄尘足今古,白骨乱蓬蒿。

又如《从军行二首》之首章:

向夕临大荒,朔风轸归虑。平沙万里余,飞鸟宿何处?虏骑猎长原,翩翩傍河去。边声摇白草,海气生黄雾。百战苦风尘,十年履霜露。虽投定远笔,未坐将军树。早知行路难,悔不理章句。

两诗均诉边庭战士之辛苦,前诗有反战意,亦有厌乱意。后诗则又暗寓诗人不遇之感,均可与《咏史》诗所言"天下尽兵甲,豺狼满中原"相参照,又可与其七绝中的咏边塞诗的那种慷慨激昂之音对比。

盛唐时期,各有造诣,各有特色的诗人极多,与王、孟诗歌风格近似的还有丘为、常建、祖咏等人,与高、岑、李、王等人相近的诗人有崔颢、王之涣、戎昱等人,这里只能举出最突出、所存诗作也较多的几位诗人来作代表,以见唐诗风格之各有趋向,也各有所长而已。

(曾经修改,后载于国家图书馆出版社 2009 年 1 月第 1 版《唐诗的解读》之《风格篇》。)

"有我"与"无我"
——诗人在诗中的"隐"和"现"

王国维在其《人间词话》中，讲到"词以境界为最上"后，有这样一段话：

> 有有我之境，有无我之境。"泪眼问花花不语，乱红飞过秋千去。"①"可堪孤馆闭春寒，杜鹃声里斜阳暮。"皆有我之境也。"采菊东篱下，悠然见南山。""寒波澹澹起，白鸟悠悠下。"无我之境也。有我之境，以我观物，故物皆著我之色彩；无我之境，以物观物，故不知何者为我，何者为物。古人为词，写有我之境者为多。然未始不能写无我之境，此在豪杰之士能自树立耳。

这段话，既举出了欧阳修和秦观的词，又举了陶渊明和元好问的诗，显然是就广义的诗词而言，对此后的论诗论词有相当大的影响。粗看起来，这段话似乎很有道理，也很新颖，但如仔细推敲，却使人不免产生怀疑：难道真有所谓"无我之境"么？欧阳修和秦观固然让自己受到了外物的影响，就外物而言，也可说是著上了我的色彩。他们是

---

①此句见欧阳修《蝶恋花》(庭院深深深几许)。《张惠言论词》：此词亦见冯延巳集中。李易安词序云："欧阳公作《蝶恋花》，有'庭院深深深几许'之句，余酷爱之，用其语作庭院深深数阕，其声即旧《临江仙》也。"易安去欧公未远，其言必非无据。

入世的,也是感情丰富的。但陶渊明和元好问就真是忘我,摆脱了外物么?恐怕他们只是闲远一些,有出世的风格,仿佛忘我而已。“采菊东篱下”的人是谁?“悠然见南山”的人又是谁?如果我们把“见”读为“现”,那么是谁感到了南山之存在而悠然的?同理,觉得寒波起得澹澹然,白鸟下得悠悠然的又是谁?诗人传达给我们的难道不仍然是作者在某一境况中的感受么?我们固然可以赞赏甚至崇尚歆羡陶渊明、元好问的胸襟,为什么就必须排斥欧阳修、秦观之执着和多情呢?陶渊明把他们在特定环境下悠然自得,似乎物我两忘的心情和胸怀表达出来,这本身就有我,有诗人在,只是藏而不露而已。这样看来,有我和无我的区别,实际上就在于入世与出世的区别。入世而不是去同流合污,能同情人、关心人世,有什么不好?出世能摆脱名利的束缚,固然好,但至于忘乎一切,对人世的是非得失也置之度外,只怕也不是我们所应追求的“境界”。王氏也许并无重此轻彼之意,但道理应该是这样的。

而且,什么是境界?王氏又说:“境非独谓景物也,喜怒哀乐,亦人心中这一境界。故能写真景物,真感情者,谓之有境界。否则,谓之无境界。”可见,他们之所谓“境界”,仍然包括有人的感情这一方面,也有现实这一方面。他在托名樊志厚作的《人间词话乙稿序》中曾自夸说:“沧浪所谓兴趣,阮亭所谓神韵,皆不过道其面目,不若鄙人拈出境界二字为探其本也。”盖神韵、兴趣,都只是意味着人从诗境中所体会到的那一面,故谓二人不过道其面目,即实情、实景的表面。

就从王氏所举出的诗词例中,从他前后的言论中,窃以为即可看出“无我”“有我”的说法是不大妥当的。

诗主要是述志抒情的。同此,诗不可能无“我”,而是诗中(甚至可扩大到文艺中)处处有“我”。即使在发议论时,也有“我”的观点在,

"我"的感慨在；即使在叙事时，也有"我"的立场在，"我"的出发点在，"我"对此事此情的看法在，不可能无"我"。归根到底，这不是"有我之境"和"无我之境"的问题，而是诗人在他的诗作中隐和现的问题。简言之，也即诗人在诗中是否直接出面的问题和如何出面的问题。

诗中不但不可能无"我"，而且应该有"我"在。即使诗人在诗中不言"我"，其实诗中仍处处有"我"在。读一篇诗而接受它，也就是通过诗人的感受去感受，通过诗人的眼光去看事物、看世界。中国的旧诗中，除少数例外（如李白便是这种例外），诗人都是很少在诗中出面的。这是中国抒情诗与外国的抒情诗一大不同之处。中国许多诗人都是不乐意直接向人展示自己、表现自己的。可是，这绝不等于没有自己的面目，自己的风采。乔亿《剑溪说诗》卷下云："景物万状，前人钩致无遗，称诗于今日太难。惟句中有我在，斯同题而异趣矣。"又云："节序同，景物同，而时有盛衰，境有苦乐，人心故自不同，以不同接所同，斯同亦不同，而诗文之用无穷焉。"其《剑溪说诗又编》亦云："诗中有画，不若诗中有人。左司（指韦应物）高于右丞（指王维）以此。"因为，他认为韦应物诗每于无意中透露出诗人的胸襟志趣，而王维诗只是刻画出景物，少见自己的精神面貌，所以有此说。诚然，这未必准确，无异过于尊韦贬王。因为即使是作画，并不是照相那样，也总能有作者的风采。退一步说，即使是照相，也还有取景、用光等问题，也还是其中有作者在的。不过，不管如何，乔亿总是反复强调了诗中必须有人，即有诗人之"我"在，诗之面貌、精神才会各有不同这个道理。他意中自然不承认"无我之境"，因为无我之境，实即忘我的悠然之境。其实也是诗人自己的修养境界的反映，仍是通过诗人表达出来的。王氏没有想到这么多，或者也意识到而没有说出来。但他已表明："能写真景物、真感情者，谓之有境界。"又曾指出："虽如何虚构之境，其材料必求之于自然，而其构造，亦必从自然之法律。"这已是很可贵了。

只注意他的“有我之境”“无我之境”说的新颖，而未深究其说之实质，那是只采取此说者的失误。

诗中是否有“我”直接出面，如何出面，这取决于诗人的身世、遭遇、处境、身份和性格。从这里下手，不失为探讨诗人风格，区分诗人作风之不同的一条门径。从李、杜两位大诗人来观察，最能说明这一点。

唐诸诗家中，以李白在诗中直接写明“我”如何如何的为最多。因为他是个豪放而潇洒的人，一个十分外向的人，他不拘故常，也不惜锋芒外露。就在他的《古风五十九首》中，直接写出“我”的诗句（当然包括所有用第一人称代词，或直言李白的），如：“吾衰竟谁陈”“我志在删述”（其一）、“感我涕沾衣”（其二）、“吾营紫河车”“此花非我春”（其四）、“我本蓬莱人”“吾将营丹砂”（其五）等。这五十九首中多半都有“我”出现，举不胜举。很有意思的是，李白各体诗，尤其是歌行中，有许多都是用第一人称，或竟以“李白”开始写起的，例如：

我浮黄云（一作“河”）去京阙，挂席欲进波连山。（《梁园吟》）

我吟谢朓诗上语，朔风飒飒吹飞雨。（《酬殷明佐见赠五云裘歌》）

吾爱孟夫子，风流天下闻。（《赠孟浩然》）

我有吴越曲，无人知此音。（《赠薛校书》）

吾爱崔秋浦，宛然陶令风。（《赠崔秋浦三首》之一）

我随秋风来，瑶草恐衰歇。（《自梁园至敬亭山见会公谈陵阳山水兼期同游因有此赠》）

李白乘舟将欲行，忽闻岸上踏歌声。（《赠汪沦》）

我来竟何事，高卧沙丘城。（《沙丘城下寄杜甫》）

我昔东海上，崂山餐紫霞。（《寄王屋山人孟大融》）

我携一樽酒，独上江祖石。(《独酌清溪江石上寄权昭夷》)

我本楚狂人,凤歌笑孔丘。(《庐山遥寄卢侍御虚舟》)

我游东亭不见君,沙上行将白鹭群。(《泾溪东亭赠郑少府谔》)

我家敬亭下,辄继谢公作。(《游敬亭寄崔侍御》)

我觉秋兴逸,谁云秋兴悲。(《秋日鲁郡尧祠亭上宴别杜补阙范侍御》)

我若钓白龙,放龙溪水傍。(《留别曹南群官之江南》)

吾将元夫子,异姓为天伦。(《颍阳别元丹丘之淮阳》)

我本不弃世,世人自弃我。(《送蔡山人》)

我有万古宅,嵩阳玉女峰。(《送杨山人归嵩山》)

我闻隐静寺,山水多奇踪。(《送通禅师还南陵隐静寺》)

问余何意(一作“事”)栖碧山,笑而不答心自闲。(《山中问答》)

弃我去者,昨日之日不可留;乱我心者,今日之日多烦忧。(《宣州谢朓楼饯别校书叔云》)

我爱铜官乐,千年未拟回。(《铜官山醉后绝句》)

我把两赤羽，来游燕赵间。(登邯郸洪波台置酒观发兵))

我宿五松下,寂寥无所欢。(《宿五松山下荀媪家》)

我行至商洛,幽独访神仙。(《过四皓墓》)

我来南山阳,事事不异昔。(《春归终南山松龛旧隐》)

我今携谢妓,长啸绝人群。(《忆东山二首》之二)

昔余闻姮娥,窃药驻云发。(《感遇四首》之三)

吾怜宛溪好,百尺照心明。(《题宛溪馆》)

我今寻(一作“浔”)阳去,辞家千里余。(《秋浦寄内》)

以上还远不是以“我”开始的诗的全部,但已足见李白作诗之不畏显露自己,其他见于诗篇内者自然更多。凡是有“我”直接出现于诗中的诗句,大多可以看出诗人之狂放不羁和倨傲不群,要不然就是表示亲切而不拘礼。应该说,这又是一种意境。从这些“我”出来直言的诗句中,还可看出李白不肯向权势低头的豪气:“安能摧眉折腰事权贵,使我不得开心颜!”(《梦游天姥吟留别》);看出他的抱负:“我志在删述”(《古风五十九首》之一);看出他的苦闷:“余亦如流萍,随波乐休明”(《留别西河刘少府》)、“君为长沙客,我独之夜郎。”(《留别贾舍人至》)有时他更直率地说出他那求仙慕道、脱离尘世的志趣:“余将振衣去,羽化出嚣烦。”(《过彭蠡湖》)

王维、孟浩然、韦应物等人的诗中,也可以看到有“我”出现的诗句,但比李白少得多。他们也常有脱离尘嚣之想,但与李白那种豪放不羁不同,他们是隐逸式的,只不过透露他们那种恬淡高远的气质而已。例如:

浩然出东林,发我遗世意。(王维《赠从弟司库员外绿》)

君徒视人文,吾固和天倪。(王维(座上走笔赠薛璩慕容损》)

我心素已闲,清川澹如此。(王维《青溪》)

念我平生好,江乡远从政。(孟浩然《晚春卧病寄张八》)

我行穷水国,君使入京华。(孟浩然《宿永嘉江寄山阴崔少府国辅》)

余辞郡符去,尔为外事牵。(韦应物《示全真元常》)

吾道亦自适,退身保玄虚。(韦应物《寄冯著》)

真能遗世的人,则物我两忘,诗中自然少直接写到“我”。但如果还有“不才明主弃”之叹,不能忘情于仕进,如孟浩然《临洞庭上张丞相》，便云：“坐观垂钓者，徒有羡鱼情。”有时还会露出“我”的愤愤不平之意来，表现于他的诗中：

粤余任推迁，三十犹未遇。（《田园作》）

枳棘君尚栖，匏瓜吾岂系。（《将适天台留别临安李主簿》）

后面这联诗的意思，也就是说，他不能对匏瓜系而不食，他要有所进取，语出《论语·阳货》。

古代诗人在诗中很少直接写出“我”，还有个原因，那就是出于礼貌，出于君子应有的谦退。那时，对人有尊称，要说到自己有谦称，不能直接同对方讲话时用“尔”“汝”“吾”“我”，这就像今天还有讲老规矩的老人，不喜欢自己的儿孙对自己“你呀”“我呀”地说话。因此，除了要有意表白自己，有显才自矜之意，像李白那样，便很少在诗中用到“我”了。如果用到“我”，一般都有点“老气横秋”的味道，通常只是对自己的晚辈或熟不拘礼的老朋友，如下面这几例：

拙直余恒守，公方尔所存。（韦应物《示从子河南尉班》）

联骑定何时，予今颜已老。（韦应物《寒食日寄诸弟》）

吾昔与尔辈，读书常闭门。（孟浩然《入峡寄舍弟》）

吾与二三子，平生结交深。（孟浩然《洗然弟竹亭》）

古人讲究谦退，虽然大多不像李白那样，处处明言“我”如何如何，但是诗中总是不能无“我”的，先从杜甫说起。

杜甫是唐代诗人中，饱经祸乱，半生漂泊，历尽艰辛最甚的一位。他在写自己的遭受，咏自己的感受，忧国忧民时，诗中都不能无“我”。有时是明言的，大半时候是暗藏，甚至表面看来是忘“我”，没有自己的。下面是他如何明言到“我”，并如何自称的：

丈人试静听，贱子请共陈。甫昔少年日，早充观国宾。（《奉赠韦左丞丈二十二韵》）

皇帝二载秋，闰八月初吉。杜子将北征，苍茫问家事。（《北征》）

杜陵有布衣，老大意转拙。（《自京赴奉先县咏怀五百字》）

少陵野老吞声哭，春日潜行曲江曲。（《哀江头》）

杜陵野客人更嗤，被褐短窄鬓如丝。（《醉时歌》）

老夫复欲东南征，乘涛鼓枻白帝城。（《桃竹杖引赠章留后》）

老夫不知其所往，足茧荒山转愁疾。（《观公孙大娘弟子舞剑器行》）

以上诸例，出现诗人之“我”是各有其道理的。第一、二例是对上用的，故自称名，或称“贱子”，或称“臣”。寓居同谷所作歌中，则将“我”化为客体来描写，愈见其沉痛。后面这几例，自称“野老”“野客”“布衣”“老夫”都是化主体为客体，把自身作为描写对象。虽不免倚老卖老，老气横秋，但也与李白诗中的“我”不同。

比起李白来，杜甫是入世的，也是谦退的。虽也有点傲气，其实只是他有骨气的一种表现。他的诗中有时提到“我”，那多半是在与人交往中，或在叙事时不能不提及，绝无露才扬己，或是故意让人注意自己之意。例如：

岑参兄弟皆好奇，携我远来游渼陂。（《渼陂行》）

韦侯别我有所适，知我怜渠画无敌。（《题壁上韦偃画马歌》）

我衰更懒拙，生事不自谋。无食问乐土，无衣思南州。（《发秦州》）

虫鸡于人何厚薄，吾叱奴人解其缚。（《缚鸡行》）

王郎酒酣拔剑斫地歌莫哀，我能拔尔抑塞磊落之奇才。

(《短歌行赠王郎司直》)

以上五例中,前四例都是不能不有“我”的。只有第五例稍露峥嵘,那也是对王郎这样的人而发的。值得注意的是,杜甫在叙述自己的不幸和遭遇,叙述自己坎坷的命运之时,尽管写得十分真切动人,但也不大提到“我”如何如何。例如《彭衙行》,发秦州至同谷,又由同谷至成都,一路备经艰辛,所写的那许多纪行诗,都是这样。只有《乾元中寓居同谷县作歌七首》是例外。大凡人老是向人申诉自己的痛苦,喋喋不休,反而使人厌烦。杜甫当是深明此理,所以他哪怕多么痛苦,又无人可倾诉,也很少写同谷寓居时那样的歌行。因为善于自嘲,善于从大处着眼,放开心胸,这才是化解痛苦之道。杜甫就是这样善于豁达自处,坚忍地度过他颠沛流离的后半生的。

有时,杜甫还好像是在写别人,而不是写自己。如:

客行新安道,喧呼闻点兵。(《新安吏》)

树枝有鸟乱鸣时,暝色无人独归客。(《光禄坂行》)

这个“客”,当然就是诗人自己。这种用法,有摆脱了自己,而把自己放在所写的情境中去的效果,别有意趣。

杜诗大半都写到自己的经历和感受,当然用不着明言“我”如何如何,读者自然很易看出处处有诗人的“我”在。这些诗都有真情实感,感人至深,很有意境。很难说这究竟算“有我之境”,或是“无我之境”。如下面这些名句:

检书烧烛短,看剑引杯长。(《夜宴左氏庄》)

眼穿当落日,心死著寒灰。(《自京窜至凤翔喜达行在所三首》之一)

勋业频看镜,行藏独倚楼。(《江上》)

片云天共远,永夜月同孤。(《江汉》)

永夜角声悲自语,中天月色好谁看?(《宿府》)

疏灯自照孤帆宿，新月犹悬双杵鸣。(《夜》)

这类极耐人寻味的警句，是举不胜举的。另有些好诗似乎未写到自己，但我们仍能体会到诗人的心情，他如何在那里观察、深思。他仿佛就在那里，离我们很近，他的胸襟、心思乃至气质都让我们感动。试看他的那些似乎纯是写景和咏物、咏马等的诗，就可明白。清人厉志《白华山人诗说》卷一曾云："少陵平生好作马诗，无一首不佳，亦无一首不为自己写照。"即是此理。请看下面这些咏马诗的片段：

所向无空阔，真堪托死生。骁腾有如此，万里可横行。(《房兵曹胡马诗》)

岂有四蹄疾于鸟，不与八骏俱先鸣。(《骢马行》)

雄姿未受伏枥恩，猛气犹思战场利。(《高都护骢马行》)

如今岂无騕褭与骅骝，时无王良伯乐死即休。(《天育骠骑歌》)

谁家且养愿终惠，更试明年春草长。(《瘦马行》)

尘中老尽力，岁晚病伤心。(《病马》)

还有很多写景咏物的诗，不像上面引述过的《房兵曹胡马诗》那样，也不像《天河》那样说"纵被微云掩，终能永夜清"，或《孤雁》所咏"谁怜一片影，相失万重云"那样，有明显的寓意，然而还是能让我们感受到诗人所感受到的东西，从而获得一种意境，一种美的享受：

星临万户动，月傍九霄多。(《春宿左省》)

夜深殿突兀，风动金银铛。(《大云寺赞公房四首》之三)

随风潜入夜，润物细无声。(《春夜喜雨》)

乱云低薄暮，急雪舞回风。(《对雪》)

两边山木合，终日子规啼。(《子规》)

自去自来堂上燕，相亲相近水中鸥。(《江村》)

返照入江翻石壁，归云拥树失山村。(《返照》)

在这些诗句所描述的情景里，诗人似乎是隐藏在一边的，我们只能感觉到诗人的慧心慧眼而已。可以说，这是无“我”中有“我”。

杜甫以其忧国忧民和悲天悯人的胸怀，向来为人多称许，他的“三吏”“三别”、《兵车行》《哀江头》《茅屋为秋风所破歌》可以为证。其实，诗人的这种胸怀是随处都流露出来的，不一定需要像茅屋为秋风所破时那样明言：“安得广厦千万间，大庇天下寒士俱欢颜，风雨不动安如山，呜呼！何时眼前突兀见此屋，吾庐独破受冻死亦足！”他对贫苦人的关心，从下面这首七律即可看出：

堂前扑枣任西邻，无食无儿一妇人。不为困穷宁有此，只缘恐惧转须亲。即防远客虽多事，便插疏篱却甚真。已诉征求贫到骨，正思戎马泪盈巾。（《又呈吴郎》）

在诗里，人的心思和苦恼，往往都是不直接说出来的。委婉含蓄，对诗尤其必要。非有必要，“我”是不必在诗中露面的。含蓄而沉郁，让读者通过诗人所提供的情景自己去体会，这会更有艺术效果。杜甫虽不曾明言，根据他的诗作来看，他是深明此理的。就在唐代，已有人在师法杜甫，如李商隐就是善学杜甫的诗人。王安石曾说：“唐人知学老杜而得其藩篱，唯义山一人而已。”（郭绍虞《宋诗话辑佚》卷下《蔡宽夫诗话》）李商隐不但深得杜甫之沉郁细密，很多地方都有《秋兴八首》那样的风格，更重要的应是，他像杜甫的许多诗那样，不把自己的心思、用意直说出来，只是隐在诗后，把一些情景用浓艳的笔触提供给诵读者，留下让人想象的空间。《文心雕龙·隐秀》云：“隐也者，文外之重旨者也。”大诗人如杜甫和李商隐想必都对这个“隐”有较深的体会。

用实例更能说明此理。例如，同是悼亡诗，李商隐云：“更无人处帘垂地，欲拂尘时簟竟床。”（《王十二兄与畏之员外相访见招小饮时余以悼亡日近不去因寄》）虽用了潘岳《悼亡诗》“展转眄枕席，长簟竟床空”之句,却比潘岳更含蓄,更比元稹《遣悲怀》“顾成无衣搜荩箧,泥他沽酒拔金钗”,或“昔日戏言身后事,今朝都到眼前来”等语更沉痛、更引人深思。再如,同样盼望相见叙旧,李商隐云:“何当共剪西窗烛,却话巴山夜雨时。”(《夜雨寄北》)如此引人回味,便觉姚合寄贾岛所云:“地远山重叠,难传相忆词”(《寄贾岛时任普州司仓》)和“忆君难就寝,烛灭复星沉”(《洛下夜会寄贾岛》)都成了凡语。李商隐好些情诗,都是因善描画怅惘情景而令人想到其人其事:

一春梦雨常飘瓦,尽日灵风不满旗。(《重过圣女祠》)

五更疏欲断,一树碧无情。(《蝉》)

黄叶仍风雨,青楼自管弦。(《风雨》)

隔座送钩春酒暖,分曹射覆蜡灯红。(《无题二首》之一)

几时辞碧落,谁伴过黄昏。(《杏花》)

落时犹自舞,扫后更闻香。(《和张秀才落花有感》)

红楼隔雨相望冷,珠箔飘灯独自归。(《春雨》)

嫦娥应悔偷灵药,碧海青天夜夜心。(《嫦娥》)

上述各例中均有的那种惆怅的、可望而不可即的难言之情,达到了爱情诗中的极高境界。李商隐就是这样,善于借物借事来表达他的仰慕、向往和惆怅,而自己的情感却不直言,“我”总是深深地隐而不现。“隔座送钩春酒暖,分曹射覆蜡灯红”,似乎写的男女间的韵事,是一种乐趣,但其实只是回忆,更见其深情。韩愈曾有一联诗云:“银烛未消窗送曙,金钗半醉座添春。”(《酒中留上襄阳李相公》)这曾令老成人惊讶,想不到韩愈这样的人也会写出这样的诗句来。(见沈德潜《唐诗别裁》卷十五,此诗后按语。)其实,这是参与宴享者的旁观欣赏之词,而李诗却写的是当事人的眷恋和向往,情趣是迥然不同的。李商隐的这类诗很多,世人传诵的“春蚕到死丝方尽,烛炬成灰泪始干”和“梦为远别啼难唤,书被催成墨未浓”较为浅露而取巧,倒在其次。

是不是定要作者深藏不露才好，而直言不讳、直抒胸怀就不好呢？当然不能这样说。李白诗屡让自己直接出面，而非有意卖弄，就只让人见到他的豪迈和潇洒，这另是一种阳刚之美，与阴柔之美不同。至于到痛苦之极而呼天，如杜甫寓居同谷时所作的七歌，又当别论。

韩愈又另是一种情况，史称他"鲠言无所忌……自视司马迁、杨雄，至班固以下不论也。"（《新唐书》本传）他在诗中屡言到"我"，自然也是无所避忌的，如《秋怀诗》中曾云：

> 秋夜不可晨，秋日苦易暗。我无汲汲志，何以有此憾？（《秋怀诗》之七）

> 空堂黄昏暮，我坐默不言。童子自外至，吹灯当我前。问我我不应，馈我我不餐。退坐西壁下，读诗尽数编。作者非今士，相去时已千。其言有感触，使我复凄酸。（《秋怀诗》之八）

这只是信笔写下去，随便就提到"我"无甚深意，也无什么特殊可取之处。再如下面两首中的一些诗句：

> 吾党侯生字叔起，呼我持竿钓温水……此纵有鱼何足求？我为侯生不能已……是日侯生与韩子，良久叹息相看悲。我今行事尽如此，此事正好为吾规……叔起君今气方锐，我言至切君勿嗤。（《赠侯喜》）

> 君歌且休听我歌，我歌今与君殊科。一年明月今宵多，人生由命非由他，有酒不饮奈明何？（《八月十五夜赠张功曹》）

前一首诗无非欲归结于最后两句："君欲钓鱼须远去，大鱼岂肯居沮洳。"劝人不要枉费辛苦，这同后一首诗之归结于"人生由命非由他"，都可以看出韩愈浅陋的一面。至于用语之不佳，也正如他在《赠崔立之评事》诗中说崔立之的诗是"才豪气猛易语言，往往蛟螭杂蝼蚓”那样，恰好可用于他自己的一些诗作，上举诸诗即可为证。当然，韩愈的诗不会都是这样，在说到自己处即有：

利剑光耿耿，佩之使我无邪心。故人念我寡徒侣，持用赠我比知音。我心如冰剑如雪，不能刺谗夫，使我心腐剑锋折。决云中断开青天，噫！剑与我俱变化归黄泉。（《利剑》）

人皆讥造次，我独赏专精。岂计休无日，惟应尽此生。何惭刺客传，不著报雠名。（《学诸进士作精卫衔石填海》）

这才是真正的令人尊敬的韩愈。但与李白之豪迈飘逸，离世出尘的气概却不一样。同样是“无我”，其中有很大的不同；同样是“有我”，其中也有很大的不同。不管是“有我”还是“无我”，都可以有好诗，主要还是看有无真情实感，有无意境，是不是真正的“诗”。

诗的主要职责是抒情和述志。而抒情在传统诗歌中更占了很大比重。但抒情诗总有所凭借，述志更常牵涉到其他的人和事，或某些具体的客观事物。这就需要叙事，或对客观事物加以描述。因此，诗常需有两种语气：主观语气和客观语气，或两种语气交替使用。用主观语气时，诗人本身可以或隐或现。但即使诗人自己不出现（不见第一人称的“我”自称名或别称，如“老夫”“野老”等），但诗人之“我”及其观感，仍常常可以通过其诗作看出来。用客观语气时，诗人则通常隐没在他所描写或叙过的事背后，诗人的看法和用意得通过全篇诗作，甚至还得联想到诗人的身世和他所处的社会环境才能了解。问题的复杂在于：主观语气和客观语气不但经常交错使用，有时诗人还设身处地代人立言。如大量的闺情闺怨诗，在这类诗中，诗人有时是同情弱者的遭遇，表达自己的观点，有时则是隐约地为自己申诉。这样，即使似乎只是客观地描写事物，但也暗藏着诗人看事物的角度和观点，暗藏着诗人的审美情趣，这对了解诗人来说却是极其重要的一个方面，需要平心静气地去分析、探讨。

白居易的名作《长恨歌》和《琵琶行》,是研讨诗中如何优美多姿地使用两种语气的极好材料。一般来说:可以认为《长恨歌》基本上是叙事的,以客观语气为主;《琵琶行》基本上是抒情的,以主观语气为主。但在这两篇诗中都是抒情之中亦有叙事,叙事之中又有抒情,各有所偏重而又达到巧妙而意味深长的结合:主观语气和客观语气,有时融合在一起,很难截然分开了。如《长恨歌》前半写杨妃之入宫及得宠,若客观叙述,似颇有绮艳铺陈之语,但实暗藏作者对明皇和杨妃的骄奢淫逸的批判,客观中暗藏主观意图。后半写悲剧发生后,明皇之难忘情,又颇有迷离惝恍之词,抒情成分渐浓,而令人深感其人其事之可悲可叹。《琵琶行》则写江月,写音乐,写琵琶女"老大嫁作商人妇"的遭际,引起诗人的伤感,不但写活了音乐,而且句句带有深情,主观与客观已交汇为一。正如陈寅恪先生所说,白氏此诗"既专为此长安故娼女感今伤昔而作,又连绾己身迁谪失路之怀。直将混合作此诗之人与此诗所咏之人,二者为一体。真可谓能所双亡,主宾俱化,专一而更专一,感慨复加感慨。"(《元白诗笺证稿》第二章《琵琶引》)此诗感人至深的艺术魅力,正在于诗人着意营造的这种"能所双亡,主宾俱化"的艺术境界之中。

诗人可以在他的诗中或隐或现,用主观语气或客观语气,但诗中决不能"无我"——没有自己的风格面貌,没有自己的思想见解,只是随波逐流,寄人篱下,或把诗变成歌功颂圣,猎取名利的工具。清人朱庭珍《筱园诗话》说得好:

> 夫所谓诗中有我者,不依傍前人门户,不模仿前人形似,抒写性情,绝无成见,称心而言,自鸣其天,勿论大篇小章,皆乘兴而作,意尽则止。我有我之精神结构,我有我之意境寄托,我有我之气体面目,我有我之材力准绳,决不拾人牙慧,落寻常窠臼蹊径之中。(见卷一)

这里，不仅是作诗的问题，也是做人的问题。这是古今真正的诗人都应该做到的。不然，不足以成家。

（曾经修改，后载于国家图书馆出版社 2009 年 1 月第 1 版《唐诗的解读》之《风格篇》。）

文生于情与情生于文

文是否即生于情？情是否能生于诗文？二者的关系如何？这些问题是《世说新语》里面先提出来的：

孙子荆除妇服，作诗以示王武子，王曰："未知文生于情，情生于文？览之凄然，增伉俪之重。"（《世说新语·文学第四》）

此事《晋书》卷五十六《孙楚传》曾采用。孙楚，字子荆，王济，字武子，二人本相友善。孙楚少时欲隐，本欲向王济说"当枕石漱流"，误云"枕流漱石"。王曰："流可枕，石可漱乎？"孙楚说："所以枕流，欲洗其耳；所以漱石，欲砺其齿。"（事见《世说新语·排调第二十五》，《晋书》也采用了。）足见孙楚之机警。他除妇服后所作诗，刘义庆本文注曾录出，其辞云："时迈不停，日月电流。神爽登遐，忽已一周。礼制有叙，告除灵丘。"却未见高明。王济，《晋书》卷四十二有传，谓其人性豪侈，尚常山公主，公主两目失明，而妒忌尤甚，始终无子。王济读了孙楚那样的诗就会"览之凄然，增伉俪之重"，只怕未必然。晋人崇尚品藻，不过如此说说而已，但他毕竟首先明确提出了"文生于情，情生于文"这一相关的命题。倒是《文心雕龙》有两处说明文生于情，情生于文的道理，很值得注意：

夫情动而言形，理发而文见，盖沿隐以至显，因内而符外者也。（《体性》）

昔诗人什篇，为情而造文；辞人赋颂，为文而造情。何以明其然？盖风雅之兴，志思蓄愤，而吟咏情性，以讽其上，此为情而造文也；诸子之徒，心非郁陶，苟驰夸饰，鬻声钓世，此为文而造情也；故为情者要约而写真，为文者淫丽而烦滥。（《情采》）

这里，第一段是简明指出，先有情和理，发抒于外，然后才有文，即总是由隐而显，先内而后外的。——总之，也就是肯定文生于情。第二段则分别说明两种情况：一种是诗人“志思蓄愤”“吟咏情性”的，这就是为文而造情，也就是文生于情。另一种是辞赋诸子之文，他们并不是“志思蓄愤”，而是要夸饰卖弄，或宣传自己的主张，或夸耀颂圣，这就是为情而造文，也就是情生于文。刘勰之意，当然是肯定前者，而对后者颇有微词。不过他在批评后者时是有其区别的，他把辞赋家和诸子分开了，可惜他没有说清楚，似乎连诸子之徒也否定了。实则诸子当中，大多是有自己的主张和见解，是属于《体性》中所说的“理发而文见”一类，他们有权像诗人一样有文饰，以便说服人，使人动情，例如孟子和庄子，即是无可厚非的。所以不但为情而造文应该肯定，为文而造情也应该根据不同用意而分别对待，不能一概否定。

诗是吟咏情性的，这一点，论诗诸家都不能否认。古代，诗皆合乐，音乐与诗歌的起源原有相同之处。《礼记·乐记》说：“凡音之起，由人心生也。人心之动，物使之然也，感于物而动，故形于声。”又云：“乐者，音之所由生也，其本在人心之感于物也。”又云：“情动于中，故形于声，声成文，谓之音。”都反复强调，音乐之来自人心，就其产生来说，音乐和诗其实都是人的一种内心的倾诉。黑格尔说：

抒情诗人本来一般地都在倾泻他自己的衷曲。借这种倾泻，原来闷在心里的东西就解放出来，成为外在的对象。借此，我们一般人也得到解放，正如眼泪哭出来了，痛苦就轻松一些。（朱光潜译本，黑格尔《美学》第一卷第三章第

259页。)

这不但表明抒情诗是倾吐人内心的衷曲，连可能起的作用也讲到了。白居易《与元九书》云：

感人心者，莫先乎情，莫始乎言，莫切乎声，莫深于义。诗者，根情苗言，华声实义。上自圣贤，下至愚骏，微及豚鱼，幽及鬼神，群分而气同，形异而情一。未有声入而不应，情交而不感者。(《白氏长庆集》卷四十五)

这虽然讲得玄远一些，但仍指明了诗是根于情，故能感人，指出情的作用的普遍性。关于诗的社会作用会有不同的意见，而诗是吟咏情性这一点，仍是大家的共识。

然而，只是吟咏情性，认定文生于情还不够，必须出自真性情，有真情实感。必“有不得已者而后言”(韩愈《送孟东野序》)，才会有真正的好诗。曹子建、李白、杜甫的诗为什么难以学到，张戒说：“子建、李白皆情意有余，汹涌而后发者也。”(《岁寒堂诗话》卷上)陆游《上辛给事书》亦云：

君子之有文也，如日月之明，金石之声，江海之清澜，虎豹之炳蔚。必有是实，乃有是文……贤者之所养，动天地开金石，其胸中之妙，充实洋溢，而后发见于外，气全力余，中正闳博，是岂可容一毫之伪于其间哉？(《渭南文集》卷十三)

盖自南宋以来，由于对苏、黄诗风和江西诗派的不满，诗家论诗，大多重在诗须有真实情感，不仅张戒等人，即在金、元亦然。王若虚《滹南诗话》卷一末尾肯定郑厚评诗“荆公、苏黄辈曾不比数，而云乐天如柳阴春莺，东野如草根秋虫，皆造化中一妙何哉？”之后立即指出“哀乐之真，发乎情性，此诗之正理也”，标举出一个真字。又于《诗话》卷二直接批评黄庭坚说：

山谷之诗，有奇而无妙，有斩绝而无横放，铺张学问以为富，点化陈腐以为新，而浑然无成，如肺肝中流出者，不足也。此所以力追东坡而不及欤？或谓论文者尊东坡，言诗者右山谷，此门生亲党之偏说，而至今词人多以为口实，同者袭其迹而不知返，异者畏其名而不敢非。

元好问的《论诗绝句三十首》是他二十八岁时所作，那时他评议唐宋诗人颇敢言，他反对徒知效法古人，对宗江西诗派颇不以为然。但他又崇尚雄浑豪放的诗，故仍与所谓“苏学”有相通之处。到后来，他更加重视自然天成了，并且着重标举一个“诚”字，这在他的《杨叔能小亨集引》中讲得最明白：

诗与文，特言语之别称耳，有所记述之谓文，吟咏情性之谓诗，其为言语则一也。唐诗所以绝出于《三百篇》之后者，知本焉尔矣。何谓本？诚是也。……故由心而诚，由诚而言，由言而诗也，三者相为一。情动于中而形于言，言发乎迩而见乎远。同声相应，同气相求。虽小夫贱妇孤臣孽子之感讽，皆可以厚人伦，善教化，无它道也。故曰不诚无物。夫惟不诚，故言无所主，心口别为二物，物我邈其千里，漠然而往，悠然而来。人之听之，若春风之过马耳，其欲动天地，感鬼神，难矣。其是之谓本。唐人之诗，其知本乎！何温柔敦厚，蔼然仁义之言之多也！幽忧憔悴，寒饥困惫，一寓于诗。而其阨穷而不悯，遗佚而不怨者，故在也。（《元遗山先生文集》卷三十六）

这一大段话，充分讲明了“文生于情”，情必须真诚，与庶民百姓相通的道理。正由于本于诚，诗人也才会“阨穷而不悯，遗佚而不怨”，内心是充实的。唐诗最精粹的地方就在这里。

其实，除非那些抱着功利的目的去写诗，或以诗为敲门砖的所谓“诗人”，真正的诗人总是要求真诚的，这也是关心现实的文人的可贵之处。远在东汉初，就有位卓越的思想家写出了他的不朽著作《论衡》，并且在《自纪》篇中自谓他这部著作“可以一言蔽之曰疾虚妄”。又在《超奇》篇中宣称“实诚存胸臆，文墨着竹帛”。这也就是说，一定得心中有真情实感，才能发而为文章。后来的人虽未再写过《论衡》这样的著作，但这种精神仍这样那样地在各种诗文中透露出来，不过时代不同，人的阅历不同，思想不同，表现也就各不相同而已。

正因为如此，有些诗似乎浅易直率，没有文采，但因为其真挚，仍能为人赞赏。试看下面这几首小诗：

故园东望路漫漫，双袖龙钟泪不干。马上相逢无纸笔，凭君传语报平安。（岑参《逢入京使》）

走马西来欲到天，辞家见月两回圆。今夜不知何处宿，平沙万里绝人烟。（岑参《碛中作》）

远别秦城万里游，乱山高下出商州。关门不锁寒溪水，一夜潺湲送客愁。（李涉《宿武关》）

洛阳城里见秋风，欲作家书意万重。复恐匆匆说不尽，行人临发又开封。（张藉《愁思》）

四首七绝都是思家的诗，都没有使事用典，也没有什么惊人之语，甚至也无须过多用景物点染（李涉那首仅用了“乱山高下”和“潺湲”的“寒溪水”），只是平常人人皆用的口头语，然而却很感人，其原因就在于情真语挚，直抒胸臆，没有妨碍人领会其思绪的矫揉造作之辞。

是不是只要文生于情就够了呢？不然。文生于情只是诗出现于世的前一半，还有个后期的制作问题。诗虽说可以是自我排遣，但最终总要让人诵读的，这就又有个能否引起人共鸣的问题，也就是要情能生于文。文生于情属于诗的产生，情生于文则是诗的接受。要人能感受到诗人感受到的，就有选取什么素材，表现什么气氛、气象的问题，还要使人读来朗朗上口，又还要有韵律等问题，这就牵涉到作者多方

面的修养,绝非易事。苏东坡《答谢民师书》云:

> 所示书教及诗赋杂文,观之熟矣,大略如行云流水,初无定质,但常行于所当行,常止于不可不止。文理自然,姿态横生。孔子曰:"言之不文,行之不远。"又曰:"辞达而已矣。"夫言止于达意,则疑若不文,是大不然。求物之妙,如系风捕景,能使是物了然于心者,盖千万人而不一遇也,而况能使了然于口与手乎?是之谓辞达,辞至于能达,则文不可胜用矣。(《苏东坡集后集》卷十四)

文当如行云流水那样自然流畅,这是苏东坡爱讲的话。他崇尚自然,反对矫揉造作,希望诗文能自胸臆间自然流出,即真正文生于情,而非人工。虽然他自己又往往爱用典使事,但他这种愿望是无可厚非的,因为他既要求"辞达",又要求有文采。他的"辞达"有两层意思:一是要先让所描写的事物(这事物也包括"情")能了然于心,即有深刻而准确的认识。二是要口与手能相应,也就是还要有高超的艺术修养,能恰当地把"了然于心"之物表达出来。这当然绝非易事。

要做到这点,得有个先决条件,那还是情真意实,也就是说必须确有是情,确有是事,文生于情,才有意义,也才说得上从胸臆中自然流出。清人张谦宜《絸斋诗话》卷一云:"无兴致不必作诗,没意思不必作诗,无真情实事不必强拉入诗。如未老而言老,不愁而言愁,无病而言病,皆是大忌。"盖风尚所趋,如果不言愁苦,不伤老大,仿佛便不是诗。昔人曾云:"少年不识愁滋味……为赋新词强说愁。"[①]就是说的这种风气,还有种与此有关的风气,沈德潜称为失体,其《说诗晬语》卷下云:

---

①辛弃疾《丑奴儿》词上阕:"少年不识愁滋味,爱上层楼,爱上层楼,为赋新词强说愁。"上海人民出版社,《稼轩长短句》卷十一第一四八页。

> 点染风光，何妨少为无实；若小小送别，动欲沾巾；聊作旅人，而动云万里；登陟培塿，比拟华嵩；偶遇庸人，颂言良哲。以致本居泉石，更怀遁世之思；业处欢娱，忽作穷途之哭。准之立言，皆为失体。

其实，如沈氏所指出的这些情况，不但失真失实，不是出自胸臆之言，而且已成庸俗套语，令人厌烦，岂止是“失体”而已。应该把这种失实的套语与修辞所容许的点染、夸张区分开来。挚虞《文章流别论》云：

> 夫假象过大，则与类相远；逸辞过壮，则与事相违；辩言过理，则与义相失；丽靡过美，则与情相悖。此四过者，所以背大体而害政教，是以司马迁割相如之浮说，扬雄疾辞人之赋丽以淫。（严可均辑《全上古秦汉三国两晋六朝文》卷七十七）

不犯“四过”，不违背事实，不失理，不悖情，这就是修辞所应守的界限。（钱钟书《管锥编》第二册一二六条曾引《文章流别论》此文，加以例释阐发。）若以此来衡量唐诗，如李白诗，就有过于夸张之处。李白以好大言出名，这与他为人的豪迈飘逸和慕道崇仙都有关。他的游仙之诗，如《短歌行》之“苍穹浩茫茫，万劫太极长。麻姑垂两鬓，一半已成霜。天公见玉女，大笑亿千场。吾欲揽六龙，回车挂扶桑。北斗酌美酒，劝龙各一觞。”及《元丹丘歌》之“身骑飞龙耳生风，横河跨海与天通，我知尔乐心无穷”等语，以其想象之大胆奔放，人尚能接受。写《蜀道难》备极形容，写庐山瀑布“飞流直下三千尺，疑是银河落九天。”（《望庐山瀑布二首》之二）以及“金阙前开二峰长，银河倒挂三石梁。”（《庐山谣寄卢侍御虚舟》）更都成为名句。但《秋浦歌》第十五首云：“白发三千丈，缘愁似个长。”《陪从叔济南太守泛鹊山湖三首》第二首云："湖阔数千里[1]，湖光摇碧山。"就太过火。白发长达三千丈，可超过大鹏，湖阔数千里，准周遍中国，夸张至此，就使人不能恭维了。盖夸张亦当在情理之中，为人想象之所能及，否则就真成了假象过大，则与类相远了。

再看杜甫的诗，不像李白这样过分，而仍很有气势。如"莽莽万重山，孤城山谷间。"（《秦州杂诗》）"群山万壑赴荆门"，都很雄壮，而"星垂平野阔，月涌大江流。"（《旅夜书怀》）似胜于李白之"山随平野尽，江入大荒流。"（《渡荆门送别》）而他的《送孔巢父谢病归游江东兼呈李白》云："诗卷长留天地间，钓竿欲拂珊瑚树。"潇洒飘逸，亦何殊于李白。但他过于喜用"天地""乾坤""日月""万里"等词语，或不尽恰当，却是一病。如排律《冬日洛城北谒玄元皇帝庙》云"山河扶绣户，日月近雕梁"，也显得有意夸耀。杜诗的好处、长处，并不在他与李白相似的地方，而是在于他的情真意挚之作，如《哀江头》《羌村三首》《北征》，"三吏""三别"，自秦州入蜀的那些纪行诗和入蜀及居夔州所作的许多难以枚举的五律、七律等，都是从至性中来，从忧国忧民、悲天悯人的胸怀中来，再加上其颠沛流离中的经历，全凝聚于文字之中，自然更感人至深，即如下面两诗的片段：

……麻鞋见天子，衣袖露两肘。朝廷愍生还，亲故伤老丑。涕泪授拾遗，流离主恩厚。柴门虽得去，未忍见开口。寄书问三川，不知家在否？比闻同罹祸，杀戮到鸡狗。山中漏茅

---

①"数千里"之"千"字，王琦注《李白全集》本，作"十"，并云"萧本作千，误。"按王氏盖疑湖阔不过数十里，作"千"必误用，不知太白既可云"白发三千丈"，何不可言"湖阔数千里"？且如作"十"，此诗此句便成五仄声，这是正规五言绝句，全首本合律，作"千"则与"平平平仄平"正相配，太白虽不拘守格律，但亦求吟咏朗朗上口，必不会于正规律绝连用五仄声，故此句从《全唐诗》及萧本。

屋,谁复依户牖……自寄一封书,今已十月后。反畏消息来,寸心亦何有?……(《述怀一首》)

……夜深彭衙道,月照白水山。尽室久徒步,逢人多厚颜……痴女饥咬我,啼畏虎狼闻。怀中掩其口,反侧声愈嗔小儿强解事,故索苦李餐……野果充糇粮,卑枝成屋椽……故人有孙宰,高义薄曾(层)云。延客已曛黑,张灯启重门。暖汤濯我足,剪纸招我魂。从此出妻孥,相视涕阑干。众雏烂熳睡,唤起沾盘餐。誓将与夫子,永结为弟昆……(《彭衙行》)

这两篇诗,都朴质无文。《彭衙行》这首,不但重用"餐"字押韵,而且一篇诗中杂用真、文、元、寒、删、先六韵,也不足为法,故选家罕选录此篇,但这两篇诗却真是从胸臆中自然流出的,最能说明"文生于情"的道理。还应再强调,这"情"必须真实,不是无愁而言愁,不悲而言悲。这来不得一点虚伪,更不能是违心之言。叶燮说:

诗是心声,不可违心而出,亦不能违心而出。功名之士,决不能为泉石淡泊之音;轻浮之子,决不能为敦庞大雅之响……使其人其心不然,勉强造作,而为欺人欺世之语,能欺一人一时,决不能欺天下后世。(《原诗》外篇上)

所以这里又有个为什么要作诗作文的问题,从文生于情的角度来看,也即是情之触动和发动问题,简言之,即还要看诗人或作者的动机。那时的人不会像今天某些人那样贪图什么,不过求为人知,求人理解,求留名于世而作诗,这无可厚非。即使是为了求人赏识,求人荐举,也还可以理解。可是,如果纯为了取悦于人,取悦于世,就难免会有违心之言,甚至还会欺人、欺世。这是沈德潜和他的老师叶燮都反对的。必有所不平,如韩愈《送孟东野序》所说,"有不得已者而后言",才会有出自肺腑之言,能以其真情至性感人。杜甫就是这样的诗人。其他还有不少能接近民间的不得志的诗人,也可以这样看。

王维就有些不同了。以《郁轮袍》一曲得受知于公主的故事，虽未必是真事，但他曾多次出入诸王和公主之家，得志时也曾扈从过皇上，这都有诗为证，当是实事。天宝末安禄山陷京师，他曾落在安禄山手中，但他服药伪称瘖疾，且有诗云“万户伤心生野烟，百官何日再朝天”之句，闻于肃宗，因此遇赦，又再授官，他感激极了，曾作七律《奉简新除使君诸公》，首四句云：“忽蒙汉诏还冠冕，始觉殷王解网罗。日比皇明犹自暗，天齐圣寿未云多。”虽近于谀，但其情可原。晚年他长斋奉佛，居辋川别业，诗境更加玄远。至其诗艺，更为时人所重，名望在李、杜之上，甚至被奉为唐诗正宗，殷璠编选《河岳英灵集》选王维、储光羲等二十诗人的诗作，目王维为“词秀调雅，意新理惬”，可谓推崇备至。王维为什么能达到这种地步，正因为他能“求物之妙”，能使所写事物“能了然于心”，又“能了然于心与口”，如苏东坡《答谢民师书》之所言。这样他就能从山林田园景物中有会于心，看出其中的诗情画意，并以词秀调雅的文笔传达给读者，使我们也能有所会心，或悟到大自然之美好，生活、生命之可爱。这就能涵养人的性情，提高人的品位，其功也不可不重视，如果我们只认为读李、杜、韩、白那些使人感愤的诗才有益，未免也像神韵派只崇尚王、孟那种诗一样，偏而不全了。

肯定文生于情之后，还有个“情”与“意”的关系问题，也就是作者的思想意图与“情”的关系问题。现代流行的看法是诗文必须有他的主题思想，要先有个主题思想才去作诗、作文，对古代的诗文作品，也是力图找出它的主题思想，认为是理解欣赏一件作品所必需的。中学的语文课就是这样讲的，由于观点和着眼点的不同，对作品主题的看法也往往不同，甚至发生争论。

究竟是先有意还是先有情？是不是先立意然后再写作？许多古人的看法却与今人大不相同。许学夷《诗源辨体》卷三云：

汉人五言，惟十九首触物兴怀，未尝先立题而后为之，故兴象玲珑，无端倪可执，此外因题命词，则渐有形迹可求矣。

其后又云：

十九首固皆本乎情性而出于天成。其外如《上山采靡芜》等，虽有优劣，要亦非有意为之也。

为此，许氏还于第六卷用一整卷篇幅专论陶渊明诗，大意就是说陶诗真率自然，直写己怀，自然成文，初非琢磨所至，乃才高趣远使然，可谓于陶渊明倾倒备至。又如乔亿《剑溪说诗》卷下云："魏晋以前，先有诗后有题，为情造文也。宋齐以后，先有题，后有诗，为文造情也。"与许氏之意合。再如赵翼《瓯北诗话》卷四云："诗本性情，当以性情为主……坦荡者，多触景生情，因事起意，眼前景，口头语，自然沁人心脾，耐人咀嚼。"正因为这样，赵氏认为能主坦荡之元、白，胜于意味少，务出奇警之韩、孟，他的意见大致与许学夷差不多。不过他对韩、孟的评价并不令人心服。因为韩愈虽不坦易，作诗也并不是不以性情为主；而孟郊诗虽务奇警，其诗更不能说是不本乎性情的。苏轼曾言孟郊诗如"寒虫号"，但正因为孟郊之寒苦，本如寒虫，他的诗正本性情、身世而出，故多不平之音，是真心话。而元、白新乐府，虽也可说是"因事而发"，但总是另有意旨在，并不是无所为而发。厉志的《白华山人诗话》卷二则以实例说明诗不可勉强而成："到一名胜之所，似乎不可无诗，因而作诗，此便非真性情，断不能得好诗。必要胸中本有诗，偶然感触，遂一涌而出，如此方有好诗。"

这类强调真性情的流露的观点，意中本已把只是奉承应酬、为功名利禄而作的诗排除于诗之外，并强调诗之不可苟作，自有其积极意义，值得肯定。但是不能忘记：诗除了抒情之外，还有述志、言志的一面，只要合乎诗中情景，出自真心，诗人未尝不可以在诗中表露自己的见解，发点议论，甚至评论是非得失。杜甫就不但有《秋兴八首》，还有七律《诸将五首》，五律《收京三首》《有感五首》等诗作，得承认这类作品也是好诗。如果杜甫只是一味在那里伤身世，述愁苦，杜甫也就不成其为杜甫了。另一方面，如果把诗应出自真性情曲解为只是在那里自娱，只是吟风弄月、寻花问柳，甚至把"情"只理解为男女之情，不惜杂以狎亵之词，这就不只是所谓"正人君子"所应反对的了。

文生于情，情亦生于文，作为对自己也为读者大众负责的诗人，也应想想其诗文是可以生出什么"情"来的。现代的人当然不会像昔日的正人君子那样，连李商隐的缠绵悱恻的无题诗也排斥，但不妨也要求情之深挚与情之正。仍以杜甫为例，在以君主和朝廷代表国家的时代，连苏轼也称赞杜甫虽"流落饥寒，终身不用，而一饭未尝忘君"。（见蔡梦弼《杜工部草堂诗话》卷一引苏东坡语）这是可以理解的。但我们该重视的应是杜甫那种"民胞物与"、处处想到寒士贫民的精神，所以他不但写"三吏""三别"的诗，一遇到茅屋为风雨所破，就想到"安得广厦千万间，大庇天下寒士俱欢颜"。一说到战乱，就想到"安得壮士挽天河，净洗甲兵长不用"。这与他笃于伉俪之情、亲子之情的天性是一致的。例如《月夜》《遣兴》和《北征》的片段：

今夜鄜州月，闺中只独看。遥怜小儿女，未解忆长安。香雾云鬟湿，清辉玉臂寒。何时倚虚幌，双照泪痕干。（《月夜》）

骥子好男儿，前年学语时。问知人客姓，诵得老夫诗。世乱怜渠小，家贫仰母慈。鹿门携不遂，雁足系难期。天地军麾满，山河战角悲。傥归免相失，见日敢辞迟。（《遣兴》）

……那无囊中帛，救汝寒凛栗。粉黛亦解苞，衾裯稍罗列。瘦妻面复光，痴女头自栉。学母无不为，晓妆随手抹。移时施朱铅，狼藉画眉阔。生还对童稚，似欲忘饥渴。问事竞挽须，谁能即嗔喝？翻思在贼愁，甘受杂乱聒。……（《北征》）

此外，还有好些这类的诗，这些诗与那些忧国忧民的诗读来都十分亲切、感人,因为他的诗大都是出于他忠厚、诚挚的天性,的确是诗人真性情的流露。

情与诗的关系就是这样,要传情,写得令人动情,能够心领神会,当然不是容易的事,这首先应让所写事物了然于心,还要有充分的艺术修养,而尤其重要的是,诗人必须有一颗充满审美意识的心,能放开心胸,去接纳各种各样的可以入诗的事物,对万事万物都木然无动于衷的人是写不出真正的诗来的。

情不能无中生有,总须有所凭藉和感发,故诗人常须触景生情,因事生情。情与景的对应是诗人必须考虑的,融情入景,情景交融,是诗家都追求的境界。我们不把景的涵义局限于所谓"风景",景其实就是客观事物。情和诗都是不能离开客观事物的,即使是所谓"浪漫诗人",也不能凭空臆造,完全脱离现实,王船山的《姜斋诗话》虽没有这样说,但他的意思却正是这样。

情、景名为二,而实不可离。神于诗者妙合无垠,巧者则有情中景,景中情。景中情者,如"长安一片月",自然是孤栖忆远之情;"影静千官里",自然是喜达行在之情。情中景尤难曲写,如"诗成珠玉在挥毫",写出才人翰墨淋漓,自心欣赏之景。(《诗话》卷下)

按船山指出情景不可离,能把情景融合起来,是"神于诗",又特别提出景中情,情中景,这都很好。因为景若不见情寓其中,那么这景便无活气,也不能感人,举出李白《子夜吴歌·秋歌》"长安一片月,万户捣衣声",的确即可见思妇之情。用杜甫《喜达行在所》的第三首"影静千官里,心苏七校前"来说明杜甫"辛苦贼中来"后,得见朝班的喜悦心情也正好。但船山说情中景难写,却未必然,情不能徒写、空写,总难免带出气氛环境,这在有心的诗人其实是不难的。举杜甫和贾至早朝大明宫的"朝罢香烟携满袖,诗成珠玉在挥毫",却不足以说明情中景,这联诗上句写出得回京预朝班的愉悦心情,下句不过诗人们唱和时的互相赞誉之词，算不得杜甫的名句。窃以为用这联诗不如用《春望》的“国破山河在，城春草木深”和《咏怀古迹》写王昭君的“一去紫台连朔漠，独留青冢向黄昏”更好。《春望》这联是首联，诗人对国破的感慨表现于山河仍在，春光依旧，正是情中有景。王昭君远嫁异域，一去不复返，葬身异域，历来使人感叹。杜甫妙于立言，不明言感叹，而感叹却寓于紫台连朔漠，和面对黄昏的青冢，这种气氛正是情中即有景，景中可见情，是情景交融的境界。

王船山不过开其端，清人论诗，大多把情与景并举。例如：

> 诗有情有景……更要识景中情，情中景，二者循环相生，即变化无穷。（李沂《贞一斋诗说》）

景中有情，如“柳塘春水漫，花坞夕阳迟。”（严维《酬刘员外见寄》颔联）情中有景，如“勋业频看镜，行藏独倚楼。”（杜甫《江上》颈联）情景兼到，如“水流心不竞，云在意俱迟。”（杜甫《江亭》颔联）（施补华《岘佣说诗》）

清代吴大受说：“作诗有情、有景。情与景合，便是佳诗，若情景相睽，勿作可也。”（贺贻孙《诗筏》）夫诗以情为主，景为宾。景物无自生，惟情所化，情哀则景哀，情乐则景乐，唐诗能融景入情，寄情于景。（例略，见吴乔《围炉诗话》卷一）这许多说法用语有别，侧重点不同，但赞赏情景交融是一致的，都可以为证。情与景不可分离，因为诗主抒情述志。情不能突发，得用景即一定事物引起，而述志如无情景，与说教无异，那就不能说是诗了。

在诗人的心目中，万物皆有情，也似乎有生命，它们的“情”可引发诗人的情，诗人的情也可移于景，吴乔就是想要说明这个道理。近人从诗人方面看时，谓之移情；从景物方面看时，则又谓之“拟人”。杜甫于《江亭》诗中讲了“水流心不竞，云在意俱迟”之后，即云：“寂寂春将晚，欣欣物自私。”而在《后游》诗中又云：“江山如有待，花柳更无私。”两诗都是在蜀中所作，诸家皆编在上元二年，作诗时间当相近。一云“欣欣物自私”，一云“花柳更无私”，似自相矛盾，其实诗人都是根据不同情境在写物性与人情。《江亭》诗末联：“故林归来得，排闷强裁诗。”这是诗人因不得归故里而排闷，故觉春晚草木正茂，似不管人心时世，仍然各遂其性，在那里自在生长。这和《伤春》诗首章首联“天下兵虽满，春光日自浓”同意，故云“物自私”。《后游》是再游新津修觉寺，他很喜欢那地方，在那里“客愁全为减，舍此复何之”。(末联)所以便觉江山花柳都无私地在等待诗人，好似都有奉献精神了。故云“更无私”。这是情因景生，景随情变。物情、人情交互影响，正是杜诗的深厚沉郁，耐人寻味之处。杜甫就是这样一位觉得万物皆有情，也能移情于物的诗人。

人常说“多愁善感”，这话不全对，但又有一定道理。不全对，因为多愁的人如果只局限在个人得失的小圈子里，就会失去许多对外界事物的感应能力；说这话有道理，是因为善感的人往往易多愁，这样多愁善感就常联系在一起，表现在一个人身上。诗人往往就是这样多愁善感的人，但诗人也不一定非是这样的人不可，少数诗人也可以处在顺遂的环境中，仍可以写出些好诗来。因此，只有善感才对诗人是最重要的。

韩愈在《荆潭唱和诗序》中曾说：“欢愉之辞难工，而穷苦之言易好也。”欧阳修在《梅圣俞诗集序》中也说：“内有忧思感愤之郁积，其兴于怨刺，以道羁臣寡妇之所叹，而写人情之所难言，盖愈穷而愈工，然则非诗之能穷人，殆穷者而后工也。”于是后世的人都常言“诗穷而后工”。这话也很有道理，但也不全对。有道理，是因为惟穷人能对世态人情有更深刻的认识，他有机会接近民间，富于同情心，也更有机会接近大自然，细心体察大自然，这就更易写出感人的诗。富贵中人大多只顾享受，酒食征逐，只生活于他那一片小天地中，远离社会现实，远离自然，当然就很难有诗情诗意。但当然不能因此就认为处境顺遂，在得意之时就写不出诗来。诗并不是永远与穷联系在一起，欢愉之辞也是需要的，应该写的。李白在长安，得到唐明皇的赏识，可谓盛极一时，就写了《宫中行乐词七首》和《清平调三首》等为人传诵的名作，并不使他的飘逸豪放的气概减色。白居易亦有“笙歌归院落，灯火下楼台”（《宴散》）之句和“人定月胧明，音消枕簟清。翠屏遮烛影，红袖下帘声”（《人定》）之句，也无碍于他在《讽喻诗》和“新乐府”中那种对时世和民间疾苦的关怀。杜甫一生多在颠沛流离中度过，遭遇可谓不幸，但他偶得安闲，在京便有《曲江二首》《曲江对酒》《曲江对雨》等诗，在成都草堂便有《江畔独步寻花》等好些写江树风光的诗，情绪都较为欢快。即使像孟郊这样多写愁苦，被元好问视为“高天厚地一诗囚”的诗人，也有《登科后》“春风得意马蹄疾，一日看尽长安花”的诗句（《孟东野诗集》卷三）。欢愉之词难工，但不是不能写，问题是怎么写，诗的职责不只是诉苦鸣不平的。只要不是歌颂腐朽的堕落，颂扬封建统治，一切事物，乃至富贵气象，只要能令人思考生活，看到生活之美好的诗都可以写，应该写，因为这正合乎车尔尼雪夫斯基的“美即生活”的看法。

生活是广义的，包括自然环境、社会环境和人本身在内。诗要反映生活，令人思考生活，仅出自真性情是不够的。文生于情，这情要让人理解、认可，并打动人，即欲使文能生情，诗人必须要有敏锐的目光，善于观察生活和生活中的各种事物，看出其中的生气和涵义。杜甫在这方面又很值得人景仰，如叶梦得《石林诗话》便就杜诗“细雨鱼儿出，微风燕子斜”“轻燕受风斜”“穿花蛱蝶深深见，点水蜻蜓款款飞”等语，盛赞杜甫之精微：“缘情体物，自有天然工巧，而不见其刻削之痕。”蔡梦弼《杜工部草堂诗话》卷一即全引这段文字。“缘情体物”之精微，还只是杜甫的基本功夫，其最不可及处，还在他既善于触景生情，又善于寄情于景，做到景中有情，情中有景，情景交融，令人玩味无穷。前文已举过数例，这里再举数例，以见杜诗的优越就在情景交融中：

检书烧烛短，看剑引杯长。(《夜宴左氏庄》)

片云天共远，永夜月同孤。(《江汉》)

雾树行相引，连山望忽开。(《喜达行在所三首》首章)

仰面贪看鸟，回头错应人。(《漫成二首》之二)

惯看宾客儿童喜，得食阶除鸟雀驯。(《南邻》)

五更鼓角声悲壮，三峡星河影动摇。(《阁夜》)

首联写夜宴，而主客意气相得之情即在不言中。次联与《恨别》诗“思家步夜中宵立，忆弟看云白日眠”意境相似，而更深婉。第三联写将到行在所，山川行树皆似迎人，喜悦之情如见，较《春望》“感时花溅泪，恨别鸟惊心”，明言“感时”“恨别”意思更深一层。《漫成》两句写老来情景，知老有所赏，而不必更言衰迈。第五联微露终老于荒村之意也不用明言。最后一联上句显见仍在战乱中，下句面对三峡江天，气度、胸襟可知。这些诗句都不言情而情自见，不写景写事，而其事其景皆如在眼前。

唐诗之丰富，正在不仅杜甫一人，许多诗人也多达到这个境界，试杂举数联于下：

灭烛怜光满，披衣觉露滋。(张九龄《望月怀远》)

流水如有意，暮禽相与还。(王维《归嵩山作》)

松风吹解带，山月照弹琴。(王维《酬张少府》)

寻河愁地尽，过碛觉天低。(岑参《碛西头送李判官入京》)

还家万里梦，为客五更愁。(张谓《同王徽君湘中有怀》)

笛中闻折柳，春色未曾看。(李白《塞下曲三首》之一)

浮云一别后，流水十年间。（韦应物《淮上喜会梁州故人》）

乍见翻疑梦，相悲各问年。（司空曙《云阳馆与韩绅宿别》）

别来沧海事，语罢暮天钟。（李益《喜见外弟又言别》）

乱山残雪夜，孤烛异乡人。（崔涂《除夜有感》）

六时行径空秋草，几日浮生哭故人。（钱起《题灵佑和尚故居》）

野棠自发空流水，江燕初归不见人。（李嘉佑《自苏台至望亭驿人家尽空，春物增思，怅然有作，因寄从弟纾》）

家在梦中何日到，春来江上几人还？（卢纶《长安春望》）

岭树重遮千里目，江流曲似九回肠。（柳宗元《登柳州城楼寄漳、汀、封、连四州刺史》）

楸梧远近千官冢，禾黍高低六代宫。（许浑《金陵怀古》）

像这样声情并茂的佳句唐诗中比比皆是，这里只选取一些后人不那么经常诵读的诗，它们的共同之处就是：都借景生情，寓情于景，表达人们思乡念旧、悠然自得，乃至对乱离世道和人生的各种感慨。刘熙载《艺概·诗概》有一段话讲得很好："'昔我往矣，杨柳依依；今我来思，雨雪霏霏'。雅人深致，正在借景言情。若舍景不言，不过曰春往冬来耳，有何意味？"的确如此，如果只是干巴巴地叙事述哀乐，那就不是诗了。同理，如果只是单纯写景、咏物，不见人的情趣，那也距诗很远，还不如摄影，因为摄影也有取景用光等问题，其中也有人的审美情趣在的。

（曾经修改，后载于国家图书馆出版社 2009 年 1 月第 1 版《唐诗的解读》之《意境篇》。）

即景生情与融情入景

诗人都是感情丰富、遇事十分敏感的人，除非他是以诗为敲门砖,或另有贪图,而在那里冒充风雅。一切真正意义上的诗人,既对大自然中的形形色色事物很敏感,又对人世间的一切喜怒哀乐,一切引起人的盼望或令人失望的事,也都非常敏感。他们易于即景生情,触物兴感,也善于融情入景,移情于物。在他们看来,万物,不管是有生或无生之物,都是有情的,是能与人的感情相通的。在如何把物态、人情的交流和相通在诗歌中体现出来上面,我们有《诗经》的“赋、比、兴”的传统、有乐府民歌的传统,也有无数有名和无名诗人的经验可以借鉴。唐代的诗得到很大的发展,唐代诗人于这方面在前人造诣的基础上也有很大的发展,为我们提供了许多好榜样和好模式。从这个角度来对唐诗加以探讨,无论在理解唐诗上,或继承唐诗这一宝贵文化传统上,都是很有必要的。

(一)

文艺是离不开想象的，在黑格尔看来:“最杰出的艺术本领就是想象。”[1]他还指出,不能把想象和幻想混为一谈。想象是创造性的,它有赖于掌握现实及其形象的禀赋和敏感。这也就是说,想象不能无中生有,它得有所凭借,得有现实事物通过人的敏感去引发,这也就是

①见朱光潜译本黑格尔《美学》第一卷第三章 C 和全书导论第一节。

所谓“即景生情”。刘勰是懂得这个道理的,他在《文心雕龙·神思》一开始就用《庄子·让王》中的话说,“古人云:形在江海之上,心存魏阙之下,神思之谓也。”这神思也就是想象。想象可以自由发挥,故又云:“故寂然凝虑,思接千载,悄焉动容,视通万里。”但这发挥也得有所凭借,有个出发点,故下文又云:“登山则情满于山,观海则意溢于海,我才之多少,将与风云而并驱矣。”要“情满”则必“登山”,要“意溢”则必须“观海”,要能“并驱”必须有风云相伴。总之,必须“即景”方能“生情”。

一个具有敏感气质的诗人，在他生活中某一特殊的易于感动的阶段,是很容易情动于中而形于言的。先看下面这些例句:

花将色不染,水与心俱闲。(李白《同族侄评事黯游昌禅师山池二首》之一)

长波写万古,心与云俱开。(李白《金陵凤凰台置酒》)

水流心不竞,云在意俱迟。(杜甫《江亭》)

流水如有意,暮禽相与还。(王维《归嵩山作》)

青山看不厌,流水趣何长。(钱起《陪考功王员外城东池亭宴》)

水将空合色,云与我无心。(朱湾《九日登青山》)

这六联诗都是写水和云等事物引起人的感悟,用意有相通之处。江河里的水总是那么奔流不息，子在川上曰“逝者如斯夫，不舍昼夜”。孔子早就感叹过了,流水也永远给人以启示。李白第一联诗是说,花并不是色染,流水也总是那么自在地奔流。第二联诗先想到长波之万古倾泻,不可改变,那么人也该像天空中的云,那么开朗。杜甫则面对江水和云天,悟到人的心该像水那么只管前流,无争无竞,也该像天上的云那么从容不迫地漂浮。王维则见流水有如要流到它归宿之处去,连日暮的禽鸟也知道该折将回去了,他也该心平气和地归嵩山了。钱起则表示该领悟山水之趣，而不必眷恋世俗的乐趣和利禄。朱湾则想到水之清空,云之无拘束,当然都值得羡慕。言语较简单,意见仍与前面几位诗人相似。在这里不由令人想起罗曼·罗兰的《约翰·克利斯朵夫》第一卷第二部末的一个情节。小克利斯朵夫被逼着苦练钢琴,实在厌烦极了,他要反抗,故意弹得很糟糕,甚至大哭大叫宣称他不爱音乐,于是他被赶到楼梯上。莱茵河在下面奔流,孩子透过泪水望着河,在他的心目中,河仿佛是个有生命的东西,是个不可思议的生物,比他所见的一切都强得多:“它上哪儿去呢？它想怎么办呢？它好似对前途很有把握……什么都拦不住它,不分昼夜,不论晴雨,也不问屋里的人是悲是喜,它总是那么流着,一切都跟它不相干;它从来没有痛苦,只凭着它那股气魄怡然自得……”曾经不止一次有年轻朋友告诉我,他们在读了这一段话后是多么感动。这段话鼓舞了他们,给他们以信心和力量,使他们能面对一切困难挫折,甚至屈辱。我们不妨想一想,杜甫在经受过一切痛苦和磨难之后,来到“众水会涪万,瞿塘争一门”(《长江二首》首章)的夔州大江边的情形:面对“高江急峡雷霆斗,翠木苍藤日月昏”“江间波浪兼天涌”(《秋兴八首》首章);耳闻“五更鼓角声悲壮”(《阁夜》)和“哀哀寡妇诛求尽,恸哭秋原何处村？”(《白帝》)这位多年欲归不得的老人,只是“愁窥高鸟过,老逐众人行”(《悲秋》),“乱后居难定,春归客未还。”(《入宅三首》之二)他居住的地方不过是个“空村唯见鸟,落日未逢人”(《东屯北埯》)的江上荒村,然而这位老人却又自慰:“远游虽寂寞,难见此山川。”(《季秋江村》)必须充分了解这些,才能理解杜甫的为人和他的诗。不过也应该知道,峡江的风光给杜甫的感悟,并不是像上举诸例句那样明明白白地说出来的。

由于人生多苦难，外物给人的正面的、积极的感悟总是比较少的,类似上文所举各例的,还有:

山光悦鸟性，潭影空人心。（常建《题破山寺后禅院》）

目皓沙上月，心清松下风。（李白《秋夜宿龙门香山寺奉寄王方城十七丈奉国莹上人从弟幼成令问》）

江山如有待，花柳更无私。（杜甫《后游》）

真性怜高鹤，无名羡野山。（皎然《西溪独泛》）

目随鸿雁穷苍翠，心寄溪云任卷舒。（武元衡《暮春郊居寄朱舍人》）

楼中饮兴因明月，江上诗情为晚霞。（刘禹锡《送蕲州李郎中赴任》）

花送人老尽，人悲花自闲。（孟郊《杂怨》之二）

时节思家夜，风霜作客天。（顾非熊《陈情上郑主司》）

浮世本来多聚散，红蕖何事亦离披？（李商隐《七月二十九日崇让宅宴作》）

水流花落叹浮生，又伴游人宿杜城。（温庭筠《宿城南亡友别墅》）

这些诗都是触物兴感，令诗人写出各种不同的感叹和感悟，或道出各种理解。为什么这样呢？白居易《新秋喜凉》云："光阴与时节，先感是诗人。"顾非熊《落第后赠同居友人》讲得更明白："有情天地内，多感是诗人。见月常怜夜，看花又惜春。"其实物还是那物，景还是那景，只是看见那景物的人不同，时地各异，便会产生不同的效果，诗人们大都能懂得这道理。王建在《喻时》诗中云："好闻苦不乐，好视忽生疵。乃明万物情，皆逐人心移。"下面这些诗也可以为例证：

一种峨嵋明月夜，南宫歌管北宫愁。（裴交泰《长门怨》）

明月本无心，行人自回首。（白居易《宿蓝溪对月》）

鸟声信如一，分别在人情。不作天涯意，岂殊禁中听。（白居易《闻早莺》）

鸟散花落人自醉，马嘶芳草客先愁。（许浑《酬钱汝州》）

离人自呜咽，流水莫潺湲。（李频《眉州别李使君》）

诗本来是用以述志抒情的，必然以人为主。万事万物皆有其道理，有其理趣。人生活在万事万物中，与万事万物不管是物质上或精神上，总有这样那样的关联。大部分的诗，其实都是受各种事物、各种情景的触发而写成的，不能无中生有。诗人大都多愁善感，这在生活于幸福之中的人看来，似乎是自讨苦吃，可是，如果一个人对什么都无动于衷，那是写不出诗来的。

（二）

人的思想感情与外在事物的沟通，可以从两个方面来看：一个是从物的方面来看，是物之感人，这就是上面所谈的即景生情，触物兴感；另一方面就是人之移情于物，把物拟人化了，使它们可以具有人的感情，甚至可以有人的行为，这就是所谓的移情，也就是融情入景。这第二方面在诗中更加常见。移情于物，加强了思想感情的表达，使感情的表达更加生动，并能引起更多的联想。当然，这两方面有时是难以截然分开的，因为既有情中景，也有景中情，更可以做到情景交融。

为便于说明问题，还是分开来看。下面是融情入景的一些诗句，首先是把人的悲伤忧怨移之与物的：

感时花溅泪，恨别鸟惊心。（杜甫《春望》）

晓莺工迸泪，秋月解伤神。（杜甫《赠王二十四侍御契四十韵》）

饥狖啼初日，残莺惜暮春。（李嘉佑《送张观归袁州》）

雁影愁斜日，莺声怨故林。（李端《送郭补阙归江阴》）

青山似欲留人住，百匝千遭绕郡城。（李德裕《登崖州城

作》)

关门不锁寒溪水,一夜潺湲送客愁。(李涉《再宿武关》)

匹马计程愁日尽,一蝉何事引秋来?(杜牧《寄湘中友人》)

老去不知花有态,乱来唯觉酒多情。(韦庄《与东吴生相遇》)

这些诗的前四例都暗含物无知尚如此,人有情何以堪之意,从而加强了伤感。第五、六、七例则迁怒于物只顾顺其性而行,或不拦锁“寒溪水”,或仍百般“绕郡城”,或无端“引秋来”,实则委婉地表达自己的愿望和忧愁,从而加强了效果。最后一例较特殊,是由“花之有态”“酒之有情”都得人到老去,或乱之到来始知,于是叹老怨乱之意见于言外。

人固多不幸,草木乃至无生之物都可以伴人忧伤,但在人心舒畅或得意之时,外物又可以助人欢乐或引起人正面的、积极的情绪。如张说《喜度岭》云:“逢花便独笑,见草即忘忧。”另外,还有这样的诗句:

花逢喜气皆知笑,鸟识欢心亦解歌。(王维《既蒙宥罪旋复拜官伏感圣恩窃书鄙意兼奉简新除使君等诸公》

草羡青袍色,花随黄绶新。(岑参《送张卿郎君赴峡石尉》

雾树行相引,连山望忽开。(杜甫《喜达行在所三首》之一)

春知催柳别,江与放船清。(杜甫《移居夔州郭》)

趣闲鱼共乐,情洽鸟来驯。(崔日知《奉酬韦祭酒偶游龙门北溪忽怀骊山别业因以言志……之作》)

鸟语催沽酒,鱼来似听歌。(姚合《游阳河岸》)

岂唯啼鸟催人醉，更有繁花笑客愁。（方干《赠信州高员外》）

这里，杜甫的两联诗最值得玩味：第一联是说他好容易从乱兵中得脱身西走，来到皇帝所在之处，觉得雾中道旁的树好似排成行列在为他引路，而到行在之前，远处连绵的山岭也好似望去就忽然让开了；下一联是说，他自离云安后，即浮家泛宅，栖息舟中，今得移舟至夔州郭，即可登岸，暂得安居，心情自然较为舒畅，因此觉得春天也知道催岸柳与舟船相别，觉得江水也变清了，便于放船了。两联诗都只从外在景物来写，而人情自见。这正是杜甫的高明和含蓄、耐人寻味之处。最后，方干一联则从反面来写，繁花笑人之愁，自然愁将不再扰人了。

在写物态与人情相通上，诗人往往更进一步。写外在事物仿佛也通人情，能了解人的心思，甚至可以帮助人、配合人的行动。例如下面这些诗句：

竹引携琴入，花邀载酒过。（孟浩然《宴荣二山池》）

雁引愁心去，山衔好月来。（李白《与夏十二登岳阳楼》）

草色催归棹，莺声为送人。（李嘉佑《送袁员外宣慰劝农毕赴洪州使院》）

青刍适马性，好鸟知人归。（杜甫《甘林》）

柳色从乡至，莺声送客还。（钱起《陇右送韦三还京》）

春风不吾欺，桃李满四邻。（独孤及《三月三日自京到华阴于水亭独酌》）

车马虽嫌僻，莺花不厌贫。（郎士元《送张南史》）

乐静烟霭知，忘机猿狖喜。（陆龟蒙《奉和袭美太湖诗》）

月华妨静烛，鸟语达幽禅。（方干《重寄金山寺僧》）

多事林莺还漫语，薄情边雁不回头。（罗隐《春日湘中题

岳麓寺僧舍》)

诗人总是希望能得到别人的理解，而人与人之间的理解往往难得,于是诗人便求助于外物,尤其是诗人看重的山水花木猿鸟之类,并把它们拟人化了。它们不但通人情、理解人,而且可以做人想做的事。竹和花邀人、引人做什么,山如何能衔月,草色、莺声怎能催人、送人,烟霭能知什么,林莺如何多事,边雁如何薄情……这些在人的生活中才能有而他物不能有的事,在诗中都成为可能了,从而就引发出许多事来。李白《早秋赠裴十七仲堪》云:“远海动风色,吹愁向天涯。”又《送崔氏昆季之金陵》云:“秋风渡江来,吹落山上月。”用一“吹”字,把景物写活。后来苏轼《新城道中》诗云“东风知我欲山行,吹断檐间积雨声”也成了名句,正是从唐诗这种写作手法学来。

(三)

想象既是产生艺术形象的重要源泉，有时还是使艺术形象更生动、更具有生命力的激发剂。因此,诗人在写人情与物性的相通时,尤其是写出他对所描写事物的观感时,便往往充分发挥他的想象。

谈诗时，常可听见评论家称赞诗人的奇思妙想，或称某诗句是“不经人道语”，其实也就是称赞诗人在写对某事物的观感时用语新鲜,想象之出人意表,这正是诗人所以成家的与众不同之处。如果讲得更具体一些,他们更常在即景生情时,或发出感慨、做比拟时,不只是点到即止,而是再发挥开去,推演出更多的意趣,从而更生动地引起读者的联想。

李白性豪迈,不拘故常,更善于发挥他的想象,并痛快淋漓地抒发开去。如:

匈奴以杀戮为耕作,古来唯见白骨黄沙田。《战城南》)

咳唾落九天,随风生珠玉。(《妾薄命》)

瑶草寒不死，移植沧江滨。东风洒雨露，会入天地春。（《送郗昂谪巴中》）

春风动万物，草木皆欲言。（《长歌行》）

鸡鸣刷燕晡秣越，神行电迈蹑恍惚。（《天马歌》）

三千双娥献歌笑，挝钟考鼓宫殿倾。（《春日行》）

这些例句，都是从他的乐府诗中摘出来的。从他的歌行名篇中还可以找到一些类似的例子。这大都有些夸张，而且夸张得过火，可说是荒诞不经。但就这些荒诞不经的事本身而言，却又自有其逻辑，又在情理之中。既然以杀戮为耕作，当然就该有白骨黄沙田。能够咳唾落九天，也就可以随风生珠玉。瑶草不死得移植江滨，就该融入天地之春。春风既已动百物，照诗人的想法，草木就该有所表示，亦即该发芽生长了。能朝燕暮越的天马，必然有神行而蹑恍惚的本领。那么多宫娥敲钟击鼓，无怪乎宫殿都震动得要倾倒了。随着诗人的思路去领会，读者不得不赞叹他想象丰富而大胆，钦佩他的气魄。

这种把诗人的想象和感情移入对事物的描写中去，并加以推演的修辞手法，在为人、作诗都谨严的杜甫诗中也有不少。例如他在《前苦寒行》中说："三足之乌足恐断，羲和送日将安归？"又在《后苦寒行》中说："天兵斩断青海戎，杀气南行动地轴。不尔苦寒何太酷。"《前苦寒行》里的两句诗有些费解，仇兆鳌《杜诗详注》卷二十一注此二句云："冬日无光，岂乌畏寒而羲和使之匿影耶？"施鸿保《读杜诗说》驳之，谓"恐"字指的是人，言久不见日，人们恐怕乌足也要冻断了；将安归，是言羲和将御日归何处。这种解释才是正确的。诗人在这里是用想象把神话传说又加以发挥。后一首诗的三句则主要是凭想象了：若不是天兵杀青海戎的杀气南下，怎么南方也会有如此之酷的寒气？再如《奉先刘少府新画山水障歌》中云："反思前夜风雨急，乃是蒲城鬼神入。元气淋漓障犹湿，真宰上诉天应泣。"题山水画而联想到风雨，想到这风雨乃是鬼神在驱使，顺势写下去，于是觉得元气淋漓，画幛犹湿。这样写，画之传神就可想而知了。

以上所引杜诗都是古风，其实即使在短短的五言律诗中，杜甫也常用上述那种修辞手法，如下面这首《一百五日夜对月》：

无家对寒食，有泪如金波。斫却月中桂，清光应更多。仳离放红蕊，想象颦青蛾。牛女漫愁思，秋期犹渡河。

诗人也利用民间的两个传说寄其用语来表达他无家而思家的感伤，而一切仍推想得合乎传说中的情理。不是斫去桂树月光会更明亮么？牛女虽愁思颦眉，不是还能渡河相会么？而自己一家何时能团聚呢？

李白和杜甫都想象丰富，而又善于生发开去，从而使几句诗就能表达更多的意思而其味无穷。这正是令后人难以企及的地方。

李贺在这方面尤其引人注意。他的想象更大胆，常常想到虚幻荒诞的事物上去了，而且还要加以引申和发挥。例如下面这些诗句：

昆山玉碎凤凰叫，芙蓉泣露香兰笑。（《李凭箜篌引》）

半卷红旗渡易水，霜重鼓寒声不起。（《雁门太守行》）

天河夜转漂回星，银浦流云学水声。（《天上谣》）

王子吹笙鹅管长，呼龙耕烟种瑶草。（同上）

一双瞳仁剪秋水，竹马梢梢摇绿尾。（《唐儿歌》）

空将汉月出宫门，忆君清泪如铅水。衰兰送客咸阳道，天若有情天亦老。（《金铜仙人辞汉歌》）

吾不识青天高、黄地厚，唯见月寒日暖，来催人寿……天东有若木，下置衔烛龙。吾将斩龙足、嚼龙肉，使之朝不得出，夜不得伏。自然老者不死，少者不哭。（《苦昼短》）

类似的例子还可以找到一些，都是看起来荒诞不经，但仍合乎所描写事物的情理，都是诗人把自己的奇思妙想融入所描写的事物中去，而且贯彻始终，并取得了很好的艺术效果。这样的奇思妙想充满在李贺诗中，如果读者不跟随诗人的思路，往往会觉得费解。例如，马的尾巴怎么可能是绿的呢？但诗人想，既然骑的是竹马，当然就该摇绿尾了。又如诗人苦于昼短，就希望斩龙足、嚼龙肉，让烛龙再不得御日车，这样太阳不能朝出夜伏，日子长了，人便能长寿了。这是多么大胆而奇妙的想象。这样的诗不能不有，当然也不宜太多。

诗至极兴盛之时，诗人争奇好胜，力求与众不同，像李贺这样大胆发挥想象、不惜怪诞的诗人不少，虽大诗人亦在所难免，不过很少有像李贺这样倾全力在这方面下功夫的。下面就举一些其他诗人的类似李贺的诗句，由此可见这是当时的风气：

共传滇神出水献，赤龙拔须血淋漓。又云羲和操火鞭，暝到西极睡所遗。（韩愈《和虞部卢四汀酬翰林钱七徽赤藤杖歌》）

忽如朝玉皇，天冕垂前旒。（柳宗元《界围岩水帘》）

波澜抽剑冰，相劈如仇雠。（孟郊《寒冰》）

池色溶溶蓝染水，花光焰焰火烧春。（白居易《早春招张宾客》

月行离毕急，龙走召云忙。鬼转雷车响，蛇腾电策光。浸淫天似漏，沮洳地成疮。（白居易《酬郑侍御多雨春空过诗三十韵次用本韵》）

三更风作切梦刀，万转愁成系肠线。（施肩吾《古别离二首》首章）

一条古时水，向我手心流。临行泻赠君，勿薄细碎仇。（刘叉《姚秀才爱予小剑因赠》）

这些诗都是诗人顺着自己的奇思妙喻写下去，读者也许会觉得难以理解，可是想象中的事物仍合乎想象中的情理。赤藤杖既说是滇神从滇水中取得,那就可能得与赤龙斗,拔其须而血淋漓了。水之澄蓝疑似染成,花之火红当可烧春。三更风起,把人从梦中惊醒,有如切断了梦境,愁肠万转,似线之缠绕于物,很难解开。剑寒光如水(李贺诗即称剑为三尺水),故可以在手中流,还可以泻出赠人。这类从想象中发挥的修辞手法,在唐诗中屡见,连李、杜、韩、白等大诗人也往往用之,因为这更可以引发人能形象地思维,有特殊的艺术效果。

这种特殊的修辞手法可以看作即景生情与融情入景的扩大。它与比兴有关,也与使事用典有关。从上文各段所举例句即可见,诗人这些诗句有时就是某个比喻的夸张,有时则是充分利用神话传说并加以发挥,使这神话传说更有意义,也更有诗意,往往成了诗人对神话传说的再创作。例如韩愈的《辛卯年雪》里说:“白帝盛羽卫,鬖鬖振裳衣。白霓先启途,从以万玉妃。”这里,诗人就是只用了神话传说中的一些名目,如“白帝”“玉妃”等进行创作的。

不过,万事万物都得有个适可而止,不能太走极端。李贺用这种手法过多,他用那种挖空心思造出来的佳句拼凑而成的诗篇,常使人难以领会其本意。其实这并不是诗人所必须走的道路。

(曾经修改,后载于国家图书馆出版社 2009 年 1 月第 1 版《唐诗的解读》之《意境篇》。)

外国文学研究

从雨果看浪漫主义

1928年，高尔基在他的《向工农通讯员和军队通讯员谈谈我怎样学习写作》中曾说过：“浪漫主义的定义有过好几个，但是能为所有的文学史家都同意的正确而又十分全面的定义目前却还没有，这样的定义还没有制定出来。”①发出这种感叹的作家其实不止高尔基一人，远在19世纪中叶，有名的《恶之花》的作者波德莱尔就曾感叹：“今天很少有人愿意用一种现实和确切的意思来解释这一名词”②了。

问题当然不在于一定要学究式地去给浪漫主义下定义。但是，一百多年以来，定义之难下以及好多作家、评论家都不大愿意给浪漫主义下定义这一事实，却正好说明对浪漫主义的理解历来有很大的分歧，而且都是在不同的场合下，并按不同的理解在使用着这同一名词的。例如，高尔基虽然说过上面引用的那些话，其实就自有他对浪漫主义的理解。他先引用一个十五岁的工人的女儿的信：“我今年十五岁，但这样年轻，我的心中已经出现了写作的才能，而令人苦恼的贫困生活就是它的原因。”然后说，“假如那位和我通信的十五岁女孩心中真出现了写作的才能……她大概会写出所谓浪漫主义的作品来，会尽力用美丽的虚构来丰富‘令人苦恼的贫困生活’，会把人们写得

①高尔基：《论文学》第163页。

②《欧美古典作家论现实主义和浪漫主义》(二)第183页

比他们的实际情况要好。”[①]从这里我们不难推知高尔基是怎样理解浪漫主义的。而上面也提到的那位波德莱尔，虽然说很少有人愿意用一种现实和确切的意思来解释这一名词，但他自己随后便又提出一种独特的理解来：“浪漫主义既不是选择题材，也不是准确的真实，而是感受的方式……就我看来，浪漫主义是美的最新近、最现在的表现。”[②]要罗列出文学史上所有有影响的作家对浪漫主义的解释是不可能的，这里只先提请注意这一点：被公认为法国批判现实主义最早的代表作家司汤达和被公认为法国积极浪漫主义的代表人物雨果，都是把浪漫主义当作与古典主义相对立的文学主张来看的，而他们两人显然又是在极不相同的涵义上使用这一名词的。

关于浪漫主义，现在一般都倾向于列举浪漫主义文学作品的各种特征去进行解释。例如强烈抒发个人感情、偏重对理想和幻想的追求；喜用中世纪和历史传说为题材；着力描绘雄伟壮丽的自然景物；多采用夸张和对比手法，等等。[③]但是，这些特征彼此的关系如何？究竟什么是浪漫主义的本质特征？讲浪漫主义是不是就意味着脱离现实、粉饰现实呢？从一个作家的创作来探讨也许比只谈理论要好，这个作家就是维克多·雨果。

（一）

然而，雨果是不是始终是一个典型的浪漫主义作家，文学史家们就有不同的看法。从 19 世纪 20 年代后期到 40 年代初，雨果是法国浪漫主义运动的主角，这是没有争议的；1827 年雨果发表的《〈克伦

①高尔基：《论文学》第 163 页。

②《欧美古典作家论现实主义和浪漫主义》（二）第 184 页。

③例如《欧洲近代文艺思潮简编》之类的书就是这样写的。

威尔〉序》是浪漫主义运动的一篇纲领性文件,这也为大家所公认;作为诗人和戏剧家的雨果,应始终看作浪漫主义者,也没有什么争论。可是,写《悲惨世界》、写《九三年》的雨果,却被有人看作是现实主义的或向批判现实主义转变了。因此,有些文学史把关于雨果的论述分作两段,一段放在浪漫主义文学部分,一段放在批判现实主义文学部分。苏联伊瓦肖娃的《19 世纪外国文学史》就是如此。她甚至在雨果的《巴黎圣母院》中也看到了浪漫主义与现实主义这两种倾向的交织。并且说:"小说中现实主义因素的出现证明艺术家思想上的成长,证明他对现实和历史进步力量有更深刻的理解了。"①这就又牵涉到如何看待浪漫主义的本质, 如何理解浪漫主义与现实主义的结合,如何从实质上区别浪漫主义与现实主义这两种文艺创作方法等问题了。

连雨果这样的作家是否始终是典型的浪漫主义者也有不同意见,这其实是事出有因、无足为怪的。由于一些人这样那样地给浪漫主义抹黑,由于作为流派、形成运动的浪漫主义是出现在现实主义成为流派之前,所以在我们文艺界当中不知不觉形成这样一种意见:仿佛只有现实主义才是唯一正确的创作方法, 现实主义就是比浪漫主义进步。因而,对那些应该肯定的浪漫主义大师,我们总希望在他们身上找出一些现实主义因素,不然就好像心里过意不去似的。伊瓦肖娃暗中就持有这种意见, 所以她才把雨果小说中现实主义因素的出现当作雨果思想上的成长的证明。

事实上,如果寻根究底,文艺毕竟都是现实的反映,不过有时是间接的、曲折的,甚至是经过歪曲的反映而已。神鬼妖怪,一切神秘

---

①伊瓦肖娃:《19 世纪外国文学史》俄文本第一卷第 194—195 页。

的、超世间的景象,还是现实的、世间的人创造出来的。三头六臂,还是有头有臂;执干戚而舞的刑天,也得以乳代目,以脐代口。文艺也不能完全无中生有。古希腊的神就是古希腊的人根据自己的形象创造出来的，所以奥林匹斯的神不但都具有人的形体和外貌，可以看得见、摸得着,而且他们也要吃、喝、睡觉、谈恋爱、生孩子,受了伤也要流血,折了腿就终身成为跛子;他们也有喜怒哀乐,充满了跟人一样的各种情欲和激情。中国古代的神又何尝不是如此呢?不过他们后来经过道学家或受道学影响的人们的改造,已有些道学家气而已。

正因为文艺或多或少、这样那样总还是现实的反映,而文艺又是人的创造，创造时总难免要把自己的主观思想感情连同自己的愿望理想带进去,所以,作为流派运动看的浪漫主义和现实主义虽然古代没有,但浪漫主义和现实主义的倾向或者说因素却是古已有之的。我们的祖先尽管没有浪漫主义和现实主义这两个名词，我们却不妨说《七月》《东山》是现实主义的,而《离骚》则是浪漫主义的。问题当然不在于名词而在于实质。福楼拜曾说:“大家都同意称为‘现实主义’的一切东西都和我毫不相干，尽管他们要把我看成一个现实主义的主教。”[①]但这何伤于一切文学史都把福楼拜看成现实主义的大师呢?

要是着重问题的实质,我们就会看见,正因为文艺既是这样那样地反映现实,而又是人的创造,我们称之为浪漫主义的东西和称之为现实主义的东西便常在一个大作家身上并存而不悖。为此,一个半世纪以前，司汤达就曾提出一个著名的论断:“一切伟大作家都是他们时代的浪漫主义者。”[②]在他看来,但丁、莎士比亚、索弗克里斯、欧里庇得斯,乃至拉辛都是他们那个时代的浪漫主义者。他说:“罗马的艺

①转引自《西方美学史》下卷第731页。

②司汤达:《拉辛与莎士比亚》第63页。

术家是浪漫主义者;他们表现了他们时代的真实的东西,因此感动了他们同时代的人。”[①]不难看出,司汤达所理解的浪漫主义,不但不与现实主义对立,而且是与现实主义有许多共通之处的。高尔基说得更明确些。他说:“在谈到像巴尔扎克、屠格涅夫、托尔斯泰、果戈理、列斯科夫、契诃夫这些作家时,我们就很难完全正确地说出——他们到底是浪漫主义者还是现实主义者。在伟大的艺术家们身上,现实主义和浪漫主义好像永远是结合在一起的。”[②]这样,这两个不同时代、代表不同阶级的作家就是用不同的提法、不同的语言说出了文学史上的同一种现象。高尔基本人其实也就是这一种现象的证明:他早期的短篇小说就有些是现实主义的,有些是浪漫主义的了。如果我们在雨果的创作中发现了一些现实主义成分,那还有什么值得奇怪的呢?

还有一种误解,那就是,仿佛浪漫主义作品就不应该采用现实的题材,一采用现实的题材,这位浪漫主义作家好似就变成现实主义的了。这里,似乎又是题材在决定一切。我们不应忘记:艺术不能完全离开现实,正像人不能完全离开地球一样。库尔贝说:“艺术中的想象在乎为一个存在的东西寻找最完整的表现,但绝不想象出或创造出这个对象本身。”[③]浪漫主义者的想象既不能无中生有,也不能完全超出现实之外,如果他要以他那时代的社会生活为题材,并以此为依据来表达他所要表达的东西,这有什么不可以呢?问题不在于题材本身,而在于——这里先简言之——处理题材的态度和方式。对一个浪漫主义作家不能不容许他的创作有现实主义的某些成分,重要的是看他的主要倾向在哪一方面,他最重视的是什么。对于雨果,我们也正

①见上引书第一部分第三章。

②高尔基:《论文学》第163页。

③《欧美古典作家论现实主义和浪漫主义》(二)第176页。

该这样看。

那么,雨果的浪漫主义究竟表现在哪里?从他的作品来看,浪漫主义文学作品究竟又是怎么样的呢?这得先从雨果的文艺观点和创作思想谈起。

(二)

法国的浪漫主义起初本来是作为对以18世纪法国诗人和剧作家为范例而建立的新古典主义的陈腐戒律的反抗而出现的。紧跟着,这一运动就谴责起波瓦洛和拉辛本人的方法来了。最后,它又发展为坚决要求扩大艺术领域,鼓吹真正的诗的复兴,主张想象和感情高于理性,鼓吹个人自由。显然,这一运动正是当时政治上失意的青年人对复辟王朝的现实不满的一种反映,也可以说是一种时代的呼声。雨果当时正是这样一个青年人,他当时的文艺理论也正是充分体现了这一时代的呼声的。

因此,在雨果早期的论著中,浪漫主义这一名词只是与墨守成规的旧文艺针锋相对的当代新文学的同义语,它的涵义与我们今天所谓的浪漫主义的涵义并不一致。直至写有名的《〈克伦威尔〉序》(1827年10月),雨果仍然认为,所谓浪漫主义文学不过就是他所谓的第三文明时期的新文学。在这时期,“诗将开始像自然一样动作,在自己的作品里,把阴影掺入光明,把滑稽丑怪结合崇高优美而又不使它们相混。”雨果以为这是一种根本的差别,“这种差别把近代艺术与古代艺术、把现存的形式和死亡的形式区分了开来,或者用比较含糊但却流行的话来说,把‘浪漫主义的’文学和‘古典主义的’文学区分了开来。”①他甚至干脆说,“如果只从战斗性这一个方面来考察,那么总得

①《雨果论文学》第30—31页。

来讲，遭到这样多曲解的浪漫主义其真正的定义不过是文学上的自由主义而已”[①]。

总之，在雨果心目中，浪漫主义新文学的主要标志之一就是以自由创新来与各色古典主义的墨守成规相对抗。就是雨果在《〈克伦威尔〉序》中十分强调的对照原则，事实上也是针对当时新古典主义的文学只追求高雅，只去表现崇高伟大，把滑稽丑怪和生活中常见的平凡粗俗的事物都排斥于文学表现之外而提出来的。雨果自己用第三人称的口气强调：“他所以力争的是艺术自由，是反对体系、法典和规则的专制。他惯于盲目听从灵感的驱使，根据创作去改变模型。在艺术中，他首先规避的是教条主义。他才不会希望成为某种古典主义或浪漫主义的作家哩。这种作家根据他们的体系写作，他们头脑里只有一种形式，他们总想论证某些东西，总是遵循他们本身和天性以外的法则，不论他们的才能如何，他们矫揉造作的作品在艺术里是没有立身之地的。那是一种理论，而不是诗。”[②]这里，他所谓的“某种古典主义或浪漫主义的作家”，是指像夏多勃里昂这类作家而言的。到这时，他已和他崇拜过的夏多勃里昂分道扬镳了。因为照这时的雨果看来，夏多勃里昂那一套即使只从艺术这一角度来看，也无非又为艺术设立了一套新的框子，这正是雨果所极力反对的。他问道：“既然我们从古老的社会形式中解放出来了，那么我们为什么不从古老的诗歌形式中解放出来？”于是他得出了他的答案：“新的人民应该有新的艺术。”[③]

雨果还充分注意到文学的社会功能和作家的社会职责。虽然他曾一度认为艺术应超然于社会骚动和阶级、阶层之外，艺术要面向所

①《雨果论文学》第92页。

②《雨果论文学》第73页。

③《雨果论文学》第92页。

有的人，并把抽象的人心当作艺术的基础。[①]但这些错误的观点在他的理论体系中并不占主要地位。远在1823年，雨果在《论司各特》一文中就曾这样写过："对于一个文学家来说，自以为超越共同利益和民族需要之上，避免使自己的精神对当代人有所影响，把个人的利己生活和全社会伟大的生活隔绝起来，这是一种错误，而且是犯罪性的错误。"因此，他紧接着问道："如果诗人不献身，那么谁献身呢？"[②]到1833年，雨果就干脆宣布："剧院就是宣教台，剧院就是讲坛。"说戏剧"负有一种民族的使命、社会的使命、人类的使命。"[③]后来，在流放中，雨果的这种看法还有所发展。他在《莎士比亚论》中说："……向前进步、唤醒人民、催促人民前进、奔驰、思索、发挥意志力，所有这些都再好不过了。诗人作这样一些努力是完全值得的。"又说："诗人本来就是为了人民而存在的……所有的奴隶、被压迫者、受苦者、被骗者、不幸者、不得温饱者，都有权向诗人提出要求；诗人有一个债主，那便是人类。"[④]这时，他对诗人的要求也与以前不一样了。他说："我们一方面要求诗人置身于人群之中，并且具有翅膀能够上下飞翔，不时消失在邈远之中；但是，另一方面又必须以飞回来为条件。"[⑤]他坚持创作的是："社会的诗、人类的诗、为人民的诗，这种诗赞成善而反对恶、表白公众的愤怒、辱骂暴君、使坏蛋绝望、使不自由的人解放、使灵魂前进、使黑暗退缩……"[⑥]从这里已可看出，雨果的这种观点

①《雨果论文学》第98—100页。

②《雨果论文学》第2页，这些话显然与《〔秋叶集〕序》里面的话互相矛盾，但就雨果而言，这些话却与"艺术要面向所有的人"这一提法有共通之处。

③《雨果论文学》第107—108页。

④《雨果论文学》第201、205页。

⑤《雨果论文学》第188页。

⑥《雨果论文学》第186页。

是与一切进步的文艺观点(也包括现实主义的文艺观点)完全相通的。

我们常有这样一种误解：仿佛一个浪漫主义作家很容易思飞天外,钻艺术的牛角尖,走上“为艺术而艺术”的道路似的。当时就曾有人把“为艺术而艺术”这一口号的提出归之于雨果。为此,雨果在我们上面引用过的《莎士比亚论》一书中就曾澄清过:“在我的全部作品中,甚至在整个一生中,写得明明白白的,恰巧是与这句话完全相反的那种思想。但是这句话本身难道真的没有在本书作者的作品里出现过吗?……三十五年前的一天,在批评家与诗人争论伏尔泰的悲剧的时候,本书的作者曾经这样说过:这种悲剧根本不是悲剧;这不是人在生活,而是格言在喋喋不休。(与其如此)宁可一百次‘为艺术而艺术’！这种话语由于舌战的需要而被别人歪曲得违反他的原意了!它居然成了一句格言,就连说出它的人也没有料想到。……有人竟把它宣告为原则和公式而写在艺术的大旗上。”[①]

雨果其实是反对“为艺术而艺术”的。他说:“为艺术而艺术固然美,但是为进步而艺术则更加美。”“什么！艺术由于扩大了自己难道反而会缩小吗！不。愈是多一种用处,艺术就愈增添一种美。”“美并不因服务于广大人群的自由和进步而降低了自己。……有用于祖国或革命不会给诗歌带来任何损失。”[②]应该说,对“为艺术而艺术”的批判,正是雨果的《莎士比亚论》,也是雨果整个文艺思想中最精彩的部分之一。

尤其值得注意的是，雨果心目中的浪漫主义是决不把真实排斥在外的。浪漫主义文学就可以不讲真实、不顾事实、歪曲现实,这只是

---

①《雨果论文学》第190—191页。

②《雨果论文学》第183、185、206页。

某些反动的、消极的浪漫主义者或某些想使文学服从其个人需要及其小集团利益的政治野心家的梦想。如果他们的梦想得以实现,那不只是歪曲并侮辱了浪漫主义,实质上就是取消了文学。雨果绝不是这样。恰恰相反,他是很重视文学作品的真实性的。

雨果强调文学的真实性原则的言论很多,可以说简直贯穿于他一生的文艺活动中。1823年,雨果赞扬司各特,正因为"很少历史家像司各特这样忠实。……他为我们描绘出我们的祖先,连同他们的情欲、恶行和过失。"[①]1826年,他在《〈短曲与民谣集〉序》中指出:"诗人只应该有一个模范,那就是自然;只应该有一个领导,那就是真理。"[②]在有名的《〈克伦威尔〉序》中,雨果更明确地说:"戏剧的特点就是真实。"又说:"让我们强调一下,诗人只应该从自然和真实以及既自然又真实的灵感中得到指点。"他还认为,"可以大声疾呼说,存在于自然中的一切也存在于艺术之中"。[③]直到晚年,在《九三年》中,雨果还写道:"历史有真实性,传奇也有真实性。传奇的真实是在虚构中去反映现实。"[④]这就是说,哪怕虚构也不应该离开真实,而且其目的也是为了反映现实。

为什么雨果那样赞扬莎士比亚,把莎士比亚当作近代诗的顶点呢?这正是因为"在莎士比亚的全部作品中,既有真实的伟大,也有伟大的真实"。[⑤]"莎士比亚丰富有力、繁茂,是丰满的乳房、泡沫满溢的酒杯、盛满了的酒桶、充沛的汁液、汹涌的岩浆、成簇的嫩芽、如滂沱

---

①《雨果论文学》第1—2页。
②《雨果论文学》第91页。
③《雨果论文学》第44—45及以下各页。
④《九三年》第三部第二卷,第213页。
⑤《雨果论文学》第110页。

大雨一般浩大的生命力。”[①]换言之，莎士比亚是可以无所不有、无所不包，极尽描绘人生之能事的。

为什么雨果那样反复强调美与丑不可分割，滑稽丑怪不仅应该成为艺术模仿的对象，而且应该与崇高优美相结合呢？那正是因为，照雨果看来，现实本身就是善恶并见，美丑相傍的。所以他说：“滑稽丑怪作为崇高优美的配角和对照，要算是大自然给予艺术的最丰富的源泉。”[②]

为什么雨果特别反对“三一律”当中的地点一致、时间一致这两条呢？那也正因为“恰好就是真实否决了他们的规则”。“悲剧总是发生在过道、回廊和前厅这类公式化的场景里，是如此违背情理；而一切情节都有它特定的过程，对不同的事件竟然规定同样长短的时间，正像一个鞋匠给大小不同的脚做同样大小的鞋一样可笑。”[③]

总之，我们不难处处发现雨果对文学的真实性原则的注意和重视，可是如果我们只把他的文艺理论介绍到这里，问题就会来了：既然雨果如此重视文学的真实性，如此注意文学的社会意义，反对“为艺术而艺术”，又把他的浪漫主义文学作为新的人民的新艺术，而与旧的古典主义文艺相对抗，那么，雨果的浪漫主义与现实主义还有什么区别呢？实际上，区别还是有的，而且是本质的。这里，我们应该特别注意的是：雨果在真实以外还要求于艺术的那些东西，以及雨果又是如何理解真实、表现真实的。

1833年，雨果在《〈玛丽·都铎〉序》中明确指出，伟大和真实是戏剧最主要的要求：“通过真实充分地写出伟大，通过伟大充分地写出

---

①《雨果论文学》第162页。

②《雨果论文学》第35—37第44—48页。

③《雨果论文学》第48—52页。

真实,这就是戏剧诗人的目的。"[1]他认为:"在舞台上,有两种办法激起群众的热情,即通过伟大和通过真实。"为此,他还说:"天才所能攀登的最高峰就是同时达到伟大和真实,像莎士比亚一样,真实之中有伟大,伟大之中有真实。"至于伟大和真实这两者的关系如何呢?下面雨果又说:"这两者几乎是彼此对立的,至少是很不相同的,甚至一方的缺点倒成了对方的优点。真实的暗疾是渺小,而伟大的暗疾则是虚伪。"[2]看起来,雨果对这两者是同时要求而又平等看待的,可是事实上雨果并不是没有轻重之别。他的小说总是极度夸张、极度集中,常有不同寻常的人物和不同寻常的情景出现。这就可以证明,其实他是主要着力于通过真实去写伟大的。他要求真实,然而伟大才是最终目的。

除了伟大这一概念以外,有时雨果还用了根本思想、理想、传奇性、永久的人、永恒等术语,这里不再逐一论列。总之,万变不离其宗,雨果虽然处处强调作品的真实性，但他所侧重的还是通过具体的和历史的真实去表达、宣扬他的主观意图,不管他把这主观意图叫作什么。而且,我们知道,他的表达也不同一般,他总是力图鲜明醒目地去表现他要表达的东西,力求给人以最深刻的印象。他那有名的对照原则就是为此而提出来的。雨果有别于现实主义的浪漫主义文艺思想的重要特点就在这里。

连一般的现实主义者都并不要求照搬现实，雨果当然更不会是这样。他提出了"艺术的真实"这一概念,并且说:"艺术的真实根本不能如有些人所说的那样,是绝对的现实。艺术不可能提供原物。"那应该怎样呢？下面他又说,戏剧如果是一面反映自然的镜子的话,那么

---

①《雨果论文学》第111页。

②《雨果论文学》第110页。

它就不能是一面普通的镜子，一块刻板的平面镜，只能映照出事物暗淡、平板、忠实、但却毫无光彩的形象。“戏剧应该是一面集聚物象的镜子，非但不减弱原来的颜色和光彩，而且把它们集中起来，凝聚起来，把微光变成光彩，把光彩变成光明。”还指出，艺术所再现的事物的真实，应“使其比真正的事物更确凿、更少矛盾”，还要“用富有时代色彩的想象去填补编年史家的漏洞”。[1]这就不但为雨果的小说和戏剧中常见的夸张、巧合，各种尖锐的矛盾往往汇聚在一起的这些手法提供了理论根据，并且为主观幻想的驰骋留下了后路。这与他不只是追求真实，而是要追求真实与伟大的结合，是出自同一思想线索的。早年，雨果在论到司各特时，虽然提出过小说要与生活相像，复制品要和原型相同，但那是在选定好根本的思想、构思出表现主题的情节之后才作为一种手段提出来的；而且当司各特在细节上有时不忠于历史时，雨果还加以原谅，并且声称：“我宁愿相信小说而不愿相信历史，因为较之于历史的真实，我更喜欢道德的真实。”[2]从这里，就更可看出雨果首先重视的是作者的主观思想而不是生活真实本身。如果我们想到巴尔扎克给自己提出的任务是要当法国社会的书记，那么雨果的出发点如何与现实主义作家不同，就更清楚了。

雨果重想象、重艺术自由、重理想也是始终一致的。他在1826年写的《〈短曲与民谣集〉序》里说：“思想是一片肥沃的土地，上面的庄稼要自由地生长。”[3]这虽然主要指的是反对为体裁划定界线和范围，但也可以看出雨果重思想的自由发挥的特色。1840年，雨果在《〈光与影集〉序》中说：“诗人的两只眼睛，其一注视人类，其一注视大自

①《雨果论文学》第61—62页。

②《雨果论文学》第3—4、第6、第9—10页。

③《雨果论文学》第88页。

然。他的前一只眼叫做观察,后一只眼称为想象。""从这始终注视着这双重对象的双重目光中,诗人的脑海深处产生了单一而复杂、简单而复合的灵感,人们称之为天才。"[①]不必咬文嚼字也可以看出,雨果至少是把观察与想象并列,不分主从先后,而且是把由这两者产生的灵感当作创作的源泉的。

还可以举一个实例,当雨果写《克伦威尔》写到克伦威尔在决定举行加冕大典那天忽然改变主意,拒绝国王称号,但却缺乏文献说明其原因时,他倒庆幸说:"这样更好,诗人自由的程度就更大了,历史留下的空间对戏剧大有好处。"《克伦威尔》一剧由于太长,规模太大,登场人物太多,根本不适宜舞台演出,雨果也不在乎。他用第三人称说到他自己:"既然没有希望在舞台上演出,因此他便放纵自由,在行文结构上随兴之所至,凭自己的高兴,使剧情起伏波动,根据题材的容量尽量发挥。"[②]不只是剧本,雨果有些小说其实也是这样写的。

关于理想,雨果在《莎士比亚论》里有一段著名的话:"……人类的心灵需要理想甚于物质。""人有了物质才能生存;人有了理想才谈得上生活。你要了解生活吗? 动物生存,而人则生活。"由此,在文艺方面雨果得出的结论是:"诗是从理想中分泌出来的。……这便是为什么诗是灵魂所渴求的东西。"[③]不言而喻,这样重视理想的人会首先去宣扬他的理想,而不会首先去研究现实、表现现实,让人们从现实中去自己得出应有的结论的。

虽重视作品的真实性和现实性, 但又把自己的主观意图放在第一位,力图宣扬自己的思想和主张,强调情感和想象的作用,力图用

①《雨果论文学》第 119 页。

②《雨果论文学》第 76、79 页。

③《雨果论文学》第 169—170 页。

各种方法去打动读者，给读者以深刻的印象，并且从这里来考虑人民和时代的需要，强调文艺的社会意义和教育意义——这就是雨果有别于批判现实主义作家的地方，也是他有别于消极浪漫主义者的地方。雨果创作上的许多特色，都可以从这里得到解释。但这就需要进一步用他的创作实践来说明了。

（三）

雨果的创作基本上是实践了他的文学主张的。雨果的诗歌和戏剧之为浪漫主义作品而较少争论。（诗集《惩罚集》和《凶年集》里的某些篇章只怕要算作例外，但是什么事能没有例外呢？不然就会使一切分类都站不住脚了。）这里就只以几部小说作为我们观察、讨论的对象。

雨果出版的第一部小说是《冰岛的汉》(1823)。这部小说是怎样写出来的呢？据雨果夫人的回忆，雨果写信告诉人说，他的灵魂里充满着爱情、苦痛、青春，他不敢把这些秘密告诉旁人，只得托之于纸笔。他不是贪图进益，而是他“心中充满着激荡的波涛、辛辣的怅恨和飘忽不定的期望，需要抒发一番。”“我想写一个少女，在她身上实现诗意的想象，借此写一写被我失掉，只在遥远的将来隐约可见的那个人儿，聊以自慰。在这少女的身旁，我配上一个少年男子，他不像我实际的本人，而像我所想望的样子。”①这个少女不是别人，就是雨果未来的妻子阿黛儿·傅先。因此这本书只不过是作者主观想象的产物，就按其荒诞离奇的故事来说，也只能说与当时流行的消极浪漫主义的小说相近。雨果侧重什么已于此可见。

《布格·雅加尔》的第一稿是雨果十六岁时因为与人打赌，而在两

---

①《雨果夫人见证录》第216页。

星期内写成的，七年后又加以修改和改写。[1]这部小说处理的虽是1791年圣多明各黑奴暴动的题材，但作为情节发展中心的却是这位黑人领袖布格·雅加尔与贵族道维奈的白人新娘玛丽的爱情纠葛。一个黑人奴隶居然会那样爱上了一个专横的白人种植园主的姑娘，不但是令人难以置信的，也是削弱这个黑人领袖的形象的。整个故事充满巧合、奇遇和闹剧似的情节，尽管在对白人种植园主的揭露上、在对黑奴的同情上，多少透露出了一点民主主义者雨果的气息，艺术上也不像《冰岛的汉》那么粗糙，但整个看来，仍只能看作浪漫主义的一篇试作。

如果说这两篇小说在雨果的创作道路上也有它们的意义，那只是证明了，即使是一般意义上的浪漫主义的故事，如果主要出自主观臆想，而没有生活基础，也是难以取得成功的。

除开《巴黎圣母院》以外，雨果早期的小说作品最值得注意的是《死囚末日记》和《克洛德·格》(一译《穷汉克洛德》)。有人认为雨果到40年代以后才开始走向现实主义，或向现实主义过渡。其实，倒是这两个篇幅不长的早期的中篇小说才真正是雨果"最现实主义"(如果可以这样说的话)的作品，而这是有其原因的。

据雨果夫人的见证，《死囚末日记》是雨果在20年代里多次看到处死犯人的场面(包括一次试用断头机的预演)后的产物。犯人的惊惶万状或不以为意，看热闹的群众之毫无心肝，给雨果留下极深刻的印象，反对死刑的主张就这样形成了。[2]这一中篇就是看了一次不堪入目的死刑预演后开始动笔，于三个星期里写成的。不过到1829年2月才出版。它假托为一个死囚临刑前写的札记，而雨果就是通过死

---

①见《布格·雅加尔》1832年版序言及《雨果夫人见证录》第184—185页。

②《雨果夫人见证录》第291—293页。

囚记下的细节和他的感受来宣传他的反对死刑的主张的。为了加强本篇的概括性、代表性,对死囚的姓名、身世、他被判死刑的案由,作者都故意只字不提。在本篇中,起作用的显然是实地的观察和了解,而不是主观想象。这里,既没有任何故事情节,虚构也没有用武之地。雨果小说中常有的那些议论和插话都退居幕后, 平时那种富于排比借喻、讲究辞藻、充满警句、热情洋溢的雨果式的文体也不见了。

写于1834年的《克洛德·格》,完全是根据真人真事写成的。这事发生在1832年,雨果曾为受害人奔走呼吁,并同受害人的妹妹通过信。与雨果别的作品相比,它与其说是一篇小说,倒毋宁说是一篇报告文学。因此它写得朴实无华,甚至可以说是平铺直叙的。它只是有头有尾地把克洛德·格的故事讲出来,没有什么夸张渲染,也用不着夸张渲染。只是到故事写完以后, 雨果才情不自禁地针对那些争论"国民军的纽扣应当是白的还是黄的、'肯定'这个字眼是否比'确定'这个字眼更好一些"的议员先生们发了一通议论,进行了义正词严而又苦口婆心的谴责。可以说,这是雨果最接近我们今天所谓批判现实主义的作品了。就雨果而言,其原因就在于他并没有立意去写小说。他自己说:"我们认为必须把克洛德·格的故事详细叙述出来,因为照我们看来, 如果有一本书专门解决19世纪人民的巨大难题的话,这个故事的每一段都可以用来作它每一章的前言。"①

是否可以根据这一篇特殊的作品, 连同上面提到的《死囚末日记》,就否定雨果总的浪漫主义倾向呢?如果可以这样,我们就更完全有理由怀疑写过《狄康卡近乡夜话》和《塔拉斯·布尔巴》的果戈理是否该算批判现实主义的作家了。倒是可以这样看:雨果在这两篇作品

①以上所引,均为《克洛德·格》中的话。

里，由于特殊原因，由于服从他的社会活动的需要，他所追求的只是“真实”。别的那些他着力去写的作品，才是追求既真实而又伟大，既伟大而又真实。这两篇作品正是雨果要同时达到伟大和真实所必经的一步，他把追求真实作为追求伟大的手段，正如《冰岛的汉》和《布格·雅加尔》是他走上浪漫主义道路的开始一样。另外，这篇作品也可以作为下述这一点的有力旁证：当一位作家从事实和观察出发并以此为主时，他就倾向于现实主义；而当他虽然重视真实，但却把自己主观想象和主观意图放到第一位时，他就是倾向于浪漫主义的了。

《巴黎圣母院》完全与上述四部作品不同，它是雨果同时达到伟大和真实的极重要的一步。然而这本篇幅相当可观的书却是雨果从1830年7月到1831年1月这短短半年之间，在书商的催逼下赶写出来的，而且在开始写作时还受到七月革命的干扰。雨果虽然也搜集过一些中世纪的史料，但这部书主要是他关在书房里想出来的。他曾写信给书商戈斯兰说：“我这书并不是历史研究，至多只在描写上下了一点科学功夫而已，主要在借机一写15世纪时代的风俗民情、宗教法律、艺术文化……而且，这也不是书中重要的部分。这本书如有什么优点，是在想象、多变、幻想的方面。”[1]不妨说，在这部书里，想象是主角，而15世纪的现实则是背景、是配角。因此这本书算作雨果浪漫主义的一部代表作，是向来没有不同意见的。就在当时，这部书也以其内容的丰富——丰富的诗意、丰富的思想和戏剧性的情节而令人敬佩，这有《巴黎的秘密》的作者欧仁·苏致雨果的信为证。[2]小说中也不乏某些现实主义的描写和揭露，如写路易十一等人物和写审讯加

①《雨果夫人见证录》第344页。

②《雨果夫人见证录》第346页。

西莫多的法庭、审讯爱斯梅哈达的法庭等的那些章节，但这些都淹没在全书那磅礴的气魄、绚烂多姿的故事情节、鲜明夺目的人物形象和那些激动人心的戏剧场面当中去了。现实主义因素在这里只是作为雨果这样的浪漫主义的必要补充而配合了进去，原本用不着当作他思想上成长的佐证来看的。

继《巴黎圣母院》之后所写成的小说就是《悲惨世界》了，这本书写了十几年，等到它出版(1862)，距《巴黎圣母院》的出版已经整整有三十年之久了。按它的浩大的篇幅来说，按它所反映的社会生活面之广阔来说，按它反映了雨果对19世纪前半叶的法国社会的各种观感和对各种社会问题的看法来说，本书都不失为雨果最重要、最有代表性的杰作。这样的书被看作是现实主义的，或具有强烈的现实主义倾向的作品是可以理解的。但是，是否采用现实题材并涉及现实问题并不能作为判断作品是浪漫主义或现实主义的根据。不但按其整个风格来说，而且按其精神来说，这部书其实仍然是浪漫主义的；是它在浪漫主义里结合了现实主义的手法，而不是它在现实主义的基础上采用了浪漫主义的风格和手法。继《悲惨世界》之后陆续写成的《海上劳工》(1864—1866)和《笑面人》(1866—1868)，浪漫主义的色彩倒是更浓厚、更明显了。最后，是那部于1873年问世而又引起争论的《九三年》，尽管它写的是法国大革命那最激动人心的一年，其实仍然是浪漫主义的作品。

为什么这样说呢?

先从这些小说的主题来看。如果说，《巴黎圣母院》揭露了愚昧的、封建的中世纪的反人道性质，那么《悲惨世界》正是写的当时法国社会的反人道性质。在这里，雨果还相信，人道主义、仁爱是万能的；而革命，雨果也承认它、歌颂它，却又把它看成是人道主义在反对社会罪恶时的一种不得已的补充手段。在《九三年》里，雨果也承认革命

"这只酿酒桶里虽然沸腾着恐怖,也酝酿着进步"。革命发出"正义、信仰、自由、仁慈、理性、真理和爱"的光芒,但他还是认为"在绝对正确的革命之上还有一个绝对正确的人道主义"。"在革命之上存在着真理和正义,正如暴风雨上仍然有布满繁星的天空一样"。[①]《海上劳工》歌颂人的劳动,歌颂人对凶恶的自然界的胜利,在雨果的小说中别具一格。《笑面人》其实也是写封建宫廷和封建贵族对人的摧残,仍具有强烈的人道主义性质,而其故事本身却又带有很大的传奇性。不管是什么主题,值得注意的是:这些小说的故事情节、结构布局和人物安排无一不是围绕着作者的主观意图而设定,并且处处充分发挥作者的想象力。我们看:爱斯梅哈达不是被法庭、被克洛德神父、被那个愚昧的封建社会吃掉了吗?克洛德神父不是也被他从小服膺的宗教难以抑制的兽性置于死地吗?冉阿让不是被米里哀的仁慈所感化、终于也成了一个慈善家吗?沙威不是也终于受到冉阿让的人格的感化、结果精神崩溃而自杀了吗?残暴的、杀人成性的朗德纳克侯爵在天使般的小孩面前不是又成了救人者吗?郭文和西穆尔登不是各自以身殉其道了吗?

还有许多地方也都可以看出雨果小说的特色,而这些特色都与雨果重主观、重感情、重想象密切相关。

雨果笔下的人物往往都是些现实中不常见的走极端的性格:或者极度善良,如米里哀主教,转变后的冉阿让,以及郭文;或者极端残酷,如朗德纳克侯爵;或者顽固如石,如沙威;或者外形极端丑而灵魂又极端地美,如加西莫多;或者外形、灵魂都极端地美,如爱斯梅哈达;或者经历极端的痛苦,如芳汀、米舍尔·弗莱莎;或者从体力上和

①以上所引,均为《九三年》书中语。

精力上都是超人的英雄，如吉里雅和冉阿让，等等。就是《笑面人》里面的窝苏斯、关伯论和蒂又有哪一个是平凡的呢？而且在写这些人物时，雨果又总是通过那些重大变故或不平凡的遭遇去写，让他的人物总是经常处于感情的极度激荡之中。

雨果还十分讲究情节的紧凑和集中。各种尖锐的矛盾常常聚集在一起，有时简直成了巧合。这只要想一想爱斯梅哈达正好是在与她的生母相认以后就被刽子手送上绞刑架，发生商马弟事件的时候可怜的芳汀正要死去，阿尔马罗正好在朗德纳克最紧急的关头打开了暗门，而弗莱莎也正好在图书室起火时赶到，从火光中认出自己的三个孩子等故事情节就明白了。人物的安排又是何等紧凑、何等独具匠心啊！就从《九三年》来看吧，郭文和朗德纳克是侄孙和叔祖打仗，叔祖指挥白军，侄孙指挥蓝军，两人互相要对方的命，而且这侄孙本是孤儿，正好是在叔祖的监护下长大的。还有那西穆尔登，他曾是郭文的家庭教师，曾多次救过郭文的命，他爱郭文如子，郭文也敬之如严父……

在结构上，雨果在他这些名著中也从来不是采取一般的叙述方式，而是只着力去写一个又一个的戏剧场面，整部小说往往就是由这样一些最初好似彼此无关的戏剧场面组成，让读者自己用想象去把这些戏剧场面联系起来，作者自己并不去叙述过程、交代故事。《悲惨世界》一开始是写那位米里哀主教，然后才出现了日暮途穷、走投无路的冉阿让，这以后是芳汀的遭遇，然后又出现了成为富翁和市长的马德兰先生。《笑面人》一开始先出现的是窝苏斯的车子，然后就是一个孩子孤孤单单地出现在天已昏黑时的陡峭的海岸边上。《九三年》先出现的是索德烈森林，无依无靠的母亲和她的三个孩子，然后就是海上那神秘的船只……

这一切都是为了什么呢？这一切无非都是为了加深读者的印象，

唤起读者的想象,力图用作者自己的思想和自己的感情去感染读者。

雨果的小说为什么有那么多的铺张和炫耀，有时简直有如我们的汉赋,如《巴黎圣母院》中对巴黎圣母院的描写和从巴黎圣母院顶上鸟瞰巴黎情景的描写,《九三年》中对当时的巴黎和国民公会的描写。雨果的小说中为什么到处都有那么多离题的插话和议论?(例子触目皆是,不必举了。)雨果为什么有时还不惜采用象征性的手法?如《九三年》中载朗德纳克登陆的船上那尊脱链的大炮。至于雨果小说中常见的那些强烈的对比、有力的烘托,更是凡读雨果小说的人都注意到了、并普遍被看作是雨果特有的风格的内容,就更用不着说了。总之,这一切还不都是作者为了要尽量制造气氛、加深印象、力图用作者自己的思想感情、自己的主张去感染读者、影响读者吗？我们还可以说,甚至采用绚丽多彩、铿锵有力、富于排比对仗、充满抒情风格的语言也是为此服务的。

要是我们把雨果上述这些方面总括起来,从他创作的精神实质、从他创作的出发点来看，就更能看出雨果与现实主义作家的原则区别:司汤达、巴尔扎克、福楼拜,乃至托尔斯泰这些大师都是去表现、反映一个时代,一个社会,或起码是那一个时代那一个社会的某一方面,通过这些对现实的反映隐隐约约透露出自己的观点、看法和爱与恨。(托尔斯泰到晚年想直接说教时,不完全是这样,但他还是从现实出发的。)而雨果呢?却总是立意要宣扬自己的见解和主张,虽不想违反生活的真实,却极力放纵其想象。他的见解和主张自然也是时代赋予他的,可是他却并不是要去表现、反映他那个时代。我们都知道,冉阿让的故事和于连的故事最初都是有真实的案件为依据的，然而雨果和司汤达却写出了如此不同的两部作品。因为司汤达把他了解到的那一案件作为他研究、剖析社会的一个起点,而雨果却只是把他了解的那一案件作为他发表自己的意见的一个引子，进而大大地发挥他丰富的想象力去了。

在这里，我们还想顺便提一下，被当作浪漫主义的一个标志，即着力描写自然景物的特征，在雨果身上其实也是不适用的。雨果的小说极少去写风景，偶有一点，也是为了表明他的某种思想或为了衬托某一惊心动魄的场面。例如《九三年》中郭文受刑前那个早晨的一段描写，不过是为了表明大自然好似有意"用仙境的美丽和人间的丑恶的对比来折磨人类……人类尽管破坏、毁灭、尽管戕害生殖机能、尽管杀人；夏天仍然是夏天，百合花仍然是百合花，星星仍然是星星。"[①]就在这点上，雨果也与司汤达等人不同，他不是为了替客观现实事物提供一个现实的背景，他还是为了他的某一主观意图而下笔。

浪漫主义，雨果的浪漫主义与现实主义的本质区别早已为雨果的同胞——法国的好多作家、评论家注意到了。例如布吕纳吉耶尔就曾指出，像巴尔扎克的作品的那样的小说，多少总是关于时代精神的资料，是时代的见证、旁证，他的描写并不单独存在，并不为自己存在；而雨果这样的浪漫派的作家的描写，则本身就是自己存在的理由和目的，也即随兴之所至，随自己主观意图的需要而尽情发挥。[②]所以，雨果的小说总有那么多的插笔和议论，因为他注重对自己思想的阐释和发挥，更甚于反映客观现实。佐拉也曾指出，雨果、大仲马、欧仁·苏这些作家都很有想象力，在《巴黎圣母院》中就想象出了充满情趣的人物和故事，可是巴尔扎克和司汤达却是去描绘他们的时代，想象再不是小说家最主要的品质了。[③]莫泊桑、福楼拜等人也发表过类似的见解。仔细去研究这些，既注意到浪漫主义与现实主义的本质的

---

①《九三年》第 446 页。

②《欧美古典作家论现实主义和浪漫主义》(二)第 228 页

③《欧美古典作家论现实主义和浪漫主义》(二)第 215—216 页。

区别，又注意到二者的联系和结合，这对我们文艺理论和文学创作的发展都会是很有意义的。

1982年12月初稿，1984年5月修改。

（原载于《西北师院学报》1984年第3期）

人道主义与雨果
——纪念雨果逝世一百周年

未来属于伏尔泰而不属于克虏伯,未来属于书籍而不属于利剑,未来属于生,而不属于死。

——维克多·雨果

雨果离开我们这个世界已整整一百年了。世界上,只有极少数文化名人的声音,可以跨越国界、跨越整个的世纪而仍然传播在人民中间,雨果正是这样的文化名人之一。一百多年来,雨果的书用各种文字一版再版。在他的祖国——法国,据调查,直至现在,他的名字仍常被广大读者列为"法国历史上最伟大的十名作家"之首,而在对调查进行抽样分析当中,二十五岁以下的青年人、五十岁以上的老年人和大学教授们,更是都把雨果放在包括巴尔扎克、莫里哀等人在内的十大作家的第一位。[①]这就表明,雨果不但同时为青年人和老年人所理解,而且他的"首席地位"也是得到专家学者的承认的。

为什么雨果的作品至今仍这样大受欢迎呢?这很难只从雨果的艺术造诣去加以解释。诚然,雨果的浪漫主义艺术自有其独到之处:他不粉饰现实,倒力求真实;他总是尽力写得鲜明触目,尽力给人以最深刻的印象,他的语言又是如此绚丽多彩、铿锵有力,如此富于激

①见《世界文学》1983年第1期第12—313页。

情和诗意——这些,都为他赢得了许多读者。但是,正因为他是一位伟大的、积极的浪漫主义作家,他又总是要通过他的艺术去宣扬他的主观意图,宣传他的思想,而且终身都是如此。[①]这种思想不是别的,要一言以蔽之,那就是人道主义。

雨果的人道主义精神不但贯串于他的全部文艺作品中,贯穿于他的政论、演说、书简中,而且见之于他的行动。远在1818年或1819年夏天,雨果在巴黎看见对一个犯了所谓"仆役盗窃"罪的年轻妇女当众施行残酷的烙刑,十六岁的雨果就下决心"要永远和法律的恶劣行为作斗争"了。[②]为此,雨果于20年代末写成《死囚末日记》。1832年,雨果又为因不堪工场场长的冷酷和折磨而杀死场长的囚犯克洛德·格多方奔走,并通过陪审团向国王请求过特赦。在被迫流亡国外时期,雨果也仍关心着世界各地的一切正义事业:他为克里特革命领导人之一福路朗被希腊当局判死刑而提出抗议,为被捕的美国黑人领袖约翰·布朗呼吁。他支持墨西哥人民反抗法国殖民军的战斗,以致墨西哥人在报上说:"最好的法兰西和我们在一起。你们有拿破仑,我们有维克多·雨果。"他还为意大利革命领袖募集基金,赞助西班牙人建立共和国的奋斗。英法联军在远东、在我们中国的暴行也受到雨果义正词严的谴责:他把掠夺中国、焚毁圆明园的英法联军称为强盗。[③]雨果并不能真正理解巴黎公社,但他同情巴黎公社、营救巴黎公社社员却是众所周知的,所以巴黎公社社员墙的墙角上仍然刻着雨果在巴黎公社成立时的名言:"公社的信条——巴黎的信条,迟早一定会胜利。"到晚年,雨果其实自己也看出他的人道主义理想还不能

---

①参见拙作:《从雨果看浪漫主义》,载《西北师院学报》1984年第3期。

②见雨果1991年从盖纳西岛致京人的信。

③见《雨果谈中国的一封信》,载《光明日报》1962年3月29日。

实现时,他仍然借郭文的嘴说:“每一个世纪都有它的使命。这一个世纪完成的是公民工作,下一个世纪完成的是人道工作。”①

诚然,雨果也有过他的动摇和迷惘,但他从自己奉行的人道主义精神出发,他总是同情人民,站在人民这边。正因为标榜人道主义的资本主义社会,不管是19世纪或是现代,实际上都如此缺乏人道主义精神,所以雨果的书至今仍然拥有广大的读者就不足为奇了。正因为如此,当我们要纪念雨果、力求正确地认识雨果、评价雨果的时候,就无法避开如何认识19世纪的人道主义和雨果的人道主义这个问题了。

(一)

各种思潮都是一定时代的产物,都有它自己的针对性,也都随着时代的演变而演变。它的鼓吹者又往往因为他所处的环境、他自己的立场、观点和他的遭遇而给它加上自己的色彩。人道主义的思想也正是这样。

今天译为人道主义的拉丁文 Humanismus 一词起源于文艺复兴时期。它原指以希腊文、拉丁文及希腊文、拉丁文著作为研究对象的人文学科(Studia Humana),一开始就与所谓神学科(Studia Divina)针锋相对,是针对神学在中世纪的统治而提出来的。文艺复兴时期要标榜古希腊罗马文化也相应有其历史的、社会的原因。当时,刚登上历史舞台的市民阶级还没有自己的思想武器,也不可能建立自己的完整的理论体系,只好借助于古代,而古代文化中最完整、最丰富、也最具有异教精神的文化就是古希腊罗马的文化。

①《九三年》第440页。

随着市民阶级的觉醒,也即所谓“人的发现”“人的觉醒”,人道主义很快就有了新的内容,也就是以人为中心的精神,反僧侣主义和禁欲主义、反蒙昧主义和神秘主义的精神。在这个意义上,Humanismus一词常被译为人文主义或人本主义,它在当时的进步意义是勿庸置疑的。那时提倡人性,是为了反对神性、神权,提倡人权,总之,是为了肯定现世生活,其本质是反宗教的,是为了把人从宗教的羁绊下解放出来,为市民阶级的兴起和发展服务的。

中国近代资产阶级在反封建的斗争中也运用了人道主义这一武器。他们针对封建专制而要求恢复人的尊严,提出了自由、平等、博爱的口号和建立民主共和国的口号。当然,他们所谓的“人的尊严”,其实主要是有产者的尊严,他们所谓的民主共和国其实只是资产阶级共和国。但是,那时,他们的利益还有与广大人民群众一致的地方,他们还不得不以广大人民群众为后盾,把人民群众划在自己的阵线之内。因此他们的斗争及其口号的进步意义也是不容否认的,甚至在今天也还有一定的意义。

从人道主义的来源来看,正因为人道主义是伴随着市民意识的觉醒而出现的,并随着资产阶级的成长壮大而取得了更多的内容和更大的声势,所以我们说人道主义是资产阶级的意识形态,而且也正是在这个意义上采用这一命题。如果一讲人道主义,不分青红皂白,就认为都是资产阶级的,那就大大违反我们的原意了。

任何思想意识形态上的问题都不能采取简单的“一刀切”的办法。难道凡是资产阶级所创造或提出的东西(这里主要指文化方面),就都应该完全排斥么?列宁讲得好:“无产阶级文化并不是从天上掉下来的,也不是那些自命为无产阶级文化专家的人杜撰出来的,如果认为是这样,那完全是胡说。无产阶级文化应当是人类在资本主义社会、地主社会和官僚社会压迫下创造出来的全部知识合乎规律的发展。”[①]这是我们大家都熟知的一段话，可是在论到具体问题时常常被我们忘记了。

我们还不应忘记：在资产阶级掌握了政权以后，许多我们划归于资产阶级的作家，虽然只能从他们的人道主义出发，却揭露、批判了资本主义社会的各种弊端，有的作品其揭露之深刻及其动人的艺术力量，有时是我们今天也很难赶上的。他们虽然未能从根本上动摇资本主义制度，但他们却使读者对资本主义社会的“美妙”及资本主义秩序的永恒性产生了怀疑，并揭穿了在资本主义制度下广大人民似乎已生活得很好，似乎真已得到自由，似乎已能享有充分的民主等神话。他们的作品对成了统治阶级的资产阶级不利，而对人民则是有好处的。19世纪许多卓越的古典作家都是这样，许多近代的欧美进步作家也是这样。雨果正是这种卓越的古典作家之一。

问题不在于该讲不该讲人道主义，而在于应该怎样讲人道主义。

我们不能把“人”字号的东西——人道、人性、人情、人的尊严、人的价值等等都斥为资产阶级的东西，或者轻率地加以谴责，或者避而不谈。因为我们不讲，别人还是要讲。西方有些别有用心或心存偏见的人不是正为此而在钻我们的空子，说我们“不讲人道”“反人道”么？连萨特这样的人也写了名为《存在主义是一种人道主义》的小册子，在其中宣扬“一个简单的绝对真理——人能够直接感到自己”，并说“只有这种理论配得上人的尊严，所有唯物主义者都是把人当作物的”。[②]这就更值得我们注意了。但是，我们不能从一个极端走向另一个极端。我们必须反对像西方那些“理论家”（包括所谓西方马克思主

①列宁：《青年团的任务》，《列宁选集》第四卷第348页。

②《外国文艺》1980年第5期译载有《存在主义是一种人道主义》一文。此处所引见该期第134页。

义者在内)那样,抽象地去谈人道主义,乃至把共产主义当作抽象的人性要求或者爱的原则的实现来看,以所谓“人”的名义去反对为社会发展理论提供科学基础的历史唯物主义, 用人道主义去顶替、“补充”、篡改马克思主义,为此,甚至不惜制造出“两个马克思”,用早年的马克思去反对成熟的马克思。这个极端就未免走得太远了。

什么是共产主义? 恩格斯于1847年就曾提出过一个简明的回答:“共产主义是关于无产阶级解放的条件的学说。”[①]“把共产主义变成关于爱的呓语”[②]或什么“人性的复归”,这是绝对不行的。而“人”呢? “人”在任何时候都不可能是脱离社会的孤立存在。马克思也于1817年就已明确指出:“人们的政治关系同人们在其中相处的一切关系一样,自然也是社会的、公共的关系。因此,凡是有关人与人的相互关系问题都是社会问题。”[③]人道主义的问题其实也是一个社会问题。马克思并不是不重视人的研究, 但他决不从抽象的人或人道主义出发,相反,倒是从客观历史的发展条件来说明人本身。马克思主义的三个组成部分都是如此。

从客观历史的发展条件来说明人本身和人的解放问题, 还是从抽象的人出发,从主体、主观出发去说明社会历史的发展问题,这正是历史唯物主义与历史唯心主义的原则区别所在。下面我们就会看到, 雨果的人道主义与同时诞生的马克思主义的根本分歧也就在这里,尽管雨果曾自命为社会主义者。

---

①见《共产主义原理》,《马克思恩格斯选集》第一卷第210页。

②这是马克思恩格斯所著《反克利盖的通告》中的一个标题,该文写于1846年。

③见《道德化的批判与批判化的道德》,载《马克思恩格斯选集》第一卷第173页。

人道主义究竟能在多大的范围内起作用？它究竟有多大力量？我们对这些问题的看法也是和过去的人道主义者（包括雨果在内）有很大区别的。像雨果这样的人都喜欢抬高人道主义，夸大人道主义的威力，但是，我们要问：资产阶级讲人道主义、讲自由、平等、博爱，讲了几百年了，到今天，在资本主义国家，究竟结果如何呢？这些漂亮的口号兑现了没有？这是连比较严肃、比较实事求是的资产阶级思想家也不敢作肯定回答的。当然，那些挂羊头、卖狗肉，假人道主义之名来攻击社会主义的人是例外。他们可以把他们的社会吹嘘为“自由世界”“人道乐土”，但他们不过是垄断资本家的代言人，其实根本没有资格谈什么人道主义的，因为他们的后台老板所干的常常正是反人道主义的勾当。如果我们队伍中的某些人道主义宣传家现在仍想用人道主义去解决尖锐复杂的社会问题，用人道主义去解释一切，按严格的意义来讲，这其实是一种大倒退：从科学社会主义倒退到空想社会主义，从历史唯物主义倒退到历史唯心主义。因为19世纪初的空想社会主义者早就这么做过了，而且我们不妨把雨果也包括在内。雨果自然谈不上什么倒退到空想社会主义，可他在马克思主义旁边也不能接受马克思主义、接受历史唯物主义。

还有个问题是：究竟有没有亘古不变、放之四海而皆准的人道主义？在这个问题上，我们与包括雨果在内的旧时代的人道主义者又是有不同意见的。

有人查阅了苏联的、英国的、美国的大百科全书，看出这些大百科全书对人道主义一词的解释都大同小异，都是把人道主义当作以“人的尊严”“人的价值”“人的利益或幸福”“人的发展或自由”为主旨的观念或思想。也有人更简洁地回答：广义的人道主义就是要把人当作人来看待。这些解释看来都是动人的，很有吸引力的，然而，问题恰恰在于：不同社会、不同阶级、甚至不同阶层的人对“人的价值”一类的概念的理解就是不同的，对怎样才算把人当作人来看待这一问题的回答也大有区别。例如，资产阶级和无产阶级对雇佣劳动的看法就截然相反。无产阶级认为这是剥削；而资产阶级则把它看成天经地义、理所当然的事。既然如此，我们怎么还能把“人的价值”这一类概念看作一切社会、一切时代所共有的概念而永恒不变呢？甚至连存在主义者萨特也反对对人作抽象的总的估价。他讥笑说：“人们可以把人道主义理解为一种学说，主张人本身就是目的而且是最高价值……这就是认为我们可以根据某些人的最出色的行为肯定人的价值。这种人道主义是荒谬的，因为只有狗或者马有资格对人作出这种总估价，并且宣称人是了不起的，而它们从来没有作出这种总估价的傻事。”①

不管是在过去或现在，人道主义本身总是具体的，在不同阶级不同的人那里总是有其特定内容的。我们可以有雨果的人道主义、托尔斯泰的人道主义、高尔基的人道主义，或某特定时代、某特定地区的人道主义，却不可能有超越时空的人道主义。但如果从人民群众的角度出发，赋予“人的价值”以具体的社会内容，那么，“人的价值”这一类概念就是可以接受的了。认为无产阶级和劳动人民就不能讲“人的价值”“人的尊严”等等，就像认为无产阶级和劳动人民就不知道爱美一样荒谬。在这里，采用简单的贴标签的办法也是行不通的。不是无产阶级的就是资产阶级的；不是属于自己人的就是属于敌人的——用这种形而上学的“非此即彼”论来解决错综复杂的思想意识形态方面的问题倒是像快刀斩乱麻一样痛快，然而这样一来，就不免使有些还可以有用的麻丝也成为麻屑而报废了。同样的道理，我们对雨果的人

①见《存在主义是一种人道主义》，《外国文艺》1980年第5期第142页。

道主义也不能用快刀斩乱麻的办法来对待，既不能简单地加以肯定或赞扬，也不能简单地加以否定或排斥。

（二）

为此，我们首先必须注意到充斥于雨果的思想中的那些矛盾。雨果有许多矛盾是不足为奇的，因为雨果是生活于 19 世纪法兰西的现实的人。他是法国许多历史事件的见证人，这些事件包括拿破仑帝国的崩溃、波旁王朝的复辟、1848 年巴黎无产阶级的六月起义、路易·波拿巴的政变，直到普法战争和巴黎公社。他的父亲是拿破仑的追随者，他的母亲却是保王党；他自己就是由保王党而转向共和党的。他做过议员，当过法兰西学院的院士，而又曾流亡在国外十九年。我们怎么能希望他像一张白纸或一张红纸那样单纯呢？

雨果对政治活动和社会活动向来有热情。

1833 年他就曾在《留克莱斯·波日雅》的序文中宣称：他要同时进行政治斗争和文学创作。但是，当他的信念发生变化的时候，正如他自己所言，他要听从的只是“自己的良心”（见《秋叶集》序），而且他十分强调诗人应该平静、独立、公正，“他不应该投入到事件的漩涡中去，他应该超出于骚动混乱之上，屹然不动，谨慎严肃而又充满善意。”“他要向三色旗致敬而又不侮辱百合花；他对一切都应该关怀注意，真挚诚实，公正不阿……在思想里始终保持这个严肃的目标：属于一切党派的好的方面，而不属于它们的坏的方面。”[①]这就是说，雨果是想当中间派的，而中间派的特点，在政治上其实就是不坚定和易动摇。在《光影集》的序文中，他要求诗人应“没有任何约束，没有任何

①见《心声集》序，载《雨果论文学》第 115—116 页。三色旗是法兰西共和国的国旗，而百合花则是波旁王室的象征。

牵连”。虽然他要诗人“同情穷苦的人,厌恶损人利己者,热爱为人群服务的人,可怜受苦受难者”。但又要诗人“爱人民但不仇恨国王。……以由衷之情和平静的眼光,在恰当的时候以朋友的身份去看望草地上的春天、探望卢浮宫中的王子和监狱里的犯人”。[①]这就把他这种立场表现得更明显了。我们可以不必怀疑雨果的真诚,问题是,在尖锐的斗争中,要像他说的那样做,事实上是不可能的。

雨果在巴黎公社时期的立场,基本上也是这样。他一方面向朋友说:“巴黎成立公社的权利是无可辩驳的。”但他又要斗争的双方停止报复,呼吁要公道,要对全体公平,不要生气,说什么“不和气就不公道”。然而,雨果毕竟是真正同情、支持劳动人民的人道主义者,所以,一到巴黎公社失败,反动派对公社社员进行大规模的屠杀和镇压时,雨果就立刻起来为营救他们而奔走、呼吁、斗争了。他一面哀悼、歌颂,一面谴责、申斥,把自己在布鲁塞尔的住宅也提供出来作为亡命的公社社员的避难所。

毋庸置疑,雨果是热爱人民的。他痛恨财富分配失当引向两个极端:“丑恶不堪的豪华和丑恶不堪的痛苦。”[②]远在1834年,雨果就曾在《克洛德·格》这篇小说的后面呼吁:“人民在挨饿,人民在受冻……可怜可怜这些人民吧!”在雨果的《莎士比亚论》中,我们还可以看出,他是相信人民的,认为人民有一颗伟大的心灵,人民身上有无穷的潜力,甚至认识到历史的主角是人民。可是,人民的“粗野”和“堕落”又往往使雨果担心。他说:“堕落的人都带有一种内在的野性,他们中间的每个人似乎都是某一种野兽和人的混合。”所以他特别强调教育,

---

①同上书第119—120页。

②见《悲惨世界》第1034页。

要“尽一切努力启发那些不幸的人的头脑,使里面蕴藏着的智慧得以发展”。为此他不惜乞灵于宗教。呼吁“在所有的村庄里传播福音吧,每家农户要有一本《圣经》。”(均见《克洛德·格》)显然,在同人民的关系上他还不是参加人民的斗争行列,成为它的一员,而往往是以教育者的身份出现的。就在那本《莎士比亚论》里,他就把剧院里的群众比作“诗人即将加以揉捏的柔软的面团”。而且还说:“未来的革命都要包括融合在‘免费义务教育’这句话里。”

就雨果自己来说,他确实是想为人民说话的。他曾借笑面人关伯仑的嘴说:“百姓是沉默。我要做这个沉默的伟大的律师。我要替哑巴说话。我要对大人先生们谈谈小百姓,对强者谈谈弱者……我要传达群众的叫声、吼声、呻吟和怨恨,我要传达他们措辞不得体的控诉、晦涩难懂的话, 以及由于无知和痛苦而变成野兽的人类的叫声……我要去救他们。我要替他们控告。我要做百姓的喉舌。”[①]这些话是讲得很动人、很有力的。在这里,我们也不怀疑雨果的真诚。然而,我们又不能不想起,雨果曾强调过,艺术“面向的是人,所有的人”。“人心是艺术的基础。”(见《秋叶集》序)即使在《莎士比亚论》里,雨果已更明确地肯定了诗人的职责“便是要为人民发出呼声”。肯定了“有用于祖国和革命不会给诗歌带来任何损失”。他还要谈什么“作为理性结果的灵魂活动”。说诗人“具有双重的职责,个人的职责和公众的职责。正是因为这个原因,他需要有两个灵魂”。字里行间仍然流露出了一些过去的痕迹。

雨果对革命(这当然是指反对专制、争取共和制的资产阶级性质的革命)的态度尤其值得人注意。

---

①《笑面人》第668—669页。

还处于保王党的影响之下的青少年时期的雨果可以再不必去管他了。中年以后，特别是被迫流亡国外以后，雨果对法国大革命就始终是肯定的、赞扬的。在《莎士比亚论》中，他曾说："由于1789年，人类的队伍来到了更高的境界，天地也更为开阔了，艺术有更多的事可做，这便是实际情形。"而且他懂得，"我们还没有达到目的"，"不能打瞌睡"，"不要期待专制者赐给自由。一切被奴役的国家，你们自己解放自己吧。用你们自己的手去争取未来吧，不要妄想你们的锁链会自动变成自由的钥匙。"[①]在《悲惨世界》第一部第一卷中，雨果则让那位国民公会代表G说出了类似的赞扬的话："正义的愤怒是一种进步的因素。没有关系，无论世人怎样说，法兰西革命是从基督出世以来人类向前走的最得力的一步……法兰西的革命，是人类无上的光荣。"这位代表还说："法国革命自有它的理论根据。它的愤怒在未来的岁月中会被人谅解的。它的成果便是一个改进了的世界。从它的极猛烈的鞭挞中间，产生出一种对人类的爱抚。"而在《悲惨世界》第四部中，雨果又让马吕斯在思想斗争中涌现出这样的思想："战争只有非正义的与正义的之分……仅仅是在用以扼杀人权、进步、理智、文明、真理的时候，战争才是耻辱，剑也才是凶器……有些时候，抗议是不中用的；哲学谈了之后，还得有行动。理论开路，暴力完工。"这种见解（当然也就是雨果本人的见解），在当时是很了不起的。在《九三年》的"国民公会"那一卷中，雨果就自己直接出面来对法国大革命及其产物加以评价了："这个从革命产生出来的议会，自身也在那里制造文明……在这只酿酒桶里虽然沸腾着恐怖，也酝酿着进步。"这自然也是很值得重视的见解。

---

①见《雨果论文学》第197—199页。

问题在于：就在雨果这些光辉的思想的旁边或背后，又总是这样那样地伴随着一点另外的东西。例如，雨果在说到国民公会从混乱的暗影和骚动的云层中，“射出符合神的意旨的灿烂的光芒”时，紧接着便说：“这些光芒就是正义、信仰、自由、仁慈、理性、真理和爱。”下面，在历数了国民公会所取得的各项成绩之后，他又特别提到国民公会所颁布的一万一千多条法令中，三分之二是有关全人类的，“它宣布普遍的道德是社会的基础，普遍的良心是法律的基础。”还提到“奴隶制度的废除、博爱精神的提倡，人道的保障，人类良心的矫正”等。在《悲惨世界》的第四部第十二卷的最后一章里，他又让代表革命逻辑的安灼拉也讲出了这样的话：“魔鬼既已不存在，也就不用除魔天使了。到将来，谁也不再杀害谁，大地上阳光灿烂，人类只知道爱。这一天是一定会来到的。公民们，到那时候，处处都是友爱、和谐、光明、欢乐和生机，这一天是一定会来到的。也正是为了促使它早日到来，我们才去死。”从这些地方就可以看出，雨果所重视的还是那些抽象的原则——那些符合他的人道主义精神的原则：良心、道德、友爱、和谐等诸如此类的观念。

与此有关的是，雨果虽然曾多次肯定过革命的暴力，但他又多多少少对革命的暴力心怀疑虑。青年时期，雨果在他的第一部小说里曾借贵族军官道维奈的嘴问过起义的黑奴领袖比阿苏：“难道我们前进的足迹永远应该是一道血或火的遗迹吗？”[1]这样的疑虑事实上到他的晚年也没有完全消失。在《九三年》里，当雨果讲到西穆尔登参加了“主教宫社”（这个团体是由于公众对暴力的需要而产生的）时，他仿佛顺便提到：“这种暴力的需要正是革命的可怕和神秘的一面。”雨果

①《布格·雅加尔》第134页。

也认定旺岱的叛变是错误的、不幸的,予以谴责。但他又把革命的巴黎和反革命的旺岱之间所进行的这场生死搏斗说成是“野蛮对付兽性”。[①]他还认为,“革命是‘不可知神’的行动”,它也是一种“共同的意志”,“这个意志是全体共有的,不是任何人所独有的”,“动力是从天上来的”,“说革命是人类造成的,就等于说潮汐是波浪造成的一样错误”。[②]这不更表明了雨果在革命前又感到茫然失措的心情吗?

于是革命与人道主义的关系问题就摆在雨果面前了。我们随后就会看见,雨果往往把革命与人道主义对立起来,并且是想让后者战胜前者来解决问题的。这就与雨果总是抽象地讲人和人性有关,也与他对人道主义的理解和人道主义在他心目中的地位有关了。

(三)

像我们的孟子一样,雨果也认为人生来本是善良的、纯洁的。“人性不是别的,只是一颗赤子之心。”为什么这样呢?很简单,因为人本来是一样的。他说:“人类,便是同类。所有的人都是同一块黏土……从前,同样的一个影子;现在,同样的一个肉体;将来,同样的一撮灰。”[③]人之所以不同只在于我们还是唤醒他的与生俱来的赤子之心呢,还是给他的心掺上了无知和黑暗。“慈悲心是人类共同生活的残余,一切人的心里都有,连心肠最硬的人也有”[④]。一旦它被唤醒就可以创造奇迹。正是那眼见自己的三个孩子要葬身火海的母亲的可怕喊声唤醒了朗德纳克的慈悲心,这个凶猛的心灵才被打败了。于是,

①见《九三年》第三部第一卷。

②同上,第200页。

③《悲惨世界》第三部第890页。

④《九三年》第406页。

一个英雄从这个魔鬼身上跳了出来，杀人者成了救人者。用雨果的话来说，这就是“人道战胜了这个人。人道战胜了不人道”。①人道在雨果的心目中就是这样产生的，并具有这么大的力量，所以在《悲惨世界》第四部第七卷里，他还曾这样说：“一种天地合成的力量产生于人道并统治着人类；那种力量是创造奇迹的能手；对它来说，巧妙地排除困难并不比安排剧情的非常转变更棘手些。”

雨果的人道主义就是从这里出发的。而在需要引导时，雨果当然也只能依靠另一个抽象的原则：良心。并且认为一个人只应该听从自己的良心。这在雨果的书中是屡见不鲜的。

正是从这里出发，雨果得出了人应该互相尊重，人应该互相宽恕，人应该知道自己的价值，人应该彼此相爱，人也应该公正、自由等等一系列结论。因为如果不是这样，人便不成其为人了。这类言论散见于雨果的各种著作中，他的艺术作品也不啻是这类思想的具体的、形象的旁证。例如，他在《莎士比亚论》第五卷里曾说：“生活，就是知道自己的价值，自己所能做的与自己所应该做到的。”在《悲惨世界》第一部第七卷里，他还借正处于决定是否放弃市长身份去自首的剧烈思想斗争中的冉·阿让的嘴说：“最高的圣德，便是为旁人着想。”

雨果的这些抽象的原则当然是不可能实现的，也不可能如雨果所想象的，一厢情愿的那样：能够发出统治人类、改造人类社会的威力。但是，作为社会活动家的雨果并不甘心只是讲一讲而已，于是他便用他的人道主义来批判、揭露他所处的社会，并向这个社会斗争了，因为他所处的那个社会显然是处处违反他的人道主义原则的。

他谴责残暴的统治阶级及其法庭、法律；躲在宫廷、藏在洞穴里

---

①例如，在《秋叶集》的序言里，在《海上劳工》第一部里，雨果部讲过这样的话。

的帝王一身鲜血；贵族把他们的幸福建立在别人的痛苦上，法律则是专门用来对付因贫穷和饥饿而犯罪甚至没有犯罪的不幸的人的。而法庭呢，在《巴黎圣母院》一书中，审讯加西莫多的检察官是个聋子，但为了显得威严而公正，他还要把头往后仰，半闭着眼睛，这样就正好既聋且瞎。雨果写道，"这倒是完满的审判所不能缺少的两件事"。审判爱斯梅拉尔达时，真正的罪犯倒坐在审判席上；法官们只要看到罪犯被绞死就满意了，他们根本不必去仔细研究究竟是谁刺了法比一刀，而且连法比是否死了也不管。他们只是不耐烦地等着对爱斯梅拉尔达用刑，然后就为审判快要结束，很快就能退庭去用晚餐而高兴。这只是一个例子。这个例子不禁让我们想起老托尔斯泰的《复活》。雨果的揭露也许不如托尔斯泰那样彻底而深刻，那样剖析入微，但他凭他那支饱含激情和愤怒的笔，那样有力的警句，时而杂以嬉笑怒骂，仍能给人以极深刻的印象。情节集中，矛盾尖锐，也有助于他的小说去震撼人心。虽然他所勾勒出来的生活画面不是那么真切，有时只是写意画，还夹杂着作者的议论和主观感受，但是他的笔还是涉及了生活的各个方面，从而提出了许多社会问题，从宫廷到街垒，从修道院到黑社会。

雨果也实践了他要做人民的喉舌的誓言。我们看见，他尽管偶然会发出不正确的声音，但他确实时时都在为(有的地方不妨说他是在想为)受苦受难的老百姓、为处在灾难深渊的不幸者说话。为饥饿而"犯罪"，受尽折磨，家破人亡；母爱与失去孩子的痛苦——这都是人道主义者的雨果心爱的题材。前者见于《克洛德·格》和《悲惨世界》；后者见于《巴黎圣母院》和《九三年》。

正是以上这些表现构成了雨果的人道主义的积极方面。雨果之所以至今仍受到广大人民群众热爱的原因在这里。他之所以成为一个伟大的作家的原因也在这里。

可是我们不能不注意到，雨果在人道主义上毕竟也走得太远了。人道主义，对雨果来说，不仅是最高的道德伦理原则，简直就是一切，简直是永远不变的属于天上的东西。“事变是能够变化的，正义是永远不变的。”“在地上的斗争进行着的时候，同时发生了天上的斗争。”雨果说，“那就是善和恶的斗争”。[①]斗争既是天上的，也就是人力所不能支配的，于是我们看见就真的出现了“奇迹”：残暴成性的敌人朗德纳克居然会放弃他的生命和他那可恶的计划去救他本来不屑一顾的三个孩子。这我们前面已提到过了，但这只是一个例子。同样的奇迹在雨果的书里面还多着呢。在《悲惨世界》里我们看见：那个冷酷、自信、忠于他的职务到了极点，简直成了迫害穷人的法律化身的沙威不是终于也受到成了人道化身的冉·阿让的感化而放弃了他的职责，最后自己以身殉职（自杀）了吗？在《巴黎圣母院》里我们看见：爱斯梅拉尔达在即将被抓上绞架之前与她的母亲说起话来，居然感动得军警队长周围的那些人在拭着眼泪，而这些人“本来是连人肉也敢吃的”；还有那个刽子手，在把这两母女拖到绞架下面时便止步了，他也动了心，几乎不能呼吸了……而在《九三年》里的那个作为正义化身的西穆尔登呢，他最后与其说是自杀，倒不如说也是被人道主义击倒的——这个硬汉子被他内在的柔肠和郭文的人道主义精神，以及两人间那种师生又似父子之情征服了、打败了，所以这位本来极端忠于革命、忠于职守的政委才会放弃他的工作岗位和他的部队。

在雨果看来，人道主义可以而且应该战胜一切。他已经把人道主义拔得这么高，但他的人道主义又不能不与另一种他不能避开而且有时还加以肯定的力量——革命——相遇。他是怎样处理这一对矛盾的呢？

---

①《九三年》第397、398页

人道主义与革命的矛盾在雨果的书中常常表现为良心与责任的矛盾，感情与理智的矛盾。这两者的对立关系，用雨果的话来说，就是："理论是一种说法，感情又是一种说法，两种说法是互相矛盾的。逻辑只是理智，感情往往是良心；前者是从人类本身来的，后者是从天上来的。"[①]换言之，人道主义——慈悲心，即人道主义在人身上的重要表现——是与人的天性符合的，因此它总是胜利者。从另一个角度来看，革命与人道主义的关系，照雨果看来，不过是手段和目的关系：革命，有时候是必要的步骤、必要的手段，正是在这个意义上雨果承认它，肯定它；而人道主义才是目的。所以雨果借郭文的沉思来一问一答："革命的目的难道是要破坏人的天性吗？革命难道是破坏家庭，为了使人道窒息吗？绝不是的。1789 年的出现，正是为了肯定这些崇高的现实，而不是为了否定它们。"[②]

目的自然比手段重要。于是雨果得到了他的结论，一个"更高级的绝对正确性"出现了："在绝对正确的革命之上，还有一个绝对正确的人道主义。"或者换一个说法："在革命之上存在着真理和正义，正如暴风雨之上仍然有布满繁星的天空一样。"[③]

这种论断显然无论在理论上或在实践上都是有害的。理论上有害：因为它事实上是把抽象的人心、人性放在第一位，是唯心的；实践上有害：因为它会削弱人民的革命斗争精神，束缚人民的手脚。这是把本来只应作为特定场合人的行为准则的人道主义扩展到了严肃的社会斗争上去的必然结果。而且人道主义难道真是与革命是对立的吗？革命的目的难道就只是为了实现人道主义吗？如果我们真照着雨

①同上第 409 页。

②同上第 404 页。

③以上所引，分别见《九三年》第 397 页和第 201 页。

果说的那样做，势必就会把共产主义的远大前程化为空想社会主义者的乌托邦,把革命变成改良,仍然维持旧统治阶级的统治;如果我们把革命和人道主义对立起来是因为要把人道主义的伦理原则也当作资产阶级的货色而一脚踢开,那就会造成混乱,使许多人受难。人道主义也应如其他道德规范一样有它的继承性。但继承并不是照搬,尤其不能照搬雨果这样的人道主义。

我们也还应对雨果公平些。雨果在解决人道主义与革命的关系这个难题时,他并不是很坚决的,而是自己也处于矛盾之中,并有犹豫、有思想斗争的。因此他在《九三年》里得有个西穆尔登来与郭文辩论,不能让郭文单独成为主角;在《悲惨世界》里,写到巴黎的革命组织时,真正的起义领袖也不是代表哲学的公白飞,而是代表革命逻辑的安灼拉。①

我们还应看到，人道主义者的雨果也还有他始终坚持的基本信念,这就是神圣的祖国,神圣的自由,对暴力压迫的憎恨,对苦难重重的人民的爱,反对侵略战争,热爱和平。当他坚持他的基本信念,本着他的人道主义精神去批判统治阶级、揭露旧社会时,他是强有力的、伟大的;而当他把他的人道主义抽象化、绝对化,并用这种人道主义去解释一切、处理一切社会问题,包括革命时,他又成为可笑的,甚至有时是有害的了。这期间的缘故不是很值得我们深思吗?!

1983 年 12 月初稿

1985 年 2 月改写

（原载于《西北师院学报》1985 年第 2 期）

---

①见《悲惨世界》第三部第四卷。

附录

叶萌学术成果目录

一、著作

1.《古代汉语貌词通释》(叶萌著,山东文艺出版社,1993 年 4 月第 1 版)

2.《唐诗的解读:从文化传统和汉语特点看唐诗》(国家图书馆出版社,2009 年 1 月第 1 版)

3.《皇帝梦》(长篇历史小说)(九州出版社,2012 年 3 月第 1 版)

4. 《成人看的童话——我是一只流浪狗》(中国文联出版社,2012 年 12 月第 1 版)

5.《杂感·琐谈》(中国文联出版社,2012 年 12 月第 1 版)

二、论文

1. 从雨果看浪漫主义(《西北师院学报》1984 年第 3 期)

2. 人道主义与雨果——纪念雨果逝世一百周年(《西北师院学报》1985 年第 2 期)

3. 论古代汉语词类中应立貌词一类——古代汉语貌词研究之一(《甘肃师大学报》1988 年第 2 期)

4. 古汉语辞书的分部和归字——兼论新版《辞源》的某些失误(《辞书研究》1989 年第 3 期)

5.《古代汉语貌词通释·凡例》(《甘肃师大学报》1989 年第 3 期)

6.《古代汉语貌词通释·样条》(《甘肃师大学报》1989 年第 3 期)

7. 读《宋诗的文化定位》(《读书》2006 年第 6 期)

8. 略论唐诗与汉语言文化(《西北第二民族学院学报》2007年第3期)

9. 律体诗的形成过程——兼论律诗的成型不能仅归功于沈、宋(《西北成人教育学报》2008年第2期)

《陇上学人文存》已出版书目

第一辑

《马　通卷》马亚萍编选　《支克坚卷》刘春生编选
《王沂暖卷》张广裕编选　《刘文英卷》孔　敏编选
《吴文翰卷》杨文德编选　《段文杰卷》杜琪　赵声良编选
《赵俪生卷》王玉祥编选　《赵逵夫卷》韩高年编选
《洪毅然卷》李　骅编选　《颜廷亮卷》巨　虹编选

第二辑

《史苇湘卷》马　德编选　《齐陈骏卷》买小英编选
《李秉德卷》李瑾瑜编选　《杨建新卷》杨文炯编选
《金宝祥卷》杨秀清编选　《郑　文卷》尹占华编选
《黄伯荣卷》马小萍编选　《郭晋稀卷》赵逵夫编选
《喻博文卷》颜华东编选　《穆纪光卷》孔　敏编选

第三辑

《刘让言卷》王尚寿编选　《刘家声卷》何　苑编选
《刘瑞明卷》马步升编选　《匡　扶卷》张　堡编选
《李鼎文卷》伏俊琏编选　《林径一卷》颜华东编选
《胡德海卷》张永祥编选　《彭　铎卷》韩高年编选
《樊锦诗卷》赵声良编选　《郝苏民卷》马东平编选

第四辑

《刘天怡卷》赵　伟编选　《韩学本卷》孔　敏编选
《吴小美卷》魏韶华编选　《初世宾卷》李勇锋编选
《张鸿勋卷》伏俊琏编选　《陈　涌卷》郭国昌编选
《柯　杨卷》马步升编选　《赵荫棠卷》周玉秀编选
《多识·洛桑图丹琼排卷》杨士宏编选
《才旦夏茸卷》杨士宏编选

第五辑

《丁汉儒卷》虎有泽编选　《王步贵卷》孔　敏编选
《杨子明卷》史玉成编选　《尤炳圻卷》李晓卫编选
《张文熊卷》李敬国编选　《李　恭卷》莫　超编选
《郑汝中卷》马　德编选　《陶景侃卷》颜华东　闫晓勇编选
《张学军卷》李朝东编选　《刘光华卷》郝树声　侯宗辉编选

第六辑

《胡大浚卷》王志鹏编选　《李国香卷》艾买提编选
《孙克恒卷》孙　强编选　《范汉森卷》李君才　刘银军编选
《唐　祈卷》郭国昌编选　《林家英卷》杨许波　庆振轩编选
《霍旭东卷》丁宏武编选　《张孟伦卷》汪受宽　赵梅春编选
《李定仁卷》李瑾瑜编选　《赛仓·罗桑华丹卷》丹　曲编选

第七辑